공유지분 투자 비밀 노트

감정평가사가 알려주는

천만 원으로 수익 내는 소액 특수 경매

공유지분 투자 비밀 노트

차건환 지음

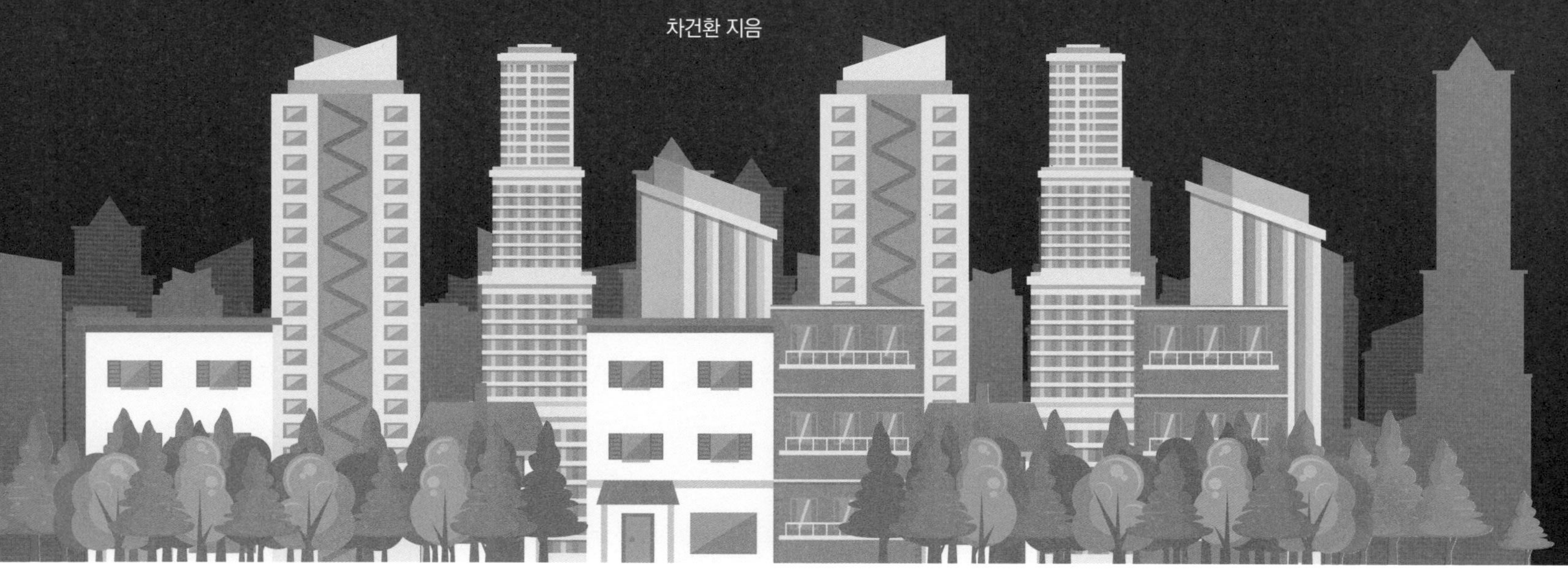

두드림미디어

저자 **차건환**

현) 감정평가사무소 운영
서강대학교 공공정책대학원 졸업
공·경매 투자(약 20년)
감정평가사, 공인중개사, 주택관리사

네이버카페 '차건환의 돈쭐경매' 운영
https://cafe.naver.com/donzzul22
메일주소 : counsapp@naver.com

전) 스피드옥션 '사례로 풀어보는 법원경매 감정평가서 분석' 강의
전) 캠퍼스부동산스쿨 '특수 물건의 수익실현 특강'
전) 패스트캠퍼스 '특수 물건 심화사례 과정 담당'
현) 차건환의 돈쭐경매 '기본경매 및 특수경매' 강의 진행

저서 《감정평가사가 알려주는 정년 없는 부동산 경매》
《스타트 소액 특수 경매》
《법정지상권 – 투자 비밀 노트》

"특수 경매는 이 책을 읽은 분과 읽지 아니한 분을 구분할 것입니다.
이 책을 읽지 않고 특수 경매를 한다고 할 수 없습니다."

소액으로 얼마든지 가능한 특수 경매

누구나 생각합니다. 경매 투자를 하려면 큰돈이 있어야 하는 거 아닌가?
돈 없는 분들이 돈을 벌려고 하는데 어디서 큰돈이 있을까요?
1,000만 원이 안 되는 **소액으로도 얼마든지 가능합니다. 더구나 대출도 필요 없습니다.**
소액으로 낙찰받아 꾸준하고 안정적인 수익을 낼 수 있는 분야가 특수 경매 시장입니다.
물론 예전에 비해 특수 경매 시장도 경쟁이 과열되는 분위기가 있습니다.
이는 많은 분들이 일반 경매 시장에서 특수 경매 시장으로 넘어오는 영향이 클 것입니다.
그리고 경매 초보자인 경린이들도 시작은 특수 경매로 하기도 합니다.
경매 초보자들도 당장의 시작은 믿을 만한 전문가의 가이드를 받게 되면 어렵지 않게 시작하고 정착할 수 있습니다.

부동산 경기와 정책의 무풍지대 소액 특수 경매

시대의 변화와 더불어 경매 투자에서도 투자자들의 지식이 나날이 업그레이드되고 있습니다.
이제는 아파트 등의 일반 경매 시장에서는 아무리 고수라도 초보자들과 별반 차이가 없습니다.
한마디로 일반 경매 시장에서는 큰 수익을 내기 힘들다는 것입니다.
"아파트, 빌라 경매 입찰은 매번 하는데 패찰이 다반사이니 경매에 회의감이 드신다고요?"
"대출 금리 때문에 더 이상 투자가 힘들다구요?"
"경매는 큰돈이 필요해서 못 한다구요?"
그렇다고 경매를 하지 않고서는 재테크를 꿈꿀 수 없습니다.
왜냐하면, 다양한 재테크 수단들 중에서 경매만큼 리스크 대비 수익성이 좋은 곳은 없기 때문입니다.

주식은 기본이고 가상화폐? ETF 시장?
우리가 주체적으로 움직일 수 있는 변수들이 있나요?
그렇다고 치더라도 큰 수익을 거두셨나요?
저 또한 젊을 때는 주식에다 선물·옵션을 경험했지만 결국에는 빈 주머니만 남았습니다.
빚은 덤이구요. 결국엔 경매 시장으로 복귀했습니다.
일반 경매가 아닌 특수 경매 시장으로 말이죠.

특수 경매(물건)에 입문하시는 분들에게

특수 물건이라는 영역에 입문하시는 대다수 분들은 **얼뜨기 강사들의 강의나 책에서** 소개하는 내용을 보고 **특수 물건은 권리상 하자나 법적인 문제만 해결하면 바로 수익이 실현된다고 착각을 하게 됩니다.**
소송 등의 지엽적인 부분(철거소장작성 등)을 서술하면서 부각시키고 이를 본 독자들은 절차법적인 공부만으로 특수 경매 관련 학습은 끝인 것으로 착각합니다.
혹세무민이거나 짧은 경험으로 느끼는 것을 전체인 것처럼 착각하는 것입니다.
소송 등의 절차법적인 공부만으로 특수 경매의 경쟁력을 논한다면 변호사들이 특수 경매 시장을 독점해야 하는 게 아닐까요?
정작 중요한 것은 이러한 절차적인 문제가 해결이 되어도 마무리가 안 되어 어쩔 수 없이 보유하게 되는 물건이 있는 반면 문제 해결이 안 되더라도 잘 팔리는 물건이 있다는 것입니다.
결국에는 하자의 해결 여부와 상관없이 마무리가 가능한 돈이 되는 물건, 어렵지 않게 팔 수 있는 물건을 선별하는 능력이 필요합니다.

특수 경매의 수준을 한 단계 업그레이드

그동안 제가 부동산 법원 경매와 인연을 맺은 지 어언 20년이 넘었습니다. 초기에는 특수 경매에 관한 폭넓은 인식도 없었을 뿐더러 특별한 지식보다는 용기만 있더라도 쉽게 수익이 창출되는 곳이 특수 경매 시장이었습니다.

시간이 흐름에 따라 특수 경매 분야의 문턱도 낮아지고 다양한 교재와 강의가 나오고 있습니다.
소설류의 무용담에서부터 세밀한 이론을 정리한 교재도 발간되고 있고, 초기 유명세를 떨친 강사의 고액 강의도 줄을 설 정도가 되었지만, 몇몇을 제외하고는 **특수 경매 투자에서 정착보다는 도태되는 분들도 상당수 있습니다.**

많은 이유가 있겠지만,
급한 마음에 여기저기서 비법이라는 광고 문구에 현혹되어 체계적인 공부는 생략하고 바로 고액의 실전 투자반 또는 물건 추천을 통해 수익을 실현하려고 합니다.
물건을 처리하고 해결하는 과정은 때로는 너무 쉽게 수익 창출로 연결되지만 때로는 다사다난한 경우도 많은데, 강사가 끝까지 케어해주는 경우는 없습니다. 여기서 수강생들은 실망을 하고 결국에는 특수 경매를 포기하게 되는 것입니다.
이러한 상황들은 수강생이나 강사 어느 한쪽의 책임이라고만은 탓할 수 없습니다.

최소한 이 책이라도 학습하고 실전 투자를 시작하기 바랍니다.
이 책 한 권으로 이론과 실전 사례를 동시에 완벽히 학습하는 효과는 장담할 수 없지만, 실전 투자에서 일어날 수 있는 다양한 상황을 간접적으로 체험해보면서 이론 중심의 강의와 실전 투자에서 발생하는 괴리감을 최소화하는 데 도움을 드리려고 합니다.

보편타당한 상식이 진리임을 깨달아야 합니다.

'공부를 하지 않고 소액으로 투자해서 돈을 벌겠다'라는 생각을 가진 분들은 이 책을 구매하지 마시기 바랍니다.
저자가 이제까지 접해본 다양한 투자자들이 있습니다.
가장 실망스러운 유형은 단순하고 기본적인 세상의 이치를 깨닫지 못하는 분들이었습니다.
기본적인 공부도 안 된 상태에서 여기저기 말 같지도 않은 비법이라는 강의만 좇아다니는 분들입니다.

세상에 공짜는 없습니다. 혹여 200~300만 원의 수업료를 지불했다고 따지시는 분들도 계실 겁니다.
그 돈만 지불하면 공부도 필요 없고 투자 수익을 창출해주는 실전반이 있으면 제가 먼저 수강신청을 할 것입니다.
힘들더라도 스스로가 경매 공부라는 것을 해야 합니다.
돈이 부족한 분들은 더욱 더 공부를 해야 합니다.
적은 돈으로 남들보다 돈을 잘 벌려면 가지고 있어야 하는 무기가 무엇일까요?

답은 정해져 있습니다.
아는 만큼 보이고, 보이는 만큼 움직입니다.
움직이는 만큼 수익이 창출됩니다, 평생!

부디 사이비 같은 비법 강의 수강으로 특수 경매를 하려는 분들은 다시 생각해보시기 바랍니다.
세상에 비법이 있으면 나 혼자 수익을 내지, 그런 비법을 공유할 사람이 있을까요?
마지막으로 초심(初心)을 잃지 마시기 바랍니다.
지면의 한계로 부족한 사례의 스토리텔링은 (온라인 또는 오프라인)강의로 찾아뵙겠습니다.

혼자가 아닌 우리라는 느낌을 주는 네이버 카페 '차건환의 돈쭐경매'의 회원이자 아우들인 전규욱, 이영식, 유지현, 박현근 님에게 감사의 인사를 드립니다.

차건환

일러두기

※ 이 책의 내용 중에 설명이 생략된 경매 사건들(예 : 2023타경1234)이 있으나 이는 원래의 계획에 없던 것으로 조금이라도 독자들에게 도움이 되고자 관련 사건을 검색해볼 수 있도록 한 것이니 양해 바랍니다.
또한 경매 사건번호에 '차건환의 돈쭐경매'가 표기된 사례는 네이버카페 '차건환의 돈쭐경매'에 관련 자료가 있으니 회원가입 후 학습이 가능한 점을 참고하시면 되겠습니다.

※ 공유지분 이론이나 판례를 공부하다 보면 민법적으로 생소한 이론들이 연관되어 있습니다.
그때마다 이것저것 찾아보기보다는 이 책만으로 별도로 학습이 가능하도록 했습니다(예 : 상속관련 규정 등).
민법적인 내용들은 각 분야가 뇌신경회로의 시냅스와 같이 관련되어 있다는 것을 이해하면 폭넓은 학습이 가능하리라 확신합니다.

이런 분에게 이 책을 추천합니다.

- 지속적인 수익이 필요한 분
- 투자금이 소액이라 고민인 분
- 소액 특수 경매를 어떻게 시작해야 할지 몰라 고민인 분
- 공유지분에 관심은 있지만 막상 시작하기가 두려운 분
- 이론적인 내용뿐만 아니라 실전 사례도 보고 싶은 분
- 평생 동안 꾸준하게 할 수 있는 재테크 무기를 장착하고 싶은 분
- 제대로 공유지분 관련 공부를 하고, 처리 과정을 배우고 싶은 분
- 신뢰할 수 있는 특수 경매 강사와 인연을 맺고 싶은 분

차례

차례

차례

차례

01

공유지분의 개념

01. 공유지분의 개념

01-1. 공유지분의 개념

공유(공동소유)는 하나의 물건을 2인 이상의 다수가 공동으로 소유하는 것을 말하며,
공유지분이란 공유물에 대한 각 공유자의 권리, 즉 소유 비율을 지분이라고 한다.

부동산의 소유자가 여러 사람이라는 점에서 차이가 있을 뿐 지분 내에서는 하나의 독립된 소유권과 성질이 같다.

01-2. 공유의 성립

1. 법률행위에 의한 성립 – 합의 + 등기

공유는 수인이 하나의 물건을 공동으로 소유하기로 합의함으로써 성립이 시작된다. 즉 갑, 을 사이에 특정 물건을 공유하기로 합의가 이루어진 때, 또는 갑, 을이 특정 물건을 공동으로 양수하기로 계약한 때 공유관계가 발생한다.
공유의 합의는 반드시 명시적일 필요는 없고 묵시적으로도 가능하다.
단독 소유의 부동산을 수인에게 명의신탁하는 경우에도 공유관계가 성립한다.
공유의 성립이 완성되기 위해서는 공유의 합의 외에 부동산의 경우 등기가 요구되고, 동산인 경우 인도가 요구된다(민법 제186조, 제188조).

2. 법률의 규정에 의한 성립

- 수인이 무주물 선점(민법 제252조), 유실물 습득(민법 제253조), 매장물 발견(민법 제254조)을 하면 그 물건은 수인의 공유가 된다.
- 타인의 물건에서 매장물 발견을 하면 그 매장물은 물건의 소유자와 발견자가 1/2 지분씩 공유한다(민법 제254조 단서).
- 주종을 구별할 수 없는 동산의 부합, 혼화의 경우 각 동산의 소유자는 부합 또는 혼화 당시의 가액의 비율로 합성물을 공유한다(민법 제257조, 제258조).
- 복도, 계단 등 구분소유건물의 공용 부분은 구분소유자 전원의 공유로 된다(민법 제215조, 집합건물의 소유 및 관리에 관한 법률 제3조1항, 제10조1항).
- 경계에 설치된 경계표, 담, 구거 등은 상린자의 공유로 추정한다(민법 제239조).

- 수목가지는 제거청구하고 안 하면 가지 제거, 뿌리는 임의로 제거 가능하다(민법 제240조).
- 상속인이 수인인 때에는 상속재산(공동상속재산)은 공유로 한다(민법 제1006조).
- 포괄적 유증을 받은 자는 상속인과 동일한 권리의무가 있고(민법 제1078조), 따라서 포괄적 유증을 공동으로 받는 경우(공동포괄수증재산) 공유관계가 성립한다.
- 부부의 누구에게 속한 것이 분명하지 아니한 재산(귀속불명의 부부재산)은 부부의 공유로 추정한다(민법 제830조2항).

※ 지분의 비율이 불명하면 균등한 것으로 추정된다(민법 제262조 2항).

01-3. 지분의 처분 및 제한

공유자는 자기의 지분을 자유롭게 처분할 수 있다(민법 제263조). 지분처분금지(持分處分禁止)의 특약(特約)을 하더라도 당사자 간에만 유효한 채권적 효력을 가질 뿐이며, 그러한 특약을 등기할 방법도 없다.
다만, '집합건물의 소유 및 관리에 관한 법률'에 의한 구분건물의 공용부분에 대한 지분, 대지사용권에 대한 지분은 전유부분과 분리해 처분할 수 없다.

복수의 권리자가 소유권이전청구권을 보존하기 위해 가등기를 마쳐둔 경우 자신의 지분에 관하여 단독으로 그 가등기에 기한 본등기를 청구할 수 있으며, 그 가등기 원인을 매매예약으로 했다는 이유만으로 가등기 권리자 전원이 동시에 본등기 절차의 이행을 청구하여야 한다고 볼 수 없다(대법원 2002. 7. 9. 선고 2001다43922, 43939판결)

지분을 양도하거나 지분에 담보권을 설정하는 것과 달리 지분에 지상권, 전세권 등의 용익물권을 설정하는 것은 일물일권주의에 반하고 공유물 전체에 영향을 미치므로 공유자 전원의 동의를 필요로 한다. 용익물권의 설정은 그 효과가 공유물 전체에 미쳐 실질적으로 공유물 전체를 처분하는 결과가 되기 때문이다. ⇒ 지분을 양도하거나 저당권설정을 하는 데는 동의가 필요 없다.

01. 공유지분의 개념

※ 공유지분에 대한 전세권 설정 여부

공유지분에 대해 전세권은 설정할 수 없지만 건물 일부에 대해서는 전세권을 설정할 수 있다.

-	보존행위	관리행위	지분의 처분	공유물 처분·변경	공유물의 사용수익	공유물의 분할
소수 지분권자	○	X	○	X	○	○
과반수 지분권자	○	○	○	X	○	○
비고	-	-	-	전원 동의	자신의 지분에 비례해서 공유물 전부 사용·수익	*협의 분할 - *재판 분할 현물 분할(원칙) 대금 분할, 가액배상

01-4. 지분권자의 권리

※ 대법원 2009. 12. 10. 선고 2009다54294 판결[부당이득금반환]

【판시사항】

공유지분권의 본질적 부분을 침해하는 공유물에 대한 사용수익·관리에 관한 특약이 공유자의 특정승계인에게 당연히 승계되는지 여부(원칙적 소극)

【판결요지】

공유물의 관리에 관한 사항은 공유자의 지분의 과반수로써 결정하고, 공유자 간의 공유물에 대한 사용수익·관리에 관한 특약은 공유자의 특정승계인에 대해서도 당연히 승계된다고 할 것이나, 공유물에 관한 특약이 지분권자로서의 사용수익권을 사실상 포기하는 등으로 공유지분권의 본질적 부분을 침해한다고 볼 수 있는 경우에는 특정승계인이 그러한 사실을 알고도 공유지분권을 취득했다는 등의 특별한 사정이 없는 한 특정승계인에게 당연히 승계되는 것으로 볼 수는 없다.

영동2계 2017타경1686[1] 창고용지

사건내용

소 재 지	충북 영동군 상촌면 물한리				
경 매 구 분	강제경매	채 권 자	서OOOOO		
용 도	창고용지	채무/소유자	조OO / 조OOOO	매 각 기 일	17.11.28 (12,306,000원)
감 정 가	10,250,000 (17.10.17)	청 구 액	16,681,740	종 국 결 과	18.01.31 배당종결
최 저 가	10,250,000 (100%)	토 지 면 적	전체 500 ㎡ 중 지분 250 ㎡ (75.6평)	경매개시일	17.08.24
입찰보증금	1,025,000 (10%)	건 물 면 적	0㎡ (0.0평)	배당종기일	17.11.21
주 의 사 항	• 지분매각 • 법정지상권 • 입찰외 • 토지만입찰				

조 회 수	• 금일조회 1 (1) • 금회차공고후조회 37 (20) • 누적조회 100 (20) • 7일내 3일이상 열람자 5 • 14일내 6일이상 열람자 4 ()는 5분이상 열람 (기준일-2017.11.28/전국연회원전용)

소재지/감정요약	물건번호/면적(m²)	감정가/최저가/과정	임차조사	등기권리
충북 영동군 상촌면 물한리 감정평가서요약 - 한천마을남서측인근위치 - 주위단독주택,농경지,임야등혼재한산간농촌지대 - 차량출입용이,제반교통사정보통 - 인근간선도로소재 - 부정형완경사지 - 북동측세로(가)의콘크리트포장도로접함 - 보전관리지역 - 가축사육제한구역 (주거밀집제한 100m,200m제한) - 배출시설설치제한지역	물건번호: 1번 (총물건수 2건) 창고용지 250.0/500 (75.63평) ₩10,250,000 (토지 1/2 조상열 지분) • 전체 500m² (151평) • 지분 250m² (76평) 입찰외타인소유건물소재(건축물대장등재) 법정지상권성립여지불명	감정가 10,250,000 • 토지 10,250,000 (100%) (평당 135,546) 최저가 10,250,000 (100%) 경매진행과정 ① 10,250,000 2017-11-28 매각 매수인 이OO 응찰수 6명 매각가 12,306,000 (120.06%) 2위 12,190,000 (118.93%) 3위 11,500,010 (112.20%)	법원임차조사 조OO 주거 *현황조사를 위하여 부동산 소재지에 출장한 바 채무자의 부친 조성보를 만나 건물 소유자를 문의한 바 채무자의 부친 조성보의 소유라고 함. 또한 영동군청에 일반건축물대장을 확인한 바 조성보로 등재 되어 있음	소유권 조OOOO 2006.03.02 전소유자: 강 제 서울보증보험 충청신용지원 2017.08.24 *청구액:16,681,740원 열람일자 : 2017.09.04

1. 사건의 개요

조○보씨와 김○순씨는 부부관계이며, 채무자인 조○열씨는 아들이다. 낙찰 이후 조○보씨를 상대로 지상건물의 소재로 인한 부당이득금반환청구의 소를 제기했다.

조○보 단독		조○보 단독
김○순(1/2), 조○열(1/2)	조○열 지분 경매 →	김○순(1/2), 낙찰자(1/2)

2. 피고의 답변서

(지분권자에 대한 부당이득금반환청구의 소 제기 시 전형적인 답변임)

3. 원고가 이사건 건물 및 부동산을 관리 할 수 있는 권한이 있는지 여부

가. 판례

공유자 간의 공유물에 대한 사용수익. 관리에 관한 특약은 특정승계인에 대하여도 당연히 승계된다고 할 것이나, 민법 제 265조는 " 공유물의 관리에 관한 사항은 공유자의 지분의 과반수로써 결정한다." 라고 규정하고 있으므로, 위와 같은 특약 후에 공유자에 변경이 있고 특약을 변경할 만한 사정이 있는 경우에는 공유자의 지분의 과반수의 결정으로 기존 특약을 변경할 수 있다고 판시하였습니다.(대법원 2005.5.12..선고 2005다1827판결)

나. 사안의 경우

① 피고는 소외 김■순과 조■열과 이 사건 토지의 관하여 차임을 월5만원으로 하는 임대차계약을 체결하여 이 사건 토지를 이용하고 있었던 점(을 제1호증 임대차계약서) 가족관계

② 기존의 소외 김■순 및 조■열과 피고 사이에 체결한 위 임대차 계약 상의 사용수익.관리에 관한 사항을 변경할 필요성이 크다고 볼 수도 없는 점.

3. 원고의 준비서면(피고의 불합리한 임대차특약 주장에 대한 반박)

2. 피고가 공유지분권자들과의 임대차특약을 주장하는 사항에 관하여

피고는 귀원에 2015년 7월 1일에 작성한 임대차계약서(을제1호증)를 제출하며 이 사건 토지 각 1/2 지분권자인 소외 김○순 및 조○열과 이 사건 토지에 관하여 월 차임 5만 원으로 하는 임대차계약을 체결하였다는 주장에 관하여 원고는 아래와 같이 반박하며 피고의 임대차특약 주장은 허위로써 준엄하신 법원과 원고를 기만하는 행위로서 마땅히 배척되어야 할 것입니다.

가. 피고가 주장하는 과반수 지분권자들과의 임대차특약이 있었다면 월 차임의 입출금에 관한 거래내역 등의 입증자료가 있어야 할 것입니다. 지분권자인 소외 김○순 및 조○열에게 각 1/2씩 월 차임이 지급되었는지? 별도 약정으로 지분권자인 소외 김○순에게만 월 차임(5만 원) 전액이 지급되었는지? 소외 김○순에게만 지급되었다면 이에 관한 별도 특약의 존재를 밝혀야 할 것입니다.

나. 통상 임대차 내지 매매계약을 체결하기 위한 당사자들의 준비서류로 주민등록초(등)본 혹은 인감증명서 등이 있습니다. 따라서 피고가 임대차특약 증거자료(을제1호증)로 제출한 임대차계약서 외에 피고와 소외 김○순 및 조○열 간의 임대차계약(2015. 7. 1) 당시의 인감증명서 내지 주민등록초(등)본 등의 첨부서류가 제출되어야 할 것입니다.

3. 피고가 "임대차특약 변경의 필요성이 없다"고 주장하는 사항에 관하여

가. 판례

공유물의 사용·수익·관리에 관한 사항은 공유자 사이의 특약은 유효하며 그 특정승계인에 대하여도 승계된다고 할 것이나, 그 특약이 지분권자로서의 사용·수익권을 사실상 포기하는 등으로 공유지분권의 본질적 부분을 침해한다고 볼 수 있는 경우에는 특정승계인이 그러한 사실을 알고도 공유지분권을 취득하였다는 등의 특별한 사정이 없다면 특정승계인에게 당연히 승계된다고 볼 수는 없다(대법원 2009. 12. 10. 선고 2009다54294 판결)

나. 사안의 경우

피고가 주장하는 임대차특약이 설령 진정한 것이라 하여도 이 사건 토지의 지상에 상업용 창고건물을 이용하기 위한 토지임대차를 위한 월 차임으로 5만 원이라는 금액은 단적으로 피고와 소외 김○순 및 조○열이 가족이라는 특수한 상황만을 고려한 임대차 약정으로서 토지의 시세와 점진적인 금리 인상이 예상되는 현실적 상황을 고려치 않은 것으로 토지 사용료가 분쟁의 주요 대상인 본 사건에서 원고의 본질적 부분을 침해한다고 볼 수 있습니다. 따라서 피고가 주장하는 임대차특약의 승계 역시 억지 주장으로 배척되어야 할 것입니다.

⇒ 요약 : 우선 기존 지분권자들은 가족 간이므로 임대차 자료를 준비하지 못했을 가능성이 있다. (1) 따라서 허위의 가능성을 제기하며 증거자료의 제출로 특약 존재 여부를 압박하고, (2) 동시에 이러한 특약이 존재하더라도 특정승계인의 본질적 부분을 침해한다고 주장한다.

01-5. 유증, 사인증여

(1) 유언(遺言) : 사람이 그가 죽은 뒤의 법률관계를 정하려는 생전의 최종적 의사표시로서 유언자의 사망으로 그 효력이 생긴다.

유언은 반드시 유언자 본인의 독립한 의사에 따라 행해져야 하는 행위로, 상대방의 수락을 필요로 하지 않는 단독행위이다.

(2) 유증 : 유언자가 유언에 의해 재산을 무상으로 양도하는 행위로서, 사인행위인 점에서 생전증여와 다르며, 단독행위인 점에서 계약인 사인증여와도 다르다.
수유자는 유증을 받고 싶지 않으면 포기할 수 있다(제1041조).

(3) 증여 : 한쪽 당사자, 즉 증여자(贈與者)가 대가없이 자기의 재산을 상대방, 즉 수증자(受贈者)에게 주겠다는 의사를 표시하고 상대방이 이를 승낙함으로써 성립하게 되는 계약이다(민법 제554~562조). 증여는 낙성계약(諾成契約)이며, 또 무상(無償)·편무계약(片務契約)이다.

증여계약의 성립에는 따로이 방식을 요하지 않으나, 서면에 의하지 않은 증여는 아직 이행하지 않은 부분에 대해 언제라도 각 당사자가 이를 해제할 수가 있다(제555, 558조).

증여의 특수한 형태로는 부담부증여(負擔附贈與)·현실증여(現實贈與)·사인증여(死因贈與)가 있다.

(4) 사인증여 : 증여자의 사망으로 인해 효력이 발생하는 것으로 생전에 미리 계약을 맺고 증여자의 사망을 효력발생 요건으로 하는 증여를 말하는데(민법 제562조), 상속세의 과세 원인이 된다. 사인증여는 계약이므로 상대방의 승낙이 필요하다.

포항4계 2020타경35831 주택

사건내용

소 재 지	경북 포항시 남구 동해면 발산리 (37922)경북 포항시 남구 동해면 호미로				
경 매 구 분	강제경매	채 권 자	김OO		
용 도	주택	채무/소유자	김OO	매 각 기 일	22.02.07 (16,557,780원)
감 정 가	**31,249,370** (21.01.29)	청 구 액	17,955,399	종 국 결 과	22.04.07 배당종결
최 저 가	**15,313,000** (49%)	토 지 면 적	0.0㎡ (0.0평)	경매개시일	21.01.04
입찰보증금	1,531,300 (10%)	건 물 면 적	136㎡ (41.0평)	배당종기일	21.03.19
주 의 사 항	· 건물만입찰				
조 회 수	· 금일조회 **1** (0) · 금회차공고후조회 **49** (20) · 누적조회 **241** (39) · 7일내 3일이상 열람자 **4** · 14일내 6일이상 열람자 **4**			()는 5분이상 열람 (기준일-2022.02.07/전국연회원전용)	

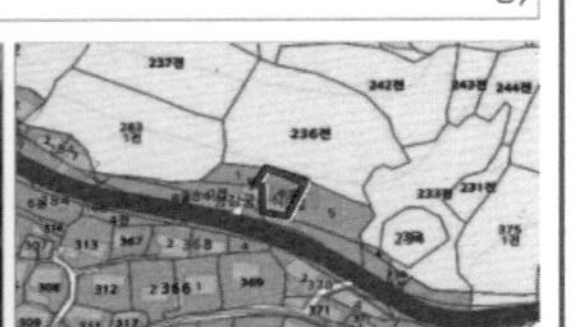

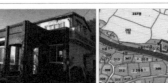

소재지/감정요약	물건번호/면적(m²)	감정가/최저가/과정	임차조사	등기권리
(37922) 경북 포항시 남구 동해면 발산리 [호미로] 감정평가서요약 - 건물만입찰 - 법원공고상도로명주소: 경북 포항시 남구 동해면 호미로 - 시멘트벽돌및경량철골조슬래브및칼라쉬트지붕 - 발산1리어민복지회관북동측근거리 - 난방설비 - 등기부상발산리 번지에서 번지로지번변경됨(2013.05.10자) 2021.01.29 가람감정	물건번호: 단독물건 건물 • 1층주택 78.1 (23.64평) ₩22,356,170 • 2층일반음식점 53.0 (16.04평) ₩8,327,280 현:주택 • 부속창고 4.3 (1.31평) ₩565,920 - 총2층 - 승인 : 1991.01.19 - 보존 : 1998.05.29	감정가 **31,249,370** • 건물 31,249,370 (100%) 최저가 **15,313,000** (49%) 경매진행과정 ① **31,249,370** 2021-12-06 유찰 ② 30% ↓ **21,875,000** 2022-01-03 유찰 ③ 30% ↓ **15,313,000** 2022-02-07 매각 매수인 석OO 응찰수 3명 매각가 16,557,780 (52.99%) 2위 15,400,000 (49.28%)	법원임차조사 *현장에서 소유자 김태수를 만나 문의한바 임차인 없다고 진술하였으며, 상가건물임대차 현황서를 열람한바 해당사항 없음 으로 표기되어 있으며 전입세대 열람내역을 확인한바 해당주소의 세대주가 존재하지 않음 으로 표기되어 있음 지지옥션 전입세대조사 전입세대없음 주민센터확인:2021.11.18	소유권 김OO 1998.05.29 강 제 김 웅 2021.01.04 ***청구액:17,955,399원** 열람일자 : 2021.11.18

1. 사건의 개요

건물만의 매각 사건이다. 건물의 소유자이자 채무자는 김○수씨(여성, 1937년생)이며, 채권자는 김○웅씨(1981년생)이다.

어떤 연유로 건물만 매각이 진행되는 것일까?

2. 토지 등기사항전부증명서 분석

건물의 경매진행 채권자인 김○웅씨가 2018년 6월 김○국(부친)씨에게서 상속받았다. 그런데 그전으로 거슬러 올라가면 건물매각사건의 채무자이자 건물주인 김○수씨가 누군가에게서 증여를 받은 적이 있다(1998. 5. 25).

이후 김○국씨에게 증여를 했다(2013. 4. 25).

3. 가처분(2018. 8. 17)에 주목

가처분권자는 김○수씨이며, 피보전권리는 "부담부증여계약 해제를 원인으로 하는 소유권이전등기말소청구권"이다.

그러나 이 가처분은 2020년 4월 6일 취소되었고 오히려 토지 소유자인 김○웅씨가 채권자가 되어 건물만의 강제경매가 진행 중이다.

[토지] 경상북도 포항시 남구 동해면

【 표 제 부 】 (토지의 표시)

표시번호	접 수	소 재 지 번	지 목	면 적	등기원인 및 기타사항
1	2001년4월28일	경상북도 포항시 남구 동해면 발산리	대	291㎡	분할로 인하여 경상북도 포항시 남구 동해면 발산리 에서 이기

【 갑 구 】 (소유권에 관한 사항)

순위번호	등 기 목 적	접 수	등 기 원 인	권리자 및 기타사항
1 (전 1)	소유권이전	1998년5월29일 제38800호	1998년5월25일 증여	소유자 김 수 370518-******* 포항시 남구 동해면 분할로 인하여 순위 제1번을 경상북도 포항시 남구 동해면 발산리 에서 전사 접수 2001년4월28일 제27204호
2	소유권이전	2013년5월7일 제38558호	2013년4월25일 증여	소유자 김 국 580710-******* 경상북도 포항시 남구 동해면 호미로
3	소유권이전	2018년7월30일 제50825호	2018년6월8일 협의분할에 의한 상속	소유자 김 웅 810515-******* 경상북도 포항시 남구 오천읍 남원로
4	~~가처분~~	~~2018년8월17일 제54758호~~	~~2018년8월17일 대구지방법원 포항지원의 가처분결정(2018카단100666)~~	~~피보전권리 부담부증여계약 해제를 원인으로 한 소유권이전등기말소청구권 채권자 김 수 370518-******* 포항시 남구 동해면 호미로~~ ~~금지사항 매매, 증여, 전세권, 저당권, 임차권의 설정 기타일체의 처분행위 금지~~

열람용

4. 추리해보는 이 사건의 내막

1998년 김○수씨는 토지, 건물을 남편에게 증여를 받았다.
그런데 토지만을 아들뻘 되는 김○국씨에게 증여를 했다.
이때의 증여는 일반증여가 아닌 부담부증여가 된다.

※ 부담부증여 : 나를 계속 부양하는 조건으로 이 토지를 주겠다.

김○국씨가 살아 있던 동안은 이러한 부담이 잘 지켜진 듯하다.

순위번호	등 기 목 적	접 수	등 기 원 인	권리자 및 기타사항
5	4번가처분등기말소	2020년4월29일 제30129호	2020년4월6일 대구지방법원포항지원2020카단100102 가처분취소	

【 을 구 】 (소유권 이외의 권리에 관한 사항)

순위번호	등 기 목 적	접 수	등 기 원 인	권리자 및 기타사항
~~1 (전 1)~~	~~근저당권설정~~	~~1990년12월1일 제72809호~~	~~1990년12월1일 설정계약~~	~~채권최고액 금일천일백삼십만원 채무자 김 방 영일군 동해면 발산리 근저당권자 동해농업협동조합 영일군 동해면 도구리 577-3~~

건물등기부

등 기 목 적	접 수	등 기 원 인	권리자 및 기타사항
소유권이전	1998년5월29일 제38800호	1998년5월25일 증여	소유자 김 수 370518-******* 포항시 남구 동해면 발산리 부동산등기법 제177조의 6 제1항의 규정에 의하여 1999년 10월 26일 전산이기
강제경매개시결정	2021년1월4일 제345호	2021년1월4일 대구지방법원 포항지원의 강제경매개시결정(2020타경35831)	채권자 김 웅 810515-******* 포항시 남구 오천읍 남원로 (원리, 3차부영아파트)

그러나 김○국씨가 사망하고 손주인 김○웅씨가 이를 이행하지 않자 가처분 후 소유권이전말소청구소송을 제기했고, 여기서 김○수씨는 패소한 반면 손주인 김○웅씨는 승소해서 소송비용확정신청을 받은 후 건물만의 강제경매로 진행된 것이다.

추리가 꽉 짜인 느낌이 안 온다면?
'부담부증여'를 이해해야 한다.

아마도 할머니인 김○수씨는 사망한 아들인 김○국씨의 친모가 아닐 것이라고 판단하는 것이 등기부의 정황상 합리적인 추론이다.

김○수씨는 김○국씨가 어릴 때부터 계모로 와서 키워주긴 했지만 그렇게 살갑게 키워주진 않은 듯하다.
그러다 보니 김○수씨도 김○국씨에게 무조건적으로 주기는 불안했을 것이다.
이리하여 토지만을 부담부증여를 한 것이고 김○국씨가 살아생전에는 큰 문제없이 지내다 김○국씨가 사망하고 손주인 김○웅씨가 상속을 받은 후 할머니에 대한 부양이 소홀해지면서 김○수씨가 가처분 후 소유권이전말소청구소송을 제기한 것이다.
그런데 손주는 왜 김○수씨에 대한 부양을 소홀히 했을까?

그것은 김○국씨의 부인이자 어머니에게서 아버지인 김○국씨와 할머니인 김○수씨의 관계를 들었을 것이며, 어린 아버지를 따뜻하게 대하면서 키워주진 않았다는 말을 자주 듣고 자라다 보니 할머니에 대한 감정이 좋지 않았던 것이 아닐까 짐작할 수 있다.
여기까지가 이 사건의 내막을 추리한 것이다.

5. 추천 물건인 이유

포항 바닷가의 시뷰가 가능한 도로변에 위치하고, 건물의 관리 상태도 나쁘지 않다.

그리고 토지만 낙찰 후 건물 경매를 진행하는 전형적인 그런 물건이 아니라, 순전히 가정사 문제로 인한 건물 매각이다.

그리고 토지와 건물등기부 및 건물의 상태 등을 종합적으로 볼 때 법정지상권은 성립한다고 봐도 무방하다.

낙찰 당시 최저가 정도면 시뷰가 가능한 건물로서 토지 지료를 주더라도 시즌 휴가 때나 모임 때 숙박을 알아볼 필요도 없다.

6. 1개월 후 김○웅씨가 건물 매수

광주5계 2015타경16222 주택

사건내용

소 재 지	광주 남구 방림동 67-31 (61678)광주 남구 큰방림길				
경 매 구 분	강제경매	채 권 자	최OOOOOOOO		
용 도	주택	채무/소유자	조OO / 조OOOO	매 각 기 일	16.03.16 (18,130,000원)
감 정 가	17,762,000 (15.09.10)	청 구 액	31,776,093	종 국 결 과	16.05.26 배당종결
최 저 가	17,762,000 (100%)	토 지 면 적	전체 117 m² 중 지분 29.2 m² (8.8평)	경매개시일	15.08.24
입찰보증금	1,776,200 (10%)	건 물 면 적	전체 78.52 m² 중 지분 26.8 m² (8.1평)	배당종기일	15.11.23
주 의 사 항	· 지분매각				

조 회 수	• 금일조회 1 (0) • 금회차공고후조회 37 (3) • 누적조회 85 (3) • 7일내 3일이상 열람자 1 • 14일내 6일이상 열람자 0 0는 5분이상 열람 (기준일-2016.03.16/전국연회원전용)

소재지/감정요약	물건번호/면적(m²)	감정가/최저가/과정	임차조사	등기권리
(61678) 광주 남구 방림동 67-31 [큰방림길19] 감정평가서요약 - 시멘트벽돌조시멘트기와지붕 - 천주교방림동성당남측인근도로변소재 - 주위순수단독주택지대 - 북측인근시내버스와시내기간도로접할수있어편리 - 근정방형평지 - 중로접함 - 중로2류(폭15-20m)접함 - 2종일반주거지역 - 주거환경개선지구 - 상대정화구역 - 절대정화구역 2015.09.10 동화감정 표준지가 : 439,000 감정지가 : 528,000	물건번호: 단독물건 대지 29.3/117 (8.85평) ₩15,444,000 (토지 3/12 조희철 지분) 건물 • 주택 17.7/57.76 (5.34평) ₩2,118,600 현일부공실 대장상:57.75 실:70.62(3/12) (건물 3/12 조희철 지분) • 전체 57.76m² (17평) • 지분 17.655m² (5평) • 지하실 3.2/12.87 (0.97평) 폐쇄(평가외) (건물 3/12 조희철 지분) • 전체 12.87m² (4평) • 지분 3.2175m² (1평) • 부속광 0.7/2.64 (0.20평) ₩59,400 현화장실	감정가 17,762,000 • 대지 15,444,000 (86.95%) (평당 1,745,085) • 건물 2,178,000 (12.26%) (평당 268,889) • 제시 140,000 (0.79%) 최저가 17,762,000 (100%) 경매진행과정 ① 17,762,000 2016-03-16 매각 매수인 한OO 응찰수 2명 매각가 18,130,000 (102.07%) 허가 2016-03-23 납기 2016-04-29 납부 2016-04-20 2016-05-26 종결	법원임차조사 김OO 전입 1987.02.26 주거 *소유자점유. 채무자 조희철의 모 김옥자에게 문의하고 권리신고안내서도 교부함. 제시외건물은 채무자의 모 김옥자의 소유라고 하며 공부상등재된 지하실은 메워져서 사용할 수 없다고 함 지지옥션 전입세대조사 세 87.02.26 김OO 주민센터확인:2016.03.03	건물 가압류 [공동] 현대캐피탈 광주 2001.03.28 3,022,599 2001 카단 6343 광주 GO 가압류 [공동] 국민신용카드 광주관리영업 2001.04.28 6,614,139 2001 카단 8878 광주 GO 가압류 [공동] 농업협동조합중앙회 광주지역본부 2001.06.01 3,001,885 2001 카단 12086 광주 GO 가압류 [공동] 평화은행 광주 2001.06.07 3,252,304 2001 카단 12525 광주 GO 가압류 [공동] 외환신용카드 광주 2001.06.25

https://www.ggi.co.kr/kyungmae/mulgun_detail_print_h.asp 1/2

1. 건물 상태와 입지가 양호

2. 이해관계인

- 노모가 거주하며, 장성한 자식들(4형제)이 있다.
- 노모와 4형제가 상속받은 것으로 등기부상 다른 형제들의 채무는 깨끗한 듯하다.

3. 잔금납부 3개월 후 지분권자(조O미씨)가 재매수

※ 1990. 1. 13 민법 개정 전 상속 비율 : 장남 1.5

주요 등기사항 요약 (참고용)

[주 의 사 항]
본 주요 등기사항 요약은 증명서상에 말소되지 않은 사항을 간략히 요약한 것으로 증명서로서의 기능을 제공하지 않습니다. 실제 권리사항 파악을 위해서는 발급된 증명서를 필히 확인하시기 바랍니다.

[건물] 광주광역시 남구 방림동 67-31 고유번호 2041-1996-197875

1. 소유지분현황 (갑구)

등기명의인	(주민)등록번호	최종지분	주 소	순위번호
김■자 (공유자)	430508-*******	12분의 3	광주 서구 방림동	1
조■리 (공유자)	810103-*******	12분의 2	광주 서구 방림동	1
조■미 (공유자)	710720-*******	12분의 2	서울 도봉구 방학동	1
조■미 (공유자)	710720-*******	12분의 2	광주광역시 남구 군분로66번길	13
조■철 (공유자)	740921-*******	12분의 3	광주 서구 방림동	1

2. 소유지분을 제외한 소유권에 관한 사항 (갑구)

순위번호	등기목적	접수정보	주요등기사항	대상소유자
2	가압류	2001년3월28일 제19376호	청구금액 금3,022,599원 채권자 현대캐피탈주식회사	조■철
3	가압류	2001년4월28일 제28581호	청구금액 금6,614,139원 및 이자등 채권자 국민신용카드주식회사	조■철
4	가압류	2001년6월1일 제36672호	청구금액 금3,001,885원 및 이자등 채권자 농업협동조합중앙회	조■철
5	가압류	2001년6월7일 제37885호	청구금액 금3,252,304원 및 이자등 채권자 주식회사평화은행	조■철
6	가압류	2001년6월25일 제43631호	청구금액 금5,849,383원 및 이자등 채권자 외환신용카드주식회사	조■철
8	가압류	2009년10월9일	청구금액 금17,405,222 원	조■철

1/2 출력일시 : 2016년02월29일 15시03분14초

진주1계 2016타경6667[2] 대지

사건내용

소 재 지	경남 사천시 곤명면 마곡리 [illegible] (52500)경남 사천시 곤명면 마곡길 [illegible]				
경 매 구 분	강제경매	채 권 자	희OOOOOOOO		
용 도	대지	채무/소유자	강OO / 강OOOO	매 각 기 일	17.02.27 (11,028,000원)
감 정 가	12,730,000 (16.10.07)	청 구 액	31,392,704	종 국 결 과	17.11.20 배당종결
최 저 가	10,184,000 (80%)	토 지 면 적	전체 1220 m² 중 지분 318.3 m² (96.3평)	경매개시일	16.09.05
입찰보증금	1,018,400 (10%)	건 물 면 적	0m² (0.0평)	배당종기일	16.11.21
주 의 사 항	· 지분매각 · 법정지상권 · 입찰외 · 토지만입찰				

조 회 수	• 금일조회 1 (0) • 금회차공고후조회 35 (5) • 누적조회 185 (11) • 7일내 3일이상 열람자 2 • 14일내 6일이상 열람자 0	()는 5분이상 열람 (기준일-2017.02.27/전국연회원전용)

소재지/감정요약	물건번호/면적(m²)	감정가/최저가/과정	임차조사	등기권리
(52500) 경남 사천시 곤명면 마곡리 [illegible] [마곡길 [illegible]] 감정평가서요약 - 인접토지와의지적경계가다소불분명한상태로서정확한위치,경계확인은등은측량요함 - 마곡마을내및인근 - 부근농경지,농가주택,임야등형성 - 차량접근가능 - 교통사정보통 - 부정형완경사지 - 남서측2.5m진입로개설 - 계획관리지역 - 가축사육제한구역 (일부제한지역중돼지,개,닭,오리제한지역) - 상수원보호기타 (상수원상류공장설립승인지역) - 배출시설설치제한지역 2016.10.07 삼일감정 표준지가 : 30,000 개별지가 : 29,800 감정지가 : 54,000	물건번호: 2번 (총물건수 3건) 대지 318.3/1220 (96.27평) ₩12,730,000 (토지 6/23 강일근 지분) 입찰외제시외 • 주택 18.7 (5.65평) ₩4,670,000 • 주택 11.8 (3.58평) ₩1,243,200 법정지상권성립여부불분명 입찰외수목식재 *제시외,수목감안가격임	감정가 12,730,000 • 토지 12,730,000 (100%) (평당 132,232) 최저가 10,184,000 (80%) 경매진행과정 ① 12,730,000 2017-01-16 유찰 ② 20% ↓ 10,184,000 2017-02-27 매각 매수인 박OO 응찰수 2명 매각가 11,028,000 (86.63%) 허가 2017-03-06 납기 2017-04-05 납부 2017-03-27 2017-11-20 종결	법원임차조사 이OO 전입 1996.11.26 주거 채무자의 모 *소유자점유.전입 신고 되어 있는 이점례는 채무자의 모임.채무자의 모 면담	가압류 중소기업은행 1998.05.26 **13,756,968** 98 카단 3225 마산시법원 GO 압 류 사천시의료보험조합 1998.07.30 가압류 곤명농업협동조합 2003.08.25 **13,926,895** 2003 카단 868 사천시법원 GO 가압류 사천축산업협동조합 2004.04.06 **2,758,873** 2004 카단 278 사천시법원 GO 가압류 사천축산업협동조합 2004.04.07 **22,921,679** 2004 카단 1623 창원 진주 GO 가압류 농업협동조합자산관리 2011.01.24 **34,311,383**

https://www.ggi.co.kr/kyungmae/mulgun_detail_print_h.asp 1/2

1. 입지가 다소 열악하나 소액

특수 경매의 특징을 이해한다면 소액 물건인 경우는 이해관계인만 확실하다면 입지의 상태를 너무 의식할 필요는 없다.

※ 다만, 외딴 시골 마을의 경우 높은 입찰가는 조심해야 한다.

2. 건물, 이해관계인

건물의 관리 상태는 양호(홀로 거주하는 노모를 위해 장성한 자식들이 수리한 듯)하다.

3. 등기부상 분석

사천에 거주하는 막내아들인 강○무씨가 자주 방문해서 노모를 봉양하는 듯하고, 그가 노모 및 일부 형제의 지분을 증여받았다.

4. 나지상정 17,172,000원, 잔금 5개월 뒤 지분권자 강○무씨가 매수했다.

9	1번강[illegible]근지분가압류	2011년1월24일 제1566호	2011년1월24일 창원지방법원 진주지원의 가압류 결정(2011카단180)	청구금액 금34,311,383 원 채권자 농업협동조합자산관리주식회사 110111-2583171 서울특별시 강동구 성내동 451
10	1번강[illegible]근, 1번강천근, 1번강[illegible]무를 제외한 공유자전원지분전부이전	2011년6월3일 제14538호	2011년6월1일 증여	공유자 지분 23분의 9 강[illegible]무 660623-******* 경상남도 사천시 용현면 신복리 [illegible]
11	1번강[illegible]근지분강제경매개시결정	2016년9월5일 제23727호	2016년9월5일 창원지방법원 진주지원의 강제경매개시결정(2016타경6667)	채권자 희망모아유동화전문유한회사 110114-0054045 서울특별시 강남구 강남대로 450(역삼동) (희망모아관리팀)

열 람 용

주요 등기사항 요약 (참고용)

[주 의 사 항]

본 주요 등기사항 요약은 증명서상에 말소되지 않은 사항을 간략히 요약한 것으로 증명서로서의 기능을 제공하지 않습니다. 실제 권리사항 파악을 위해서는 발급된 증명서를 필히 확인하시기 바랍니다.

[토지] 경상남도 사천시 곤명면 마곡리 257 대 1220㎡ 고유번호 1954-1996-222588

1. 소유지분현황 (갑구)

등기명의인	(주민)등록번호	최종지분	주 소	순위번호
강[illegible]무 (공유자)	660623-*******	23분의 4	진주시 상평동 [illegible]	1
강[illegible]무 (공유자)	660623-*******	23분의 9	경상남도 사천시 용현면 신복리 [illegible]	10
강[illegible]근 (공유자)	520920-*******	23분의 6	사천시 곤명면 마곡리 [illegible]	1
강[illegible]근 (공유자)	620806-*******	23분의 4	사천시 곤명면 마곡리 [illegible]	1

진주 2016타경6667(2)

■ 건축물대장의 기재 및 관리 등에 관한 규칙 [별지 제1호서식]

일반건축물대장(갑)

장번호 : 1 - 1

고유번호	4824036028-1-02570000	민원24접수번호	20170104 - 53550571	명칭		특이사항	
대지위치	경상남도 사천시 곤명면 마곡리	지번		도로명주소	경상남도 사천시 곤명면 마곡아랫길		

※대지면적	연면적	※지역	※지구	※구역
㎡	59.5 ㎡			
건축면적	**용적률산정용연면적**	**주구조**	**주용도**	**층수**
59.5 ㎡	59.5 ㎡	목조	주택	1층
※건폐율	**※용적률**	**높이**	**지붕**	**부속건축물**
%	%	m	황석, 스레트	2동 26.44㎡
조경면적	**공개 공지 또는 공개 공간의 면적**	**건축선 후퇴면적**	**건축선 후퇴거리**	
㎡	㎡	㎡	m	
지하수위	**기초형식**	**설계지내력(지내력기초인경우)**	**구조설계 해석법**	
G.L ㎡		t/㎡		

건축물 현황					소유자 현황			
구분	층별	구조	용도	면적(㎡)	성명(명칭) / 주민(법인)등록번호 (부동산등기용등록번호)	주소	소유권 지분	변동일 / 변동원인
주1	1층	목조/황석	주택	26.45	강■백	곤명면 마곡리	/	1955
주1	1층	목조/스레트	주택	6.61	200411-1******			소유자등록 (현재 미등기)
부1	1층	목조/스레트	창고	6.61		- 이하여백 - ※ 이 건축물대장은 현소유자만 표시한 것입니다.		
부2	1층	목조/스레트	퇴비사	19.83				
		- 이하여백 -						

이 등(초)본은 건축물대장의 원본 내용과 틀림없음을 증명합니다.

발급일자 : 2017년 01월 05일

담당자 : 민원지적과
전 화 : 055 - 831 - 2983

경상남도 사천시장

※ 표시 항목은 총괄표제부가 있는 경우에는 기재하지 아니합니다.
※ 이 장은 전체 2페이지 중에 1페이지 입니다.

토지· 건물 감정평가명세표

Page : 1

기호	소재지	지번	지목 및 용도	용도지역 및 구조	면적(㎡) 공부	면적(㎡) 사정	감정평가액 단가	감정평가액 금액	비고
1	경상남도 사천시 곤명면 마곡리		전	보전관리지역	367x 6/23	95.74	9,000	861,660	
2	"		대	계획관리지역	1,220x 6/23	318.26	54,000	17,186,040	지상 식재된수목 (4,000원/㎡) 포함 제시외건물로 인한 감안가 : ₩13,526,000원 제시외수목으로 인한 감안가 : ₩15,117,000원 제시외건물·수목으로인한 감안가격 : ₩12,730,000원
ㄱ	"	지상	주택	목조 및 블럭조 골강판지붕 단층	(71.6)x 6/23	18.68	250,000	4,670,000	500,000 x 20/40 관찰감가
ㄴ	"	지상	주택	목조 스레트지붕 단층	(45.4)x 6/23	11.84	105,000	1,243,200	420,000 x 10/40 관찰감가

01-6. 상속 우선순위

상속 우선순위란 여러 명이 함께 상속을 받는 경우 누가 우선해서 받을지 그 순위를 정해둔 것을 말한다.
유언이 있는 경우 유언에 따르지만 유언이 없을 경우에는 법에서 정해둔 순위에 따라 상속이 이뤄진다.

민법 제1000조(상속의 순위)

① 상속에 있어서는 다음 순위로 상속인이 된다.

1. 피상속인의 직계비속 2. 피상속인의 직계존속 3. 피상속인의 형제자매 4. 피상속인의 4촌 이내의 방계혈족

1. 상속 개시

상속 개시란 상속이 시작되는 것을 말한다. 민법에서는 피상속인의 사망으로 인해 상속이 개시된다고 규정해뒀다(민법 제997조). ⇒ 민법 제187조(등기를 요하지 아니하는 부동산 물권취득)에 의한 상속인들의 소유권 취득

2. 상속 순위

1) 제1순위의 상속인

피상속인의 **직계비속**, 쉽게 말해 자식들로 아들, 딸, 손자, 손녀 등이다. 직계비속인 경우 성별, 결혼의 유무 등을 구별하지 않는다.
아직 태어나지 않은 태아 역시 예외적으로 상속 순위를 따질 때는 이미 출생한 것으로 생각하도록 정했다.

2) 제2순위의 상속인

피상속인의 **직계존속**이다. 직계존속이란 아버지, 어머니, 할아버지, 할머니, 외할아버지, 외할머니 등을 말한다.

3) 제3순위의 상속인

피상속인의 **형제자매**이다. 형, 오빠, 누나, 언니, 동생 등이 해당한다.

4) 제4순위의 상속인

4촌 이내의 **방계혈족**이다. 자기의 직계존속과 직계비속을 직계혈족이라고 하고, 자기의 형제자매와 형제자매의 직계비속, 직계존속의 형제자매 및 그 형제자매의 직계비속을 방계혈족이라고 한다.
3촌의 방계혈족으로는 조카, 큰아버지, 작은아버지, 고모, 이모, 외삼촌 등이 해당한다. 3촌의 방계혈족들의 자녀는 4촌의 방계혈족에 해당한다.
가족관계에 따라 4촌의 방계혈족은 다양하게 존재할 수 있다.

5) 공동상속

여러 상속인 간에 촌수가 동일한 사람들은 공동상속인이 된다. 촌수가 다른 경우에는 가장 가까운 친족이 우선한다.

6) 배우자

배우자의 상속순위는 직계비속이 있는 경우 그들과 공동으로 상속받는다. 자녀가 없거나 상속받지 않는 경우 손자녀가 있다면 ~~손자녀와 공동으로 상속받게 된다~~. 자녀나 손자녀 등 직계비속이 없으면 직계존속과 공동상속인으로 상속받는다. 직계존속도 없는 경우 단독으로 상속받는다.

2023. 3. 23 대법원 전원합의체 선고

⇒ 고인의 자녀가 전부 상속을 포기하면 손자녀나 직계존속이 있더라도 배우자(한정승인)만 단독 상속인이 된다. 다만, 고인의 배우자와 자녀가 모두 상속포기를 했다면 손주들은 별도로 상속포기 절차를 밟아야 대물림을 차단할 수 있다.

아버지가 10억 원의 재산을 남기고 사망했다. 가족으로는 할아버지, 할머니, 배우자, 큰딸, 작은딸, 삼촌, 고모가 있다. 이런 경우 상속 순위에 따라 제1순위의 상속인인 직계비속에 해당하는 두 딸과 이와 같은 순위로 배우자까지 상속을 받는다. 제1순위의 상속인이 있으므로 할아버지와 할머니는 상속을 받지 못한다.

7) 대습상속

대습상속에 따라 상속을 받을 수도 있다. 상속인이 될 직계비속 또는 형제자매가 상속개시 전에 사망하면 원래대로라면 받을 수 있었던 상속을 받을 수 없게 된다. 이때 직계비속이 있다면 이들이 사망하거나 결격된 자의 순위로 상속인이 된다는 것이 대습상속이다.

이 경우 배우자도 직계비속과 공동상속인이 되고 이들이 없을 때에는 단독상속인이 된다. 피상속인의 직계비속의 배우자, 즉 피상속인의 사위나 며느리에게도 대습상속권을 인정하고 있다.

예를 들어 할아버지, 아버지, 아들이 있는 경우 할아버지가 먼저 돌아가신다면 순서대로 상속을 받으면 된다. 하지만 아버지가 먼저 돌아가신다면 이때 대습상속이 발생한다. 할아버지가 돌아가셨을 때 아버지가 이전에 사망했더라도 아들이 상속을 받을 수 있도록 하는 것이 대습상속이다.

3. 상속인이 없는 경우

상속받을 수 있는 사람이 없는 경우 예외적인 조항이 적용된다.

사망한 사람과 특별한 연고가 있는 사람은 특별연고자로 상속재산의 분여청구를 할 수 있다.

특별연고자란 상속을 받을 수 없는 사실혼 배우자나 사실상의 양자, 그리고 피상속인을 특별히 요양간호한 사람 등이다. 가정법원은 이들의 청구를 받아 상속재산의 전부 또는 일부를 준다. 상속재산의 분여청구도 없다면 상속재산은 국고에 귀속된다.

※ 1990. 1. 13 민법 개정 전후 상속비율

상속은 사망으로 인하여 개시되므로(민법 제997조), 망인이 사망한 때의 규정에 의해 산정되어야 **한다**(민법 부칙 <제4199호, 1990. 1. 13> 제12조).
따라서 1985. 12. 12 당시의 재산상속의 법정상속분을 보면 다음과 같다.
재산상속에 있어서 상속인이 수인으로 공동상속을 할 경우 상속분은 균분(均分)으로 함을 원칙으로 한다.
그러나
① 재산상속인이 동시에 **호주상속(戶主相續)을 할 경우에는 그 고유의 상속분의 5할을 가산**하며,
② **동일가적내(同一家籍內)에 없는 여자의 상속분은 남자의 상속분의 4분의 1**로 하고,
③ 피상속인(亡者)의 **배우자 상속분**은 직계비속(자녀 등)과 공동으로 상속하는 때에는 동일가적 내에 있는 **직계비속의 상속분의 5할**을 가산하며, 직계존속(부모 등)과 공동으로 상속하는 때에는 직계존속의 상속분의 5할을 가산한다.
따라서 **공동상속인의 균분상속분을 1로 할 때 처는 1.5, 장남(호주)은 1.5, 출가녀는 0.25, 그 외의 형제자매는 1의 비율로 법정상속**이 된다.
그러므로 예를 들어 보면 모친 1.5, 장남(호주상속인) 1.5, 출가한 장녀 0.25, 2남·3남 각 1의 비율로 되어, 모친 : 6/21(1을 기준으로 하기 위해 각자의 비율에 4를 곱하여 더한 수임), 장남 : 6/21, 출가한 장녀 : 1/21, 2남 : 4/21, 3남 : 4/21의 비율로 법정상속이 된다.

※ 참고 : 민법 개정에 따른 상속지분의 변천을 보면 다음과 같다(균분상속분을 1로 할 경우임).

구 분	내 용
1959. 12. 31 이전	• **호주 사망 시는 호주상속인이 재산 전부를 단독상속**(대법원 1969. 2. 18. 선고 56다2105 판결) • 호주 아닌 **가족사망 시는 직계비속(출가녀 제외)이 평등하게 공동상속** (대법원 1981. 11. 24. 선고 80다2346 판결, 1990. 2. 27. 선고 88다카33619 판결)
1960. 1. 1 이후 1978. 12. 31까지	• 호주상속인 1.5, 동일가적 내 여자는 0.5, 출가녀, 분가녀는 각 0.25, 기타 상속인은 1의 비율로 상속 • 처는 직계비속과 공동상속 시는 0.5, 직계존속과 공동상속 시는 1의 비율로 상속
1979. 1. 1 이후 1990. 12. 31까지	• **장남 1.5, 출가녀 0.25, 기타 자녀 1, 처 1.5의 비율**로 상속
1991. 1. 1 이후 현재까지	• **장남, 차남, 출가녀 등의 구분 없이 각 1의 비율**로 상속 • **처는 1.5의 비율로 상속**

상속인-1983년 상속개시		법정상속비율 (1979년 이후 1990년 법규정)	1을 기준으로 하기 위해 각자의 비율에 4를 곱한다	법정상속 지분비율	
배우자(1950년생)	노○호	배우자 1.5	6	6/24	3/12
자식(1972년생 딸)	정○희	자식 1	4	4/24	2/12
장남(1974년생 호주상속인)	정○모	장남 1.5	6	6/24	3/12
자식(1976년생 딸)	정○희	자식 1	4	4/24	2/12
자식(1978년생 아들)	정○모	자식 1	4	4/24	2/12
–	–	–	24	–	

*1983년도 상속개시 당시에는 자식들이 아직 미성년 상태로서 출가자녀(0.25)는 없는 것을 확인할 수 있다.

【 갑 구 】 (소유권에 관한 사항)				
순위번호	등 기 목 적	접 수	등 기 원 인	권리자 및 기타사항
1 (전 2)	소유권이전	1992년11월27일 제18171호	1983년1월7일 재산상속	공유자 지분 12분의 3 노 호 500620-******* 홍성군 금마면 부평리 지분 12분의 2 정 희 721218-******* 홍성군 금마면 부평리 지분 12분의 3 정 모 741007-******* 홍성군 금마면 부평리 지분 12분의 2 정 희 761120-******* 홍성군 금마면 부평리 지분 12분의 2 정 모 780123-******* 홍성군 금마면 부평리 부동산등기법 제177조의 6 제1항의 규정에 의하여 2002년 03월 06일 전산이기

1940. 12. 24 상속		1977. 7. 2 상속		
김○송씨 1940.12. 24 사망	장남 김○천씨 호주상속	미혼인 장남 김○천씨 사망	누이 김○자(3/12)	-
-	**1959.12. 31 이전 사망 호주(장남)상속인이 단독상속**	나머지 형제들은 2명이고 누이 김○숙씨의 자식들 연령대로 보아 모두 출가녀로 판단	누이 김○숙(1993.05.13 사망)	자식들인 박○용(1/12) 박○돈(1/12) 박○령(1/12)

순위번호	등 기 목 적	접 수	등 기 원 인	권리자 및 기타사항
1 (전 1)	소유권이전	1940년3월6일 제5143호	1940년2월29일 매매	공유자 지분 2분의 1 김 송 김포군 양촌면 마산리 지분 2분의 1 김 성 부천군 오정면 오정리
10	1번김 송지분전부 이전	2022년2월9일 제40389호	1940년12월24일 김 천이 호주상속 후 1977년7월2일 사망하였으므로 재산상속	공유자 지분 12분의 3 김 자 430901-******* 울산광역시 남구 수암로 공동상속인 중 김 숙은 1993년5월31일 사망하였으므로 상속 지분 12분의 1 박 용 650228-******* 서울특별시 강북구 오패산로 지분 12분의 1 박 돈 670308-******* 서울특별시 동작구 장승배기로 지분 12분의 1 박 령 681106-******* 서울특별시 영등포구 여의대방로 대위자 김 수 인천광역시 서구 청라한울로 대위원인 인천지방법원 2021타경17213 공유물분할을 위한 경매에 필요함

사망 시기에 따른 등기원인의 등기부 예시		
~ 1959.12. 31까지	1960. 1. 1 ~ 1990. 12. 31	1991. 1. 1 이후 사망
호주상속	재산상속	상속
유산상속	협의 분할에 의한 상속	협의 분할에 의한 상속

춘천3계 2017타경6548 주택

사건내용

소 재 지	강원 화천군 간동면 용호리 (24133)강원 화천군 간동면 파로호로				
경 매 구 분	강제경매	채 권 자	국OOOOO		
용 도	주택	채무/소유자	박OO / 박OOOO	매 각 기 일	18.04.16 (7,198,000원)
감 정 가	6,300,870 (18.01.03)	청 구 액	11,807,142	종 국 결 과	18.06.05 배당종결
최 저 가	6,300,870 (100%)	토 지 면 적	전체 359 ㎡ 중 지분 39.9 ㎡ (12.1평)	경매개시일	17.11.06
입찰보증금	630,087 (10%)	건 물 면 적	전체 80.18 ㎡ 중 지분 8.9 ㎡ (2.7평)	배당종기일	18.02.12
주 의 사 항	· 지분매각				

조 회 수	· 금일조회 1 (0) · 금회차공고후조회 46 (19) · 누적조회 127 (19) · 7일내 3일이상 열람자 3 · 14일내 6일이상 열람자 2	0는 5분이상 열람 (기준일-2018.04.16/전국연회원전용)

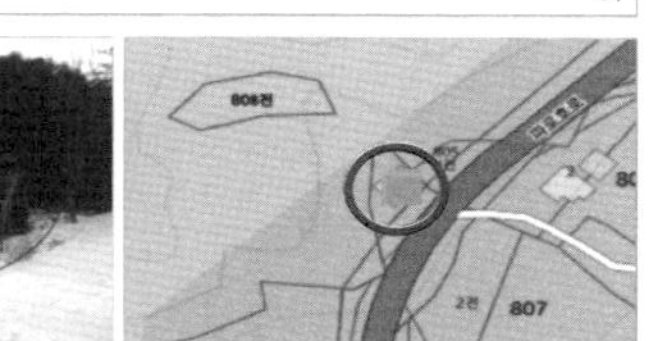

소재지/감정요약	물건번호/면적(m²)	감정가/최저가/과정	임차조사	등기권리
(24133) 강원 화천군 간동면 용호리 [파로호로] 감정평가서요약 - 시멘트벽돌조슬래브지붕(현:슬래브위플라스틱기와지붕) - 간동면사무소북측원거리소재 - 주위농경지및단독주택등혼재한농촌지대 - 차량접근가능 - 대중교통등전반교통상황보통 - 사다리형완경사지 - 남측왕복2차선도로접함 - 유류보일러의한난방 - 자연환경보전지역 - 수산자원보호구역 - 가축사육제한구역	물건번호: 단독물건 대지 39.9/359 (12.07평) ₩3,111,420 (토지 2/18 박규택 지분) 건물 · 주택 7.6/68.29 (2.30평) ₩3,149,850 방2, (건물 2/18 박규택 지분) · 전체 68.29m² (21평) · 지분 7.59m² (2평) - 총1층 - 승인 : 1994.03.24 - 보존 : 1997.07.23 제시외 · 창고 1.0/9 (0.30평) ₩30,000	감정가 6,300,870 · 대지 3,111,420 (49.38%) (평당 257,781) · 건물 3,149,850 (49.99%) (평당 1,166,611) · 제시 39,600 (0.63%) 최저가 6,300,870 (100%) 경매진행과정 ① 6,300,870 2018-04-16 매각 매수인 차OO 응찰수 1명 매각가 7,198,000 (114.24%)	법원임차조사 정OO 전입 1993.03.03 주민등록등재자 *기타점유. 폐문부재로 안내문 고시하였으며, 주민등록등재자 조사한바 임대차관계 조사서와 같이 정문섭이 주민등록등재 되어 있음. 현장조사당시 이해관계인 및 점유자를 만나지 못하여 점유관계 별도 확인이 요망됨. 폐문부재로 안내문 고시하였으며, 주민등록등재자 조사한바 임대차관계 조사서와 같이 정문섭이 주민등록등재 되어 있음 지지옥션 전입세대조사 93.03.03 정OO 주민센터확인:2018.03.30	건물 가압류 국민행복기금 [공동] 2017.02.09 10,519,058 2017 카단 30701 서울중앙 강 제 국민행복기금 [공동] 2017.11.07 *청구액:11,807,142원 채권총액 10,519,058원 토지 *建공동제외임 채권총액 10,519,058원 열람일자 : 2017.11.21

※ 재혼 후 친양자 입양제도

친양자의 연령은 도입 당시 미성년자였다가, 2007년 12월 15세 미만으로, 2013년 7월부터 다시 미성년자로 변경되었다.

친양자로 입양되면 입양 전 가족과의 관계가 계속 법적으로 인정되는 일반 입양과 달리, 친부모와의 친족·상속 관계는 종료되고 **양부모와의 친족관계가 새로 형성된다.** 친양자는 입양되는 부모의 가족관계등록부(종전의 호적부)에 친생자로 등록되고, 성씨 역시 양부모의 성을 따르게 된다. 이는 법원의 선고에 의해서만 가능하다.

⇒ 재혼 후 상대방의 자식들을 친양자로 입양하게 되면 당사자가 사망 후 친양자들도 직계비속의 상속인 자격을 취득한다.

1. 입찰의 이유

파로호 상류 도로변에 위치한 소액의 토지·건물지분 물건으로 특수경매 투자자들이 선호하는 전형적인 보통 이상의 물건으로 분석된다. 이해관계의 분석은 별도로 해야 한다.

2. 추정해보는 단독낙찰의 이유(이해관계인의 분석)

등기부를 살펴보면

1993년에 정○섭씨가 매매로 주택을 사고, 1997년에 정○예씨에게 1/2을 증여했다. 일반적으로 남매보다는 부부일 확률이 높다.

이후 2014년에 정○예씨가 사망하고 상속인들 중에 남편인 정○섭씨 외에 성씨도 다른 새로운 인물들이 나온다.

⇒ 박○택씨(채무자), 유○열씨, 유○훈씨

【 표 제 부 】 (토지의 표시)

표시번호	접 수	소 재 지 번	지 목	면 적	등기원인 및 기타사항
1 (전 4)	1994년5월12일	강원도 화천군 간동면 용호리	대	359㎡	부동산등기법 제177조의 6 제1항의 규정에 의하여 2002년 08월 27일 전산이기

【 갑 구 】 (소유권에 관한 사항)

순위번호	등 기 목 적	접 수	등 기 원 인	권 리 자 및 기 타 사 항
1 (전 2)	소유권이전	1993년9월6일 제3755호	1993년7월20일 매매	소유자 정 섭 460502-******* 화천군 간동면 용호리
2 (전 3)	소유권일부이전	1997년7월23일 제3840호	1997년7월22일 증여	공유자 지분 2분의 1 정 예 471015-******* 화천군 간동면 용호리
				부동산등기법 제177조의 6 제1항의 규정에 의하여 1번 내지 2번 등기를 2002년 08월 27일 전산이기
3	2번정 예지분전부이전	2015년7월22일 제4450호	2014년4월4일 상속	공유자 지분 18분의 3 정 섭 460502-******* 강원도 화천군 간동면 파로호로 지분 18분의 2 박 택 740818-******* 부산광역시 해운대구 재반로42번길 (재송동, 이진아파트) 지분 18분의 2 유 열 660503-******* 제주특별자치도 서귀포시 토상로 지분 18분의 2 유 훈 680913-******* 강원도 정선군 정선읍 와평
4	3번박 택지분가압류	2017년2월9일 제652호	2017년2월9일 서울중앙지방법원의 가압류 결정(2017카단30701)	청구금액 금10,519,058 원 채권자 주식회사국민행복기금 110111-3962043 서울특별시 중구 세종대로 124 (태평로1가)
5	3번박 택지분강제경매개시결정	2017년11월7일 제6020호	2017년11월6일 춘천지방법원의 강제경매개시결정(2017타경6548)	채권자 주식회사국민행복기금 110111-3962043 서울특별시 중구 세종대로 124 (태평로1가, 한국프레스센터)

재혼 후 친양자 입양제도를 알고 있다면 다음과 같은 추정이 가능하다. 자식이 있는 정○섭씨는 사별 후 홀로 지내다 1997년 자식이 있는 정○예씨와 재혼을 한다.
재혼은 했지만, 각자의 자식들은 별도로 친양자 입양절차는 생략했다 (각자의 자식들이 성년임).

따라서 박○택씨, 유○열씨, 유○훈씨는 정○섭씨의 자식은 아니지만 엄연히 정○예씨의 호적상 친자임은 변함이 없다.
이런 연유로 정○예씨의 사망으로 상속인들은 재혼남편인 정○섭씨, 정○예씨의 친자인 세 사람인 것이다.

물론 정○섭씨가 사망할 경우 세 사람은 상속인의 자격이 없다. 정○섭씨의 친자식들이 상속인이 될 것이다.

이러한 내막을 모르는 투자자들은 입찰을 기피했을 것으로 판단된다.

3. 낙찰 후 매도를 위한 이해관계인

물론 우선순위로 원소유자이자 지분권자인 정○섭씨가 대상이 된다. 사망한 정○예씨의 상속자식들은 이제는 어떤 연고도 없는 이 사건에 대해 전혀 관심이 없다.

연령대를 고려해보면 정○섭씨에게도 친자식들이 존재할 가능성이 존재한다(정○섭씨가 친자를 대리인으로 해 매수해 감).

02
공유자 간의 법률관계

02. 공유자 간의 법률관계

02-1. 공유물의 관리 및 보존

1. 공유물의 관리

공유물의 관리에 관한 사항은 지분의 과반수로 결정한다(공유자의 과반수 아님).

관리행위는 공유물의 처분이나 변경에까지 이르지 아니한 정도로 공유물을 이용·개량하는 행위를 말한다.

관리행위로는 공유물을 사용·수익하는 구체적인 방법의 결정, 공유물의 임대행위, 관리행위에 해당하는 계약의 해제, 해지 등이 있다.

※ 해지권의 불가분성

공유건물의 임대차계약의 해지 결정은 관리행위이므로 과반수로 결정할 수 있다. 그러나 해지의 의사표시는 해지권의 불가분성에 의해 공유자 전원이 해야 한다. ⇒ 결국은 공유자 전원의 해지 동의가 필요하다.

매매계약의 해제, 해지와 같이 계약 자체가 공유물의 처분, 변경에 관한 것인 때에는 공유자 전원의 동의를 필요로 한다.

1) 각 공유자는 지분의 비율로 공유물의 관리비용 기타 의무를 부담한다(민법 제266조 제1항).

공유물의 관리비용은 공유물의 유지·개량을 위해 지출한 비용을 말하고, 기타의 의무는 공유물에 부과되는 세금 등을 말한다.

⇒ 민법 제266조 제1항은 임의규정으로 공유자 간에 적용되며, 제3자에 대한 관계에서는 적용되지 않는다.

즉 대외적으로 공유물에 대한 부담은 원칙적으로 불가분채무이고, 따라서 공유자 각자가 부담 전부를 이행할 책임을 진다(대법원 1985. 4. 9. 선고 83다카1775 판결).

※ 건물의 공유자가 공동으로 건물을 임대하고 보증금을 수령한 경우, 보증금 반환채무의 성질(= 불가분채무)

⇒ 건물의 공유자가 공동으로 건물을 임대하고 보증금을 수령한 경우, 특별한 사정이 없는 한 그 임대는 각자 공유지분을 임대한 것이 아니고 임대목적물을 다수의 당사자로서 공동으로 임대한 것이고, 그 보증금 반환채무는 성질상 불가분채무에 해당된다고 보아야 할 것이다(대법원 1998. 12. 8. 선고 98다43137 판결).

⇒ 따라서 임차인은 임대인1에게 보증금의 일부만을 돌려달라고 할 수는 없다.

불가분채무일 경우 피고들은 공동하여 원고에게 지급하라는 주문

(예 : 소장의 청구취지에 피고들은 공동하여 원고에게…)

2) 공유자가 1년 이상 관리비용 기타 부담의 의무를 이행하지 않는 경우에, 다른 공유자는 상당한 가액을 지급하고 그 자의 지분을 매수할 수 있다(민법 제266조 제2항).

이러한 지분매수청구권은 형성권이지만, 이를 행사하기 위해 매수 대상이 되는 지분 전부에 대한 매매대금을 제공하거나 지급하여야 한다(대법원 1992. 10. 9. 선고 92다25656 판결).

⇒ 지분매수청구권은 형성권이므로 매수의사를 표시하면 바로 매매의 효력이 생긴다. 이 경우 그 지분의 가액을 전액 지급한 후 또는 지급함과 동시에 비로소 매수청구할 수 있다.

2. 공유물의 보존

공유물의 보존행위는 공유자 각자가 할 수 있다.

보존행위는 공유물의 멸실, 훼손을 방지하고 그 현상을 유지하기 위해 행하는 사실적, 법률적 행위를 말한다. 예컨대 공유건물의 훼손을 방지하기 위해 수리를 하는 것, 부패가 염려되는 공유물을 매각해 금전으로 보관하는 것 등이다.

※ 시효중단의 효력

부동산 공유자 중의 한 사람은 당해 부동산에 관하여 제3자 명의로 원인무효의 소유권이전등기가 경료되어 있는 경우 공유물에 관한 보존행위로서 그 제3자에 대해 그 등기전부의 말소를 구할 수 있으나, 공유자의 한 사람이 공유물의 보존행위로서 그 공유물의 일부 지분에 관하여만 재판상 청구했다면, 그로 인한 시효중단의 효력은 그 공유자와 그 청구와 소송물에 한하여 발생한다(대법원 1999. 8. 30. 선고 99다15146 판결).

⇒ 시효중단의 효력은 재판상의 청구를 한 그 공유자에 한해서만 발생하고, 다른 공유자에게는 미치지 아니하므로 그와 같은 행위는 공유물 전체에 대한 보존행위가 아니고 자기 지분에 대한 보존행위일 뿐이다.

02. 공유자 간의 법률관계

⇒ **피고 2와 피고 1은** 소외인을 통해 **원고에게** 피고들이 이 사건 대지에 관한 소유권을 취득한 사실을 알리고, 이 사건 대지 위에 있는 원고의 건물을 철거하고, 동 대지를 인도할 것을 **최고했으나, 그로부터 6월 내에, 피고 1은** 원고를 상대로 제소함으로써 **재판상의 청구를 했으나, 피고 2는 재판상의 청구를 하지 아니했다**는 것이니 그렇다면 설사 공유자의 한 사람인 피고 1이 공유물의 보존행위로써 제소한 것이라고 하더라도, 동 제소로 인한 시효중단의 효력은 재판상의 청구를 한 피고 1에게 한하여 발생하는 것이고, 다른 공유자인 **피고 2에게는 미치지 아니한다고 보아야 할 것이고,** 또한 공유지분 일부에 대하여도 시효취득이 가능한 것이므로 (대법원 1979. 6. 26. 선고 79다639 판결, 대법원 1975. 6. 24. 선고 74다1877 판결 참조) 공유지분은 각자가 자유로이 처분할 수 있다(민법 제263조). 지분처분금지(持分處分禁止)의 특약(特約)이 있더라도 이는 채권적 효력만 가질 뿐이다.

⇒ 이러한 특약을 등기할 방법이 없기 때문에 특약의 당사자 간에만 유효하다.

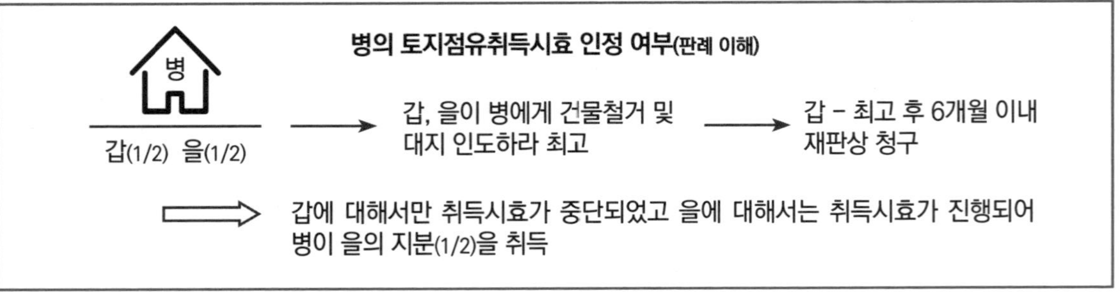

병의 토지점유취득시효 인정 여부(판례 이해)
병
갑(1/2) 을(1/2)
갑, 을이 병에게 건물철거 및 대지 인도하라 최고
갑 – 최고 후 6개월 이내 재판상 청구
갑에 대해서만 취득시효가 중단되었고 을에 대해서는 취득시효가 진행되어 병이 을의 지분(1/2)을 취득

02-2 공유물의 처분·변경

민법 제264조(공유물의 처분·변경) - 공유자는 다른 공유자의 동의 없이 공유물을 처분하거나 변경하지 못한다.

공유물 자체의 처분·변경은 다른 공유자 전원의 동의를 얻어야 할 수 있다(민법 제264조).

02. 공유자 간의 법률관계

1. 공유물의 처분

공유물을 양도하거나 그 위에 담보물권을 설정하는 등의 행위를 말한다. 또한 전세권 등의 용익물권을 설정하는 것도 실질적으로 공유물의 처분에 해당한다고 할 것이다.

⇒ 각 공유자가 자기의 지분 위에 지상권, 전세권 등의 용익물권을 설정하는 것도 실질적으로는 공유물의 처분에 해당한다. 그러나 자기의 지분 위에 담보물권의 설정은 가능하다.

⇒ 공유자 1인에 의한 공유물의 처분행위는 그 처분이 그 공유자의 지분범위 내에서 유효이므로, 지분범위를 넘는 부분만 무효로 된다(대법원 전원 1965. 4. 22. 선고 65다268 판결).

2. 공유물의 변경

공유물의 변경은 공유물에 대해 사실상의 물리적인 변화를 가하는 것(예 : 토목공사)을 말한다. 이러한 사실상의 변경 외에 법률상의 변경(예 : 매매 등)은 처분에 해당되어 처분과 변경을 엄격하게 구별할 실익은 없다.

02-3 공유물에 대한 부담(보증금반환채무의 성질)

※ 불가분채무, 불가분채권

다수의 채권자나 채무자가 하나의 불가분급부(不可分給付)를 목적으로 하는 채권을 가지고 채무를 부담하는 경우의 채권·채무관계이다(민법 제409~412조). 여기서 불가분급부란 (1) 분할하면 경제적 가치를 잃거나 멸(滅)하는 성질상의 불가분과 (2) 당사자의 의사표시에 의해 불가분이 된 급부(給付)를 의미한다.

⇒ 예를 들면 1대의 자동차급부에 관해 갑(甲)·을(乙)·병(丙)이 공동으로 정(丁)에게 구입한 경우는 불가분이며, 갑·을이 100만 원을 분할하지 않고 병으로부터 받은 채권은 의사표시에 의한 불가분이다.

불가분채권관계에서 각 채권자는 단독으로 변제를 수령할 수 있으며(제409, 410조), 각 채권자는 채무자에 대해 전부의 이행을 청구할 수 있다(제411조). 채무자가 1인의 채권자에게 이행하면 다른 채권자의 채권도 소멸한다(제409조). 불가분채무에 있어서는 각 채무자가 각자 전부급부의 의무를 지고 1인의 채무자의 이행에 의해 다른 채무자의 채무도 소멸한다(제411조). 그 밖의 점에서는 각 채권·채무는 독립한 것으로 취급된다(제410조 1항, 411조, 412조 참조).

02. 공유자 간의 법률관계

▶ 1인의 채무자에게 생긴 사유의 효력

채무자 1인의 이행 또는 **채무자 1인에 대한 이행청구는 다른 채무자에게도 그 효력을 미친다**(제410조, 411조), **즉 절대적 효력이 있다.**

▶ 불가분채무자 상호 간의 관계에 대해 연대채무에 관한 규정이 준용된다.

▶ 공동의 점유·사용으로 인한 부당이득 반환채무의 성질(불가분채무)

대법원 2001. 12. 11. 선고 2000다13948 판결【부당이득금반환】

여러 사람이 공동으로 법률상 원인 없이 타인의 재산을 사용한 경우의 부당이득의 반환채무는 특별한 사정이 없는 한 불가분적 이득의 반환으로서 불가분채무이고, 불가분채무는 각 채무자가 채무 전부를 이행할 의무가 있으며, 1인의 채무 이행으로 다른 채무자도 그 의무를 면하게 된다(대법원 1981. 8. 20. 선고 80다2587 판결, 1992. 9. 22. 선고 92누2202 판결 참조).

※ (진정)연대채무 - 가분채무 - 일부의 이행을 청구할 수 있다(불가분채무와의 차이)

수인의 채무자가 동일한 내용의 급부에 관해 각각 독립해서 전부의 급부를 해야 할 채무를 부담하고, 그 가운데 1인의 채무자가 전부의 급부를 하면 모든 채무자의 채무가 소멸하는 다수 당사자의 채무

- 다수의 채무자가 채무 전부를 각자 이행할 의무가 있고, 채무자 1인의 이행으로 다른 채무자의 그 의무를 면하게 되는 때에는 그 채무는 연대채무로 한다(민법 제413조).

가분채무이지만 당사자의 합의에 의해서 전부 급부의무를 지는 경우도 있다.

연대채무일 경우 피고들은 연대해서 원고에게 지급하라는 주문

예 : 주 채무자와 연대보증인의 채무(민법 제437조 단서), 사용대차, 임대차에 있어서 공동차주의 채무(민법 제616조, 제654조)

예를 들어, 채무자 A ~ C가 채권자 갑에게 공동으로 900만 원의 연대채무를 지고 있는 상태를 생각해보자.

A가 갑에게 돈을 일부 갚으면, A ~ C가 함께 갚은 것으로 취급되어 A ~ C가 지는 채무가 한꺼번에 줄어든다.

즉, A가 300만 원을 갚으면 B, C도 그 효과를 보는 것이다.

한편 이번에는 채권자의 입장에서, 갑이 A에게만 돈을 청구하더라도 B, C에게도 함께 이행청구한 것과 같은 효력이 미친다.

02-4 대금 분할을 위한 논리

원주4계 2018타경3580 대지

사건내용

소재지	강원 횡성군 둔내면 두원리				
경매구분	형식적경매(공유물분할)	채권자	박OO		
용도	대지	채무/소유자	無 / 박OOOO	매각기일	19.06.17 (35,290,000원)
감정가	**48,495,000** (18.08.08)	청구액	0	종국결과	19.08.08 배당종결
최저가	**23,763,000** (49%)	토지면적	183.0㎡ (55.4평)	경매개시일	18.08.01
입찰보증금	2,376,300 (10%)	건물면적	0㎡ (0.0평)	배당종기일	18.10.31
주의사항	· 입찰외				

조회수	• 금일조회 **1** (0) • 금회차공고후조회 **23** (23) • 누적조회 **255** (48) • 7일내 3일이상 열람자 **4** • 14일내 6일이상 열람자 **4**	()는 5분이상 열람 (기준일-2019.06.17/전국연회원전용)

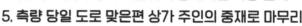

소재지/감정요약	물건번호/면적(m²)	감정가/최저가/과정	임차조사	등기권리
강원 횡성군 둔내면 두원리 감정평가서요약 - 둔내면사무소남동측근거리소재 - 주위지방도변상가지대 - 차량접근가능,대중교통보통 - 사다리형토지 - 남동측왕복2차선도로접함 - 소로2류(8-10m)접함 - 계획관리지역 - 가축사육제한구역(2017.05.01,일부제한(젖소:1000m이하)) - 접도구역 2018.08.08 영서감정 표준지가 : 194,000 감정지가 : 265,000	물건번호: 단독물건 대지 183.0 (55.36평) ₩48,495,000 현:주차장용지,도로 입찰외제시외 • 근린생활시설 206.1 (62.35평) • 근린생활시설 90.0 (27.23평)	감정가 **48,495,000** • 토지 48,495,000 (100%) (평당 875,993) 최저가 **23,763,000** (49%) 경매진행과정 ① **48,495,000** 2019-04-01 유찰 ② 30% ↓ **33,947,000** 2019-05-13 유찰 ③ 30% ↓ **23,763,000** 2019-06-17 매각 매수인 차OO 응찰수 7명 매각가 35,290,000 (72.77%) 허가 2019-06-24 납기 2019-08-01 납부 2019-07-09 2019-08-08 종결		근저당 횡성(새) 2004.11.04 **280,000,000** 이창식지분근저 임 의 박연악 2018.08.01 ***청구액:0원** **채권총액 280,000,000원** 열람일자 : 2019.03.13

1. 전체적인 조건

인접 건물은 스키 렌탈 숍, 본건 북측 둔내역, 남측 웰리힐리 리조트 과소토지(길막이)

2. 형식적 경매의 이유 - 판결문 참조

일부 공유지분에 저당권 설정 후 현물 분할된 경우 그 저당권은 분할된 각 부동산 위에 종전의 지분비율대로 존속하고 분할된 각 부동산은 저당권 공동담보가 된다(대법원 2012. 3. 29. 선고 2011다74932).

⇒ 대금 분할의 논리 제공

3. 공유자들(2인)도 입찰 당일 법원 출석

연락처를 받아 온다.

4. (전화)협상(가격)이 미진해서 경계복원 측량 실시

5. 측량 당일 도로 맞은편 상가 주인의 중재로 마무리

원주 2018타경3580(횡성두원리)

등기사항전부증명서(말소사항 포함)
- 토지 -

고유번호 1451-1996-080987

[토지] 강원도 횡성군 둔내면 두원리

【 표 제 부 】 (토지의 표시)

표시번호	접 수	소 재 지 번	지 목	면 적	등기원인 및 기타사항
~~1~~ ~~(전 1)~~	~~1995년12월15일~~	~~강원도 횡성군 둔내면 두원리~~	~~답~~	~~771㎡~~	
					부동산등기법 제177조의 6 제1항의 규정에 의하여 2001년 11월 01일 전산이기
~~2~~	~~2001년12월18일~~	~~강원도 횡성군 둔내면 두원리~~	~~답~~	~~587㎡~~	~~분할로 인하여 답 184㎡를 강원도 횡성군 둔내면 두원리 에 이기~~
~~3~~	~~2003년12월2일~~	~~강원도 횡성군 둔내면 두원리~~	~~대~~	~~587㎡~~	~~지목변경~~
~~4~~	~~2005년11월16일~~	~~강원도 횡성군 둔내면 두원리~~	~~대~~	~~771㎡~~	~~합병으로 인하여 대 184㎡를 강원도 횡성군 둔내면 두원리 에서 이기~~
5	2006년1월13일	강원도 횡성군 둔내면 두원리	대	183㎡	분할로 인하여 대 588㎡를 강원도 횡성군 둔내면 두원리 에 이기

【 갑 구 】 (소유권에 관한 사항)

순위번호	등 기 목 적	접 수	등 기 원 인	권리자 및 기타사항
1 (전 15)	소유권이전	2000년7월4일 제7181호	2000년6월29일 매매	소유자 이 식 631003-******* ~~서울 성동구 응봉동 뉴스타빌라~~
1-1	1번등기명의인표시변경	2002년7월30일 제9591호	2002년4월6일 전거	이 식의 주소 강원도 횡성군 둔내면 둔방내리
				부동산등기법 제177조의 6 제1항의 규정에 의하여 1번 내지 2번 등기를 2001년 11월 01일 전산이기
3	2번가처분등기말소	2003년9월26일 제13653호	2003년9월22일 해제	
4 (전 1)				합병한 강원도 횡성군 둔내면 두원리 대184㎡에 대하여도 1번 등기와 동일사항의 등기임
				접수 2005년11월16일 제20713호
5	소유권일부이전	2006년1월13일 제840호	2005년12월16일 매매	공유자 지분 183분의 91.5 최 섭 620714-******* ~~서울 서초구 반포동~~ ~~제 904~~
5-1	5번등기명의인표시변경		2014년7월28일 전거	최 섭의 주소 서울특별시 강남구 자곡로 2015년5월13일 부기
6	5번최기섭지분전부이전	2015년5월13일 제9192호	2015년3월17일 매매	공유자 지분 183분의 91.5 박 학 640514-******* 강원도 횡성군 둔내면 고원로 매매목록 제2015-513호
7	임의경매개시결정	2018년8월1일 제12674호	2018년8월1일 춘천지방법원 원주지원의 임의경매개시결정(2018타경3580)	채권자 박 학 640514-******* 강원 횡성군 둔내면 고원로
8	4번근저당권설정등기말소	2003년9월23일 제13512호	2003년9월23일 해지	
9	~~근저당권설정~~	2004년11월4일 제15820호	2004년11월4일 설정계약	채권최고액 금280,000,000원 채무자 이 식 강원도 횡성군 둔내면 둔방내리 근저당권자 횡성새마을금고 145144-0001620 횡성군 횡성읍 읍상리 공동담보목록 제2004-229호
9-1				9번 근저당권 등기는 합병후의 부동산 전부에 관한 것임 2005년11월16일 부기
9-2	9번근저당권변경	2006년8월29일 제17327호	2006년8월28일 지분포기	목적 갑구1번이 식지분전부근저당권설정
~~10~~	~~갑구5번최 섭지분전부근저당권설정~~	~~2006년8월29일 제17330호~~	~~2006년8월28일 설정계약~~	~~채권최고액 금84,000,000원~~ ~~채무자 임 화~~ ~~서울 서초구 반포동~~ ~~근저당권자 횡성새마을금고 145144-0001620~~ ~~횡성군 횡성읍 읍상리 289-6~~

원주 2018타경3580(횡성두원리)

춘천지방법원 원주지원

판 결

사 건	2017가단34591 공유물분할
원 고	A
피 고	B
변 론 종 결	2018. 3. 20.
판 결 선 고	2018. 5. 1.

주 문

1. 강원 횡성군 C 대 183㎡를 경매에 부쳐 그 대금에서 경매비용을 공제한 나머지 금액을 원고, 피고에게 각 1/2의 비율로 분배한다.
2. 소송비용은 각자 부담한다.

청 구 취 지

강원 횡성군 C 대 183㎡(이하 '이 사건 토지'라 한다) 중 별지 도면 표시 1, 2, 3, 7, 1의 각 점을 순차로 연결한 선내 (가) 부분 91.5㎡는 원고의 소유로, 별지 도면 표시 3, 4, 5, 6, 7, 3의 각 점을 순차로 연결한 선내 (나) 부분 91.5㎡는 피고의 소유로 분할하고, 만약 현물분할이 불가능할 때는 이 사건 토지를 경매에 부쳐 그 대금에서 경매비용을 공제한 나머지 금액을 원고, 피고에게 각 1/2의 비율로 분배한다.

이 유

1. 기초사실

가. 원고와 피고는 이 사건 변론종결일 현재 이 사건 토지를 각 1/2 지분의 비율로 공유하고 있다.

나. 원고와 피고 사이에 이 사건 토지의 분할에 관하여 협의가 이루어지지 아니하였다.

[인정근거] 갑 제1호증의 기재, 변론 전체의 취지

2. 판단

가. 기초사실에 의하면, 원고는 민법 제269조 제1항에 따라 피고에 대하여 이 사건 토지의 분할을 구할 수 있다.

나. 갑 제1호증의 기재, 변론 전체의 취지에 의하면 다음 사실 및 사정을 인정할 수 있고, 이를 종합하면 이 사건 토지는 현물로 분할하는 것이 곤란하므로 이를 대금분할의 방법으로 분할하는 것이 타당하다.

1) 피고의 이 사건 토지에 관한 지분에 대하여 근저당권이 설정되어 있다.

2) 원고가 이 사건 변론종결일에 이 사건 토지를 대금분할의 방법으로 분할할 것을 희망하였다.

3. 결론

그렇다면 이 사건 토지를 경매에 부쳐 그 대금에서 경매비용을 공제한 나머지 금액을 원고와 피고에게 그 소유지분 비율에 따라 분배하기로 하여 주문과 같이 판결한다.

03

공유의 주장

03. 공유의 주장

03-1. 지분의 대외적 주장

지분은 소유권의 분량적 일부이기 때문에 다른 공유자의 지분에 의해 일정한 비율로 제한을 받는 점을 제외하고는 하나의 독립된 소유권과 같은 성질을 지니고 따라서 각 공유자는 단독으로 다른 공유자 또는 제3자에 대해 그의 지분을 주장할 수 있다.

1. 지분의 확인청구

다른 공유자 또는 제3자에 의해 자기의 지분을 부인당한 공유자는 지분을 부인하는 자를 상대로 지분확인의 소를 제기할 수 있다(대법원 1994. 11. 11. 선고 94다35008 판결). 즉 지분을 부인당한 공유자는 단독으로 지분을 부인하는 자에 대해 소를 제기할 수 있다.

2. 지분의 이전등기청구와 말소등기청구

수인이 공유하기로 하고 제3자로부터 부동산을 매수한 경우에는 각 공유자는 자기의 지분에 관해 단독으로 제3자(매도인)를 상대로 지분이전등기를 청구할 수 있다. 나아가 공유 부동산이 공유자 1인의 단독명의로 등기되어 있는 경우에, 다른 공유자는 단독으로 자기의 지분에 관해 공유등기를 청구할 수 있다.

3. 방해배제 또는 공유물의 반환청구 – '공유지분의 낙찰 후 인도' 참조

4. 공유지분에 대한 취득시효

공유물의 전부는 물론 공유지분에 대하여도 시효취득이 가능한 바, 대법원은 공유자 중 1인이 1필지의 토지 중 특정 부분만을 점유해온 경우, 등기부취득시효 완성의 범위는 '특정 부분에 대한 공유지분의 범위 내'이고, 그 1필지 토지가 구분소유적 공유관계에 있었던 토지인 경우에도 마찬가지라고 했다(대법원 2015. 2. 12. 선고 2013다215515판결).

토지의 공유지분 일부에 대하여도 시효취득이 가능하고, 각 공유자는 지분권에 기하여 단독으로 공유물에 대한 제3자의 취득시효가 완성되는 것을 중단시킬 수 있는데, 다만, 시효중단의 효력은 재판상의 청구를 한 그 공유자에 한하여 발생하고, 다른 공유자에게는 미치지 아니한다(대법원 1979. 6. 26. 선고 79다639 판결).

03-2. 공유관계의 대외적 주장

1. 일부 공유자에 의한 공유관계의 주장에 의해 얻어진 판결의 효력이 다른 공유자에게 미치는가?
공유관계의 확인청구나 등기(말소)청구에 대해 보존행위에 해당함을 이유로 공유자 각자가 공유관계를 주장할 수 있다
⇒ 당해 부동산에 관해 제3자 명의로 원인무효의 소유권이전등기가 경료되어 있는 경우 공유물에 관한 보존행위로서 제3자에 대해 그 등기 전부의 말소를 구할 수 있다고 했다(등기말소에 관한 대법원 1993. 5. 11. 선고 92다52870 판결).
⇒ 보존행위는 단독으로 할 수 있으므로 보존행위로서 제기하는 방해배제청구나 공유물반환청구소송은 필요적 공동소송이 아니다.

건물의 공유자 중 1인에 대한 건물철거청구의 경우, 판례는 이는 필수적 공동소송이 아니며 지분권의 한도에서 처분권을 가진다는 이유로 일부 공유자에 대한 철거청구도 인용하고 있다. 다만 집행을 위해서는 지분의 합이 '1'이 되어야 함은 물론이다.

2. 건물의 공유자(예컨대, 건물의 공동상속인)들이 부담하는 철거의무는 성질상 불가분채무라 할 것이어서 각 공유자가 건물 전체에 대한 철거의무를 부담하나, 다만 각 공유자가 자기의 지분 한도 내에서 위와 같은 의무를 부담하는 것이므로 공유자 전원을 피고로 삼지 않고 그중 일부만을 피고로 하여서도 건물 전체의 철거를 청구할 수 있다(대상판결인 대법원 1980. 6. 24. 선고 80다756 판결).
기재 방법 : 이와 같이 공유자 중 일부만을 상대로 한 철거청구는 물론, 공유자 전원을 상대로 한 철거청구의 경우에도 이를 인용하는 주문에는 각 공유자의 지분을 명시해야 한다. 특히, 일부 공유자만을 상대로 한 경우에는 피고로 되지 아니한 다른 공유자에 대한 별도의 집행권원이 추가되지 않는 한 그 판결만으로는 철거의 집행을 할 수 없다는 점을 판결 주문에 나타내둘 필요가 있기 때문이다.

[예시]
1. 원고에게, 피고 갑은 1/4(또는 4분의 1) 지분에 관해, 피고 을은 1/5 지분에 관해, 피고 병, 정은 각 1/8 지분에 관해, 각 별지 목록 (2) 기재 건물을 철거하고, 각 같은 목록 (1) 기재 대지를 인도하라.
2. 원고의 피고들에 대한 각 나머지 청구를 기각한다.

이 기재례의 경우 인용된 **지분의 합계가 1이 되지 아니하므로**(지분의 합이 10분의 7임), **결국 철거집행은 불가능하게 된다.**
⇒ 공유자 1인만을 상대로 철거판결은 가능하나, 실질적인 철거집행을 위해서는 전원을 상대로 철거소송을 진행해야 한다.

03-3. 공유자의 우선매수청구권(공유자우선매수 신고제도)

민사집행법

제140조(공유자의 우선매수권)

① 공유자는 매각기일까지 제113조에 따른 보증을 제공하고 최고매수신고가격과 같은 가격으로 채무자의 지분을 우선매수하겠다는 신고를 할 수 있다 .

② 제1항의 경우에 법원은 최고가매수신고가 있더라도 그 공유자에게 매각을 허가하여야 한다 .

③ 여러 사람의 공유자가 우선매수하겠다는 신고를 하고 제2항의 절차를 마친 때에는 특별한 협의가 없으면 공유지분(평등비율 X)의 비율에 따라 채무자의 지분을 매수하게 한다.

④ 제1항의 규정에 따라 공유자가 우선매수신고를 한 경우에는 최고가매수신고인을 제114조의 차순위매수신고인으로 본다.

민사집행규칙

제76조(공유자의 우선매수권 행사절차 등)

① 법 제140조 제1항의 규정에 따른 우선매수의 신고는 집행관이 매각기일을 종결한다는 고지를 하기 전까지 할 수 있다.

② 공유자가 법 제140조 제1항의 규정에 따른 신고를 하였으나 다른 매수신고인이 없는 때에는 최저매각가격을 법 제140조 제1항의 최고가매수신고가격으로 본다 .

③ 최고가매수신고인을 법 제140조 제4항의 규정에 따라 차순위매수신고인으로 보게 되는 경우 그 매수신고인은 집행관이 매각기일을 종결한다는 고지를 하기 전까지 차순위매수신고인의 지위를 포기할 수 있다 .

④ 제1항의 규정에 따라 공유자가 우선매수신고를 한 경우에는 최고가매수신고인을 제114조의 차순위매수신고인으로 본다.

1. 공유자우선매수권의 개념 및 취지

개념 : 공유지분이 경매될 경우 공유자는 매각기일까지 보증을 제공하고 최고가매수신고가격과 같은 가격으로 채무자의 지분을 우선매수할 수 있는 권리이다.

취지 : 공유물 전체를 이용관리하는 데 있어서 기존 공유자들 간의 인적유대관계를 유지할 필요가 있기 때문에 새로운 사람이 공유자가 되는 것보다는 기존 공유자에게 우선권을 부여하여 공유지분을 매수할 기회를 주는 것이다.

2. 공유자우선매수권의 행사(민사집행법 제76조)

1) 시한

집행관이 입찰일 당일 '최고가매수신고인의 이름과 가격을 호창하고 이 사건매각의 종결을 고지를 하기 전'까지 할 수 있다(법140①, 규칙76①).

⇒ 우선매수신고 및 보증의 제공

2) 매각기일 전의 우선매수권신고 - 법원문건접수 확인 ⇒ 보증의 제공 또는 없이 우선매수청구권을 행사하겠다고 신고할 수 있다.

※ 공유자가 입찰기일 전에 우선매수신고서만을 제출하거나 최고가입찰자가 제공한 입찰보증금에 미달하는 금액의 보증금을 제공한 경우, 입찰기일에 집행관은 최고가매수신고를 확인한 다음 공유자의 출석 여부를 확인하고 공유자에게 최고가매수신고가격으로 매수할 것인지를 물어 보증금을 납부할 기회를 주어야 하는지 여부(적극)

※ 입찰기일 전에 공유자우선매수 신고서를 제출한 공유자가 입찰기일에 입찰에 참가하여 입찰표를 제출한 경우, 우선매수권을 포기한 것으로 볼 수 있는지 여부(소극, 대법원 2002. 6. 17. 자 2002마234 결정) ⇒ **패찰하면 공유자우선매수 신청이 가능하다.**

3) 매각기일에 출석해서 입찰도 가능, 우선매수청구권 행사도 가능

① 최고가매수신고인이 있는 경우 ⇒ 최고가매수신고가격과 같은 금액으로 낙찰

② 최고가매수신고인이 없는 경우 ⇒ 공유자가 법 제140조 제1항의 규정에 따른 신고를 했으나 다른 매수신고인이 없는 때에는 최저매각가격을 법 제140조 제1항의 최고가매수신고가격으로 본다.

③ 최고가매수신고인의 지위 ⇒ 차순위매수신고인으로 간주되나, 매각기일 종결 선언 전까지 차순위매수신고인의 지위를 포기할 수 있다.

4) 입찰일 공유자우선매수 신고를 하기 전에 미리 입찰표에 '입찰가격'만 빈칸으로 비워두고 작성한 뒤, 입찰봉투에 보증금을 함께 준비하고 있는 게 불필요한 시비를 차단할 수 있다.

5) 공유자우선매수 신고인이 수인일 경우 지분비율에 따라 매수하게 한다(평등비율 X).

3. 공유자우선매수권 행사의 남용

매각기일 전 공유자우선매수 신고를 하고 입찰자가 없자 보증금을 납부하지 않는 방법으로 유찰이 되었다가 4회 매각기일에 매수신고인이 나타나자 비로소 보증금을 납부하고 최고가매수신고인의 지위를 얻은 것은 법108조2, 121조, 123조에서 정하는 '매각의 적정한 실시를 방해한 사람'에 해당하므로 매각불허가사유가 된다.

실무상 보증금 없이 매수신고를 해서 매각기일 종결 시까지 보증금을 제공하지 않은 경우, 추후 공유자우선매수권 행사를 제한하는 특별매각조건을 부가한다.

예 : 공유자의 우선매수신청권 행사는 신고한 첫 기일에만 유효하고 다음 기일부터는 행사할 수 없다.

1) 채무자의 공유지분에 대한 경매 절차에서 공유자가 우선매수신고를 하고서도 매각기일까지 보증을 제공하지 않은 경우, 우선매수권을 포기하거나 상실한 것으로 볼 수 있는지의 여부(원칙적 소극)

⇒ 민사집행규칙 제76조 제2항의 규정은 공유자가 우선매수신고를 했으나 다른 매수신고인이 없는 경우 최고가매수신고가격이 없어 같은 가격으로 매수신고할 대상이 없게 되므로 최저매각가격을 최고가매수신고가격으로 보아 우선매수할 수 있게 한 규정이라고 할 것이다.

⇒ 이는 우선매수권의 행사와 보증의 제공이 이루어진 경우에 매각허가를 해야 한다는 의미로 해석되어야 하고, 보증을 제공하지 아니한 경우 앞의 규정을 이유로 매각을 불허하거나 포기하는 의사를 추정할 수 있는 근거 규정이 될 수 없다.

⇒ 민사집행규칙 제76조(공유자의 우선매수권 행사절차 등) 제2항

"공유자가 법 제140조 제1항의 규정에 따른 신고를 하였으나 다른 매수신고인이 없는 때에는 최저매각가격을 법 제140조 제1항의 최고가매수신고가격으로 본다."

2) 공유자가 여러 차례 우선매수신고만을 해서 일반인들의 매수신고를 꺼릴 만한 상황을 만들어놓은 뒤, **다른 매수신고인이 없을 때는 보증금을 납부하지 않는 방법으로 유찰되게 했다가 다른 매수신고인이 나타나면 보증금을 납부하여 자신에게 매각을 허가하도록 하는 것이** 민사집행법 제121조, 제108조 제2호의 '최고가매수신고인이 매각의 적정한 실시를 방해한 사람'에 해당되는 매각불허가사유인지 여부(적극)

⇒ **관계 법령 및 민사집행법상의 공유자우선매수권 제도의 취지 내지 한계, 경매 제도의 입법 취지 등에 비추어 보면, 공유자가 민사집행법 제140조의 우선매수권제도를 이용해서** 채무자의 지분을 저가에 매수하기 위해 **여러 차례에 걸쳐 우선매수신고만 해서** 일반인들이 매수신고를 꺼릴 만한 상황을 만들어놓은 뒤, **다른 매수신고인이 없는 때에는 매수신청보증금을 납부하지 아니하는 방법으로 유찰되게 했다가 최저매각가격이 그와 같이 하여 저감된 매각기일에 다른 매수신고인이 나타나면 그때 비로소 매수신청보증금을 납부해 법원으로 하여금 공유자에게 매각을 허가하도록 하는 것에는 민사집행법 제121조, 제108조 제2호의** '최고가매수신고인이 매각의 적정한 실시를 방해한 사람'**에 해당되는 매각불허가사유가 있다고 할 것이다.**

⇒ 그렇다면 **법원은 재항고인이 공유자로서 최고가매수신고인이라고 하더라도** 민사집행법 제123조 제2항 본문에 따라 직권으로 매각을 불허가할 **수 있다고 할 것이다**(대법원 2011. 8. 26. 자2008마637 결정).

민사집행법

제123조(매각의 불허) 2항②제121조에 규정한 사유가 있는 때에는 직권으로 매각을 허가하지 아니한다.

⇒ **제121조(매각허가에 대한 이의신청사유)** 매각허가에 관한 이의는 다음 각호 가운데 어느 하나에 해당하는 이유가 있어야 신청할 수 있다.
1. 강제집행을 허가할 수 없거나 집행을 계속 진행할 수 없을 때
2. 최고가매수신고인이 부동산을 매수할 능력이나 자격이 없는 때
3. 부동산을 매수할 자격이 없는 사람이 최고가매수신고인을 내세워 매수신고를 한 때
4. 최고가매수신고인, 그 대리인 또는 최고가매수신고인을 내세워 매수신고를 한 사람이 **제108조** 각호 가운데 어느 하나에 해당되는 때
5. 최저매각가격의 결정, 일괄매각의 결정 또는 매각물건명세서의 작성에 중대한 흠이 있는 때
6. 천재지변, 그 밖에 자기가 책임을 질 수 없는 사유로 부동산이 현저하게 훼손된 사실 또는 부동산에 관한 중대한 권리관계가 변동된 사실이 경매 절차의 진행 중에 밝혀진 때
7. 경매 절차에 그 밖의 중대한 잘못이 있는 때

⇒ **제108조(매각장소의 질서유지) 제2호** 부당하게 다른 사람과 담합하거나 그 밖에 매각의 적정한 실시를 방해한 사람

4. 공유자우선매수 청구의 제한

1) 공유물 분할 경매의 경우
2) 경매 개시 결정 등기 이후에 공유지분을 취득한 경우. 다만, 권리신고를 해서 이해관계인에 해당하는 경우는 가능
3) 구분소유적 공유관계인 경우
4) 형식적 경매로 진행하는 경우
5) 일괄 매각으로 진행되는 경매 물건 중 일부의 공유자 - **남원 2017타경1633**
6) 경매 신청을 받은 당해 공유자(채무자)
7) 채무자(지분권자)의 상속인이자 별도의 지분권자 - **대전 2015타경19063**

※ 갑이 남편인 을과 부동산을 공유하던 중 을이 사망하자 을의 재산을 상속한 후, 을이 생전에 해당 부동산의 공유지분에 설정한 근저당권의 실행으로 매각절차가 진행되자 부동산의 공유자로서 우선매수신청을 한 사안에서, 갑은 매각 절차에서의 채무자로서 매수신청이 금지된 자이므로 민사집행법 제121조 제2호에 정한 '부동산을 매수할 자격이 없는 자'에 해당한다(대법원 2009. 10. 5. 자2009마1302 결정).

※ 물상보증인은 공유자우선매수 신고를 할 수 없다.
⇒ 당해 **공유자는 우선매수권을 행사할 수 없고 다른 일반의 매수 참가자들과 동등한 지위에서 매수신청을 할 수밖에 없다고** 보아야 한다.
이는 부동산의 공유지분에 대한 매각 절차에서 공유자가 우선매수권을 행사했거나 행사할 것으로 예상하는 경우에는 매수 희망자가 거의 없거나 적어서 경쟁률이 떨어지고, 이로 인하여 공유자의 우선매수권이 인정되지 않을 때보다 매각가격이 현저히 내려간 후에 매각되는 것이 일반적인 현실이라고 할 수 있다. 그런데, 경매 신청을 당한 공유자에게 우선매수권의 행사를 허용하는 것은 지분을 매수하는 데 있어서 그만큼 낮은 가격으로 매수할 기회를 주는 것이 되어 그 매수가격에 관해 특전을 부여하는 결과가 되고, 결과적으로 압류채권자 기타 배당에 참가한 채권자가 손해를 입을 우려가 있기 때문이다.

※ 매매로 채무자의 지분을 매수한 기존의 공유자는 공유자우선매수 청구 가능(특정승계) - 공매2020-10391-002
⇒ 압류 이후 채무자의 지분을 매수한 기존의 공유자

03. 공유의 주장

※ 입찰 시 공유자우선매수 신고자에 대한 집행관의 결정이 잘못되었다고 판단되는 경우 차순위매수신고를 하고 보증금을 반환받으면 안 되고 이의제기를 해야 한다. 이의제기가 받아들여지지 않고 매각허가결정이 났다면 허가결정취소신청 또는 불허가신청을 해야 한다. 다만, 매각불허가되는 경우 차순위매수신고인이 최고가 매수신고인이 되지는 않는다. ⇒ 새 매각(신 경매)의 진행

남원1계 2017타경1633 주택

사건내용

소 재 지	전북 남원시 주생면 325 [일괄] (55783)전북 남원시 주생면				
경매구분	강제경매	채 권 자	농OOO		
용 도	주택	채무/소유자	안OOOO	매각기일	18.04.02 (7,890,000원)
감 정 가	8,314,060 (17.08.24)	청 구 액	141,254,794	종국결과	18.05.14 배당종결
최 저 가	5,820,000 (70%)	토지면적	전체 496 m² 중 지분 227.6 m² (68.8평)	경매개시일	17.08.14
입찰보증금	582,000 (10%)	건물면적	전체 98.31 m² 중 지분 44.0 m² (13.3평)	배당종기일	17.11.20
주의사항	· 일부지분 · 입찰외				

조 회 수	• 금일조회 1 (0) • 금회차공고후조회 17 (17) • 누적조회 101 (18) • 7일내 3일이상 열람자 3 • 14일내 6일이상 열람자 1	()는 5분이상 열람 (기준일-2018.04.02/전국연회원전용)

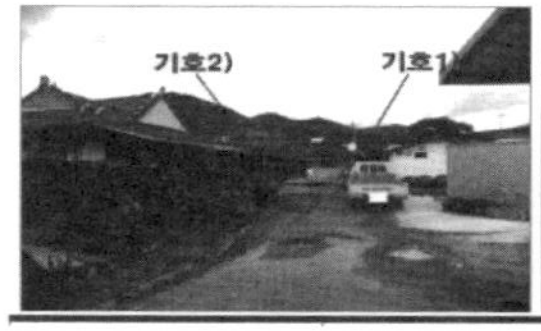

기호2) 기호1)

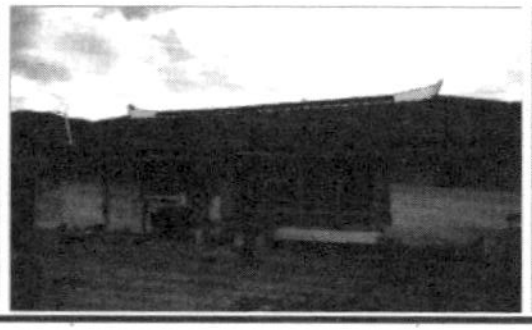

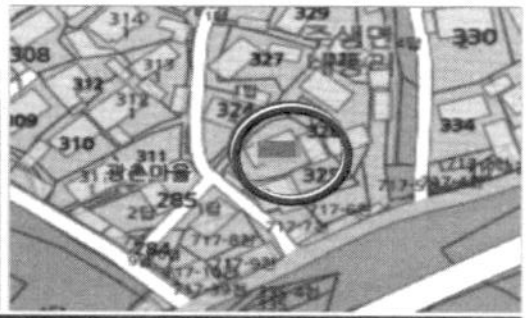

2020-10391-002 (압류재산(캠코)) 전(공부상:기타토지)

(조회수 : 76회)

소 재 지	충북 음성군 금왕읍 489-1 [일괄] [도로명주소] (27624) 충북 음성군				
처분방식	매각	입찰방식	일반경쟁(최고가방식)	물건상태	낙찰
감 정 가	9,723,160 원	소 유 자	송 경	입찰시작일	2021.06.28 (10:00)
최 저 가	9,724,000 원	토지면적	113.3m² (34.3평)	입찰종료일	2021.06.30 (17:00)
보 증 금	(입찰금액의 10%)	건물면적		개 찰 일	2021.07.01 (11:00)
조 회 수	• 금일 1 / 0 • 누적 76 / 0 (단순조회 / 5분이상 열람)			배당요구종기	2021.03.08
조회분석	• 7일내 3일이상 열람자 1 • 14일내 6일이상 열람자 1				(기준일-2021.07.01 / 전국연회원전용)

주의사항	· 분묘 · 지분매각 · 맹지 · 재매각 · 농취증 · ㅇ 기호 (가)건물 흙벽돌조구조(45.58m²)는 현황 소재불명으로 매각대상 아님. 매각에서 제외되는 제시외건물(ㄱ~ㅂ) 및 분묘 수기 소재하므로 농지취득자격증명원 발급가능 여부등 반드시 확인후 입찰바람. ㅇ 지적상 맹지. ㅇ 본건은 공유물 지분매각으로 공유자로부터 우선매수 신청시 매각결정취소 될 수 있음.

진행내역

회차/차수	입찰시작일자 ~ 입찰마감일자	개찰일자	최저가 매각가	결과	응찰자수
025/001	2021.06.28 (10:00) ~ 2021.06.30 (17:00)	2021.07.01 (11:00)	9,724,000 (100%) 12,000,000 (123%)	낙찰 (공유자매각결정)	(유효)5명 자세히

대상	토지 325	토지 325-1	지상 건물
매각지분	4/15 안○남	1 안○남	4/15 안○남
공유자	윤○애, 안○남	안○남	윤순애, 안○남
채무자	안○남	안○남	안○남

윤○애씨는 일부의 공유자로서 공유자우선매수 신청 자격이 안 됨.
이 사건에서는 매각 당일 집행관이 이를 인지해서 공유자우선매수 신청이 거부됨.

송○영씨의 지분이 공매로 진행 중이나 내막을 들여다보면 2013년 2월 18일 압류 등기된 송○미씨의 지분이 2016. 3. 3 송○현씨에게 공유물 분할을 원인으로 타지분권까지 포함해 이전되었으며, 2019. 1. 23 송○영씨에게 매매로 이전되었다.

즉, 송○영씨는 채무자의 지분을 매수한 기존의 공유자 자격이 부여되어 공유자매각결정이 확정되었다.

대전5계 2015타경19063 제조업소

사건내용

소 재 지	충남 금산군 추부면 신평리 (32710)충남 금산군 추부면 서대산로				
경매구분	임의경매	채 권 자	대OOOOO		
용 도	제조업소	채무/소유자	김O / 김OOO	매 각 기 일	16.10.17 (108,500,000원)
감 정 가	178,496,190 (15.10.01)	청 구 액	116,159,178	종 국 결 과	16.12.22 배당종결
최 저 가	87,463,000 (49%)	토 지 면 적	전체 2564 m² 중 지분 732.6 m² (221.6평)	경매개시일	15.09.09
입찰보증금	8,746,300 (10%)	건 물 면 적	전체 431.88 m² 중 지분 123.4 m² (37.3평)	배당종기일	16.08.23
주 의 사 항	· 지분매각 · 입찰외				

조 회 수	• 금일조회 1 (0) • 금회차공고후조회 33 (13) • 누적조회 189 (26) • 7일내 3일이상 열람자 1 • 14일내 6일이상 열람자 1	()는 5분이상 열람 (기준일-2016.10.17/전국연회원전용)

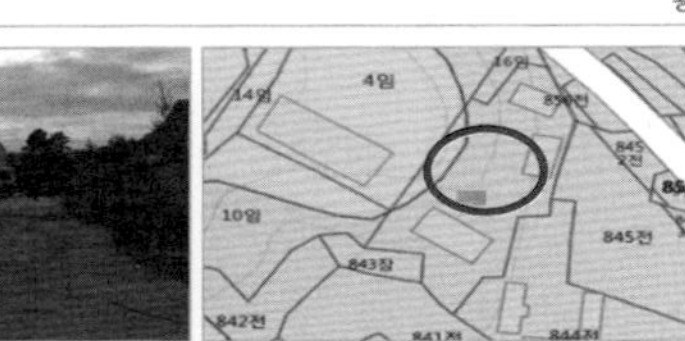
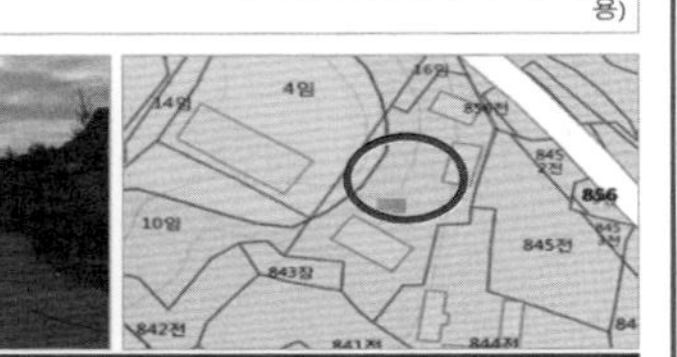

소재지/감정요약	물건번호/면적(m²)	감정가/최저가/과정	임차조사	등기권리
(32710) 충남 금산군 추부면 신평리 감정평가액 건물 : 36,655,320 감정평가서요약 - 일반철골구조티에치케이100난연판넬(난연3급)지붕 - 일괄입찰 - 신평교차로서측인근 - 주위중소규공장,농경지,임야등소재 - 차량출입가능 - 대중교통사정보통 - 일단지형태의토지 - 북동측6m도로접함 - 계획관리지역 - 가축사육제한구역 - 배출시설설치제한지역 - 배수구역 2015.10.01 하나감정	물건번호: 단독물건 건물 • 공장 41.2/144.2 (12.46평) ₩10,918,000 (건물 2/7 김 지분) • 전체 144.2m² (44평) • 지분 41.2m² (12평) • 부속1층식당,숙소 23.0/80.48 (6.95평) ₩9,839,720 (건물 2/7 김 지분) • 전체 80.48m² (24평) • 지분 22.99m² (7평) • 부속2층사무실 19.2/67.2 (5.81평) ₩8,217,600 (건물 2/7 김 지분) • 전체 67.2m² (20평) • 지분 19.2m² (6평) • 부속1층창	감정가 178,496,190 • 대지 139,920,870 (78.39%) (평당 631,412) • 건물 38,575,320 (21.61%) 최저가 87,463,000 (49%) 경매진행과정 ① 178,496,190 2016-03-07 유찰 ② 30% ↓ 124,947,000 2016-04-11 유찰 ③ 30% ↓ 87,463,000 2016-05-16 매각 매수인 김O(공유자) 응찰수 3명 매각가 126,250,000 (70.73%) 2위 120,000,000 (67.23%)	법원임차조사 이OO 전입 2014.01.16 점유기간 2014.01.14-2016.01.13 김OO 전입 2014.10.31 (보) 200,000,000 점유기간 2014.10.20-2017.10.19 *전체 폐문으로 해당 세무서에 등록사항 등의 현황서를 확인한 바,김 수(2014.10.31), 이 재(2014.1.16) 등재.점유및 임대차 관계 미상으로 안내문 부착 *이 재 : 현황조사서상 대항력있는 임차인일 가능성 있음.(권리신고 및 배당요구는 없음)	근저당 대산투자대부 [공동] 2014.09.24 150,000,000 임 의 대산투자대부 [공동] 2015.09.09 *청구액:116,159,178원 채권총액 150,000,000원 열람일자 : 2016.09.28

2021. 7. 22.

(32710) 충남 금산군 추부면 신평리 감정평가액 건물 : 1,920,000	고 32.0/112 (9.68평) ₩7,680,000 (건물 2/7 김 지분) • 전체 112m² (34평) • 지분 32m² (10평) - 총1층 - 승인 : 2010.07.16 - 보존 : 2010.07.29 건물 • 작업장 8.0/28 (2.42평) ₩1,920,000 (건물 2/7 김순 지분) • 전체 28m² (8평)	불허 2016-05-23 ③ 87,463,000 2016-10-17 매각 매수인 김O(공유자) 응찰수 1명 매각가 108,500,000 (60.79%) 허가 2016-10-24 납기 2016-11-22 납부 2016-11-21 2016-12-22 종결	법원임차조사 *전체 폐문으로 해당 세무서에 등록사항 등의 현황서를 확인한 바,김 수(2014.10.3 1), 이 재(2014.1.16) 등재.점유및 임대차 관계 미상으로

1. 등기부 분석

1) 김○ 3/7, 김○휘 2/7, 김○경 2/7 상속(2011. 3. 4)
2) 아들 지분 2/7 경매 진행(2015. 9. 9)
3) 채권자가 뒤늦게 아들의 사망을 알고 김○씨를 상속인으로 대위등기(2015. 11. 9)
4) 김○이 공유자우선매수로 낙찰이 되었지만 법원에서 뒤늦게 자격이 안 되는 것을 알고 불허가 결정(2016. 5. 16)
5) 채권자가 상속인을 김○에서 시어머니인 김○희로 신청착오를 이유로 정정 신청(김○과 채권자 교감)
6) 김○은 떳떳하게 공유자의 자격으로 공유자우선매수 신청을 하고 매각허가 결정

⇒ 최고가 낙찰자는 등기부 분석과 공유자우선매수 제한 사유만 잘 알았다면 입찰법정에서 집행관에게 이의제기를 해서 낙찰받을 수 있는 사건이었다. 즉, 아는 만큼 보인다.

대전 2015타경19063(채무자의 상속인 겸 별도의 지분권자)

[토지] 충청남도 금산군 추부면 신평리 　　　고유번호 1642-2009-000773

순위번호	등 기 목 적	접 수	등 기 원 인	권리자 및 기타사항
		제12199호	매매	대전광역시 중구 목동 목양마을아파트 거래가액 금150,800,000원
3	소유권이전	2011년3월24일 제5959호	2011년3월4일 상속	공유자 지분 7분의 3 김 481224-******* 대전광역시 중구 목동 목양마을아파트 지분 7분의 2 김 경 740727-******* 대전광역시 중구 목동 목양마을아파트 지분 7분의 2 김 휘 751015-******* 대전광역시 중구 목동 목양마을아파트
4	~~가압류~~	~~2011년4월29일~~ ~~제8305호~~	~~2011년4월29일~~ ~~전주지방법원의 가압류 결정(2011카합256)~~	~~청구금액 금430,000,000 원~~ ~~채권자 백 택 370315-*******~~ ~~전라북도 전주시 완산구 평화동 코오롱아파트~~
5	4번가압류등기말소	2013년2월12일 제1834호	2013년2월6일 해제	
6	~~3번김 휘지분강제경매개시결정~~	~~2015년5월28일~~ ~~제7862호~~	~~2015년5월28일~~ ~~대전지방법원의 강제경매개시결정(2015타경11360)~~	~~채권자 김 수 610905-*******~~ ~~대전광역시 동구 새들모퉁이길~~
7	3번김 휘지분압류	2015년6월11일 제8868호	2015년6월11일 압류(징수팀-3034)	권리자 국민건강보험공단 111471-0008863 서울특별시 마포구 독막로 311(염리동 168-9)

열람일시 : 2016년09월28일 11시23분22초

2/5

[토지] 충청남도 금산군 추부면 신평리 　　　고유번호 1642-2009-000773

순위번호	등 기 목 적	접 수	등 기 원 인	권리자 및 기타사항
				(안성지사)
8	6번강제경매개시결정등기말소	2015년9월2일 제14156호	2015년8월31일 취하	
9	3번김 휘지분임의경매개시결정	2015년9월9일 제14623호	2015년9월9일 대전지방법원의 임의경매개시결정(2015타경19063)	채권자 주식회사대산투자대부 160111-0149090 대전광역시 서구 둔산로137번길 44, 102호(둔산동, 서림빌딩)
10	3번김 휘지분전부이전	2015년11월9일 제18608호	2015년4월19일 상속	~~공유자 지분 7분의 2~~ ~~귀 481224-*******~~ ~~대전광역시 중구 목동로 (목동, 목양마을아파트)~~
				대위신청인(수익자) 주식회사대산투자대부 대전광역시 서구 둔산로137번길 44, 102호(둔산동, 서림빌딩) 대위원인 2014년 9월 24일 접수 제13942호 근저당권설정에 기한 채권보전
10-1	10번소유권경정	2016년7월18일 제11082호	신청착오	공유자 지분 7분의 2 김 희 290303-******* 전라북도 전주시 완산구 기린대로
				대위자 (수익자)주식회사대산투자대부 대전광역시 서구 둔산로137번길 44, 102호(둔산동, 서림빌딩) 대위원인 대전지방법원 2015타경19063호

열람일시 : 2016년09월28일 11시23분22초

3/5

04

공유물의 분할

감정평가사가 알려주는 공유지분 투자 비밀노트

04. 공유물의 분할

04-1. 분할의 자유

제268조(공유물의 분할 청구)

① 공유자는 공유물의 분할을 청구할 수 있다. 그러나 5년 내의 기간으로 분할하지 아니할 것을 약정할 수 있다.

② 전항의 계약을 갱신한 때에는 그 기간은 갱신한 날로부터 5년을 넘지 못한다.

③ 전2항의 규정은 제215조(건물의 구분소유), 제239조(경계표 등의 공유추정)의 공유물에는 적용하지 아니한다.

⇒ 공유자는 언제든지 공유물의 분할을 청구해 공유관계를 종료시킬 수 있다.
공유자 사이에는 합유와 달리 아무런 인적 결합관계가 없기 때문이다.
⇒ 공유물 분할의 자유는 지분 처분의 자유와 함께 공유를 합유나 총유와 구별케 하는 가장 특징적인 것이다.

-	공유	합유	총유
결합 형태	공동소유자 간에 아무런 인적 결합관계가 없는 형태 – 개별적 성향	조합체(민법 제271조) – 동업자적 성향	법인이 아닌 사단(민법 제275조) – 공동운명체적 성향
구체적 예	하나의 토지를 여러 사람이 매수해서 소유하는 경우	공장을 함께 경영할 목적으로 여러 사람이 공동으로 토지를 매수해서 소유하는 경우	문중 또는 교회가 토지를 매수해서 소유하는 경우
지분의 처분	원칙적으로 자유	① 처분 : 전원의 동의 필요 ② 합유물 분할 청구 X	지분의 개념 X
분할 청구	언제든지 분할 청구 가능 소송의 경우 필요적 공동소송	조합체가 존속하는 한 분할 청구 X	분할 청구 X
처분, 변경	공유자 전원의 동의 필요 (민법 제264조)	합유자 전원의 동의 필요 (민법 제272조)	사원총회의 결의 필요 (민법 제276조 1항)
사용	지분의 비율로 사용	조합계약을 따름.	정관, (종중)규약, 사원총회 결의로 결정
부동산 등기 방식	공유자 전원의 명의와 그 지분 기재	합유자 전원의 명의와 합유의 취지를 기재	비법인 사단 자체의 명의로 등기

04. 공유물의 분할

1. **합유란** 법률규정이나 계약에 의해 수인이 조합체로서 물건을 소유하는 형태로서, 공유와 총유의 중간에 있는 **공동소유관계**(共同所有關係)이다(민법 제271조 1항). 따라서 합유는 그 전제로서 조합체의 존재가 필요하다. 여기서 조합체란 동일목적에 의해 결합되고 있으나 아직 동일적 활동체로서의 단체적 체제를 갖추지 못한 복수인(複數人)의 결합체인 합수적 조합을 가리킨다.

현행법상 법률규정으로 합유가 인정되는 경우는 민법상 조합재산(組合財産, 제704조)과 신탁법상 수탁자(信託法上 受託者)가 수인(數人)인 신탁재산(信託財産, 신탁법 제50조)이다. 그리고 부동산의 합유는 등기해야 한다.

합유는 지분이 공동목적을 위해 구속받으며 **단독으로 자유로이 처분할 수 없고 분할을 청구하는 권리도 제한된다는 점에서 공유와 다르다(민법 제273조).**

⇒ 합유자의 지분이 등기되는 사항이 아니라서 합유지분에 대한 경매 신청은 할 수 없다.
동업자적 성향 - 음식적 동업계약

또한 합유는 단체로서의 체제를 갖추지 못하고 단체적 통일성을 가지지 아니한 점에서 단일적 활동체로서 물건을 총유하는 법인격이 없는 사단과 다르지만, 합유의 기초인 조합체가 존재한다는 점에서는 총유와 비슷하다.

⇒ 총유(공동운명체적 성향)는 지분 자체가 없다. 법인이 아닌 문중, 종중, 재건축조합, 어촌계, 주민공동체 등이 이에 속한다.

즉 공유는 개인적 색채가 가장 짙으며, 합유는 공동목적을 위해 개인적인 입장이 구속되지만 지분(持分)이 존재한다는 면에서 총유(總有)보다는 개인적이다. 합유는 합유물을 처분·변경함에 있어서 합유자 전원의 동의가 있어야 한다(민법 제273조 1항). 또 합유관계는 조합의 해산이나 합유물의 양도로 인하여 종료하며, 이 경우에 합유물의 분할에 관하여는 공유물의 분할에 관한 규정을 준용한다(민법 제274조).

예 : 광주 2022타경61992 합유등기 사례(뒷장 참조)

광주4계 2022타경61992 대지

사건내용

소 재 지	전남 곡성군 오산면 운곡리 (57517)전남 곡성군 오산면				
경 매 구 분	강제경매	채 권 자	김금순		
용 도	대지	채무/소유자	김종수	매 각 기 일	22.11.22 (50,869,840원)
감 정 가	**64,736,000** (22.02.28)	청 구 액	128,712,986	다 음 예 정	
최 저 가	**45,315,000** (70%)	토 지 면 적	544.0㎡ (164.6평)	경매개시일	22.02.14
입찰보증금	4,531,500 (10%)	건 물 면 적	0㎡ (0.0평)	배당종기일	22.05.06
주 의 사 항	· 재매각물건 · 법정지상권 · 입찰외 · 토지만입찰				

조 회 수	• 금일조회 **1** (0) • 금회차공고후조회 **51** (11) • 누적조회 **213** (35) • 7일내 3일이상 열람자 **5** • 14일내 6일이상 열람자 **2** ()는 5분이상 열람 (기준일-2022.11.22/전국연회원전용)

(건물) 전라남도 곡성군 오산면 운곡리

【 표 제 부 】 (건물의 표시)

표시번호	접 수	소재지번 및 건물번호	건 물 내 역	등기원인 및 기타사항
1	2015년7월9일	전라남도 곡성군 오산면 운곡리 [도로명주소] 전라남도 곡성군 오산면 운곡2길	철근콘크리트구조 (철근)콘크리트지붕 2층 주택 1층 124.58㎡ 2층 71.58㎡	

【 갑 구 】 (소유권에 관한 사항)

순위번호	등 기 목 적	접 수	등 기 원 인	권리자 및 기타사항
1	소유권보존	2015년7월9일 제6041호		~~소유자 김 수 700401-******* 대전광역시 서구 괴정로 302호(갈마동)~~
1-1	1번소유권변경	2015년7월21일 제6288호	2015년7월20일 변경계약	합유자 목적지분 2분의 1 김 수 700401-******* 대전광역시 서구 괴정로 김 순 580401-******* 전라남도 화순군 도곡면
2	소유권일부이전	2015년7월21일 제6287호	2015년7월20일 매매	~~공유자 지분 2분의 1 김 순 580401-******* 전라남도 화순군 도곡면~~ 거래가액 금50,000,000원
2-1	2번소유권변경	2015년7월21일 제6289호	2015년7월20일 변경계약	합유자 목적지분 2분의 1 김 순 580401-******* 전라남도 화순군 도곡면 김 수 700401-******* 대전광역시 서구

1. 소유지분현황 (갑구)

등기명의인	(주민)등록번호	최종지분	주 소	순위번호
김 순 (합유자) 김 수 (합유자)	580401-******* 700401-*******	2분의 1	전라남도 화순군 도곡면 대전광역시 서구 괴정로	1, 1-1
김 순 (합유자) 김 수 (합유자)	580401-******* 700401-*******	2분의 1	전라남도 화순군 도곡면 대전광역시 서구 괴정로	2, 2-1

동업자인 김○수와 공유지분에 의한 등기를 할 경우 김○수의 불확실한 채무에 대한 강제집행 또는 임의로 타인에게 처분하는 것을 방지하고자 건물에 합유등기를 한 것으로 추정함.

1) 공유물 분할금지 특약

제268조(공유물의 분할 청구)
① 공유자는 공유물의 분할을 청구할 수 있다. 그러나 5년 내의 기간으로 분할하지 아니할 것을 약정할 수 있다.
② 전항의 계약을 갱신한 때에는 그 기간은 갱신한 날로부터 5년을 넘지 못한다.
③ 전2항의 규정은 제215조(건물의 구분소유), 제239조(경계표 등)의 공유물에는 적용하지 아니한다.

공유자들의 약정으로 5년을 넘지 않는 기간 내에서 분할을 금지할 수 있다.
공유물 분할금지의 특약은 등기되어야 하며 등기되지 않으면 지분양수인에게 대항할 수 없다.

2) 공유물 분할 및 분할금지의 약정이 공유지분권의 특정승계인에게 당연히 승계되는지의 여부(소극)

⇒ 공유물을 분할한다는 공유자 간의 약정이 공유와 서로 분리될 수 없는 공유자 간의 권리관계라 할지라도 그것이 그후 공유지분권을 양수받은 특정승계인에게 당연히 승계된다고 볼 근거가 없을 뿐 아니라 공유물을 분할하지 아니한다는 약정(민법 제268조 제1항 단서) 역시 공유와 서로 분리될 수 없는 공유자 간의 권리관계임에도 불구하고 이 경우에는 부동산등기법 제89조에 의해 등기하도록 규정하고 있는 점을 대비해서 볼 때 다 같은 분할에 관한 약정이면서 분할특약의 경우에만 특정승계인에게 당연승계된다고 볼 수 없다(대법원 1975. 11. 11. 선고 판결).

3) 지분 양도금지 특약

지분 양도금지 특약은 채권적 효력밖에 없고, 등기를 할 수 있는 방법도 없기 때문에 그러한 특약에 반해 공유자 1인이 공유지분을 매각할 경우 해당 공유지분 매수인에게 대항할 수 없다.

04-2. 분할의 방법

1) 원칙 : 협의 분할(예외적으로 재판상 분할 - 현물 분할, 대금 분할, 가격배상, 기타 혼용)
협의 분할을 원칙으로 협의 불성립 시에는 재판상 분할을 인정한다. 또한 협의 분할이나 재판상 분할 어느 경우에나 현물 분할이 원칙이고 대금 분할이나 가격배상은 예외적으로 인정된다(민법 제269조 2항).

협의 분할	방법에 제한이 없음(원칙은 현물 분할, 예외적 분할).
재판상 분할	현물 분할
	대금 분할
	가액배상(군산 2017타경4148(2))(교재)

2) 협의 분할
공유자 전원의 협의에 의해 분할하는 경우 그 방법에 제한이 없다.

① 현물 분할
공유물을 있는 그대로 분량적으로 분할하는 것으로 공유물 분할의 원칙적인 방법이다.

② 대금 분할
공유물을 제3자에게 매각해서 그 대금을 분할하는 것을 말하는데 흔히 공유물을 경매해서 그 대금을 분할하는 경우가 많다.

③ 가격배상
공유자의 1인이 다른 공유자들의 지분을 전부 취득하고 그 대가를 지급하는 것을 말한다. 예 : 원주 2022타경500484 ⇒

[토지] 강원도 원주시 부론면 정산리

순위번호	등 기 목 적	접 수	등 기 원 인	권리자 및 기타사항
15	7번유점덕지분전부, 11번신 원지분전부 이전	2018년1월19일 제3709호	2018년1월5일 공유물 분할	공유자 지분 4634분의 3477 임춘규 660323-******* 서울특별시 강북구 삼양로27길

1. 소유지분현황 (갑구)

등기명의인	(주민)등록번호	최종지분	주 소	순위번호
임 규 (공유자)	660323-*******	4634분의 1157	서울 서대문구 연희동 699	8
임 규 (공유자)	660323-*******	4634분의 3477	서울특별시 강북구	15

④ 혼용해서 분할
앞의 세 가지 분할 방법이 혼합되는 경우이다. 예컨대 공유자 갑, 을, 병 중 갑과 을은 현물 분할하고 병은 가격배상을 받는 것이다.

군산5계 2017타경4148[2] 임야

사건내용

병합/중복	2016-102281(중복-전북상호저축은행)

소 재 지	전북 군산시 대야면 보덕리				
경 매 구 분	강제경매	채 권 자	전OOOOOOO		
용 도	임야	채무/소유자	장○환	매 각 기 일	18.06.18 (6,002,000원)
감 정 가	26,943,430 (16.11.21)	청 구 액	109,797,280	종 국 결 과	19.05.02 배당종결
최 저 가	4,528,000 (17%)	토 지 면 적	전체 5353 ㎡ 중 지분 1784.3 ㎡ (539.8평)	경매개시일	17.05.17
입찰보증금	452,800 (10%)	건 물 면 적	0㎡ (0.0평)	배당종기일	17.08.21
주 의 사 항	• 재매각물건 • 지분매각 • 선순위가등기 • 맹지 • 분묘기지권 • 입찰외 • 소멸되지 않는 권리 : 갑구 3번 서진석 공유자 지분 전부이전청구권가등기(1999. 02. 01. 접수 제4571호)				
조 회 수	• 금일조회 1 (0) • 금회차공고후조회 17 (6) • 누적조회 150 (9) • 7일내 3일이상 열람자 2 • 14일내 6일이상 열람자 1 ()는 5분이상 열람 (기준일-2018.06.18/전국연회원전용)				

소재지/감정요약	물건번호/면적(m^2)	감정가/최저가/과정	임차조사	등기권리
전북 군산시 대야면 보덕리 감정평가서요약 - "안정제"서측인근위치 - 주위임야,농경지,농가주택등소재 - 인근까지차량접근가능 - 인근시내권간선도로,버스(승)소재 - 제반교통사정보통 - 부정형완경사지 - 맹지상태 - 보전관리지역 - 자연녹지지역 - 준보전산지 2016.11.21 삼창감정	물건번호: 2번 (총물건수 3건) 임야 1,784.3/5353 (539.76평) ₩26,943,430 현:일부묘지 (토지 1/3 서진석 지분) • 전체 5353m^2 (1,619평) • 지분 1784.3333m^2 (540평) 입찰외연고자미상의분묘4기소재 분묘기지권성립여지불분명	감정가 26,943,430 • 토지 26,943,430 (100%) (평당 49,917) 최저가 4,528,000 (17%) 경매진행과정 ① 26,943,430 2017-10-16 유찰 ② 30% ↓ 18,860,000 2017-11-20 유찰 ③ 30% ↓ 13,202,000 2017-12-18 매각 ③ 13,202,000 2018-03-05 유찰 ④ 30% ↓ 9,241,000 2018-04-09 유찰 ⑤ 30% ↓ 6,469,000 2018-05-14 유찰 ⑥ 30% ↓ 4,528,000 2018-06-18 매각 매수인 장○환 매각가 6,002,000 (22.28%)	법원임차조사 *점유관계 미상임.	가등기 이▒수 1999.02.01 서진석지분이전청구가등 가압류 전북상호저축은행 2009.06.29 250,000,000 2009 카합 279 전주 군산 (서진석지분) GO 강 제 전북상호저축은행 2017.05.17 *청구액:109,797,280원 채권총액 250,000,000원 열람일자 : 2017.09.27

1. 사건의 개요

토지 지분이 매각되는 사건에서 채무자인 장○환씨가 자신의 지분을 낙찰받은 경우이다.

민사집행규칙 제59조는 '채무자 등의 매수신청 금지'를 규정하고 있다. 이하 '채무자의 매수신청금지 예외 사유' 및 '공유물 분할의 방법으로 가액배상'을 살펴보고자 한다.

2. 채무자의 매수신청 금지 예외 사유

2009년 가압류등기가 된 채무자(서진○)의 지분을 매수한 기존의 공유자(장○환)는 기존 채무자(서진○)의 가압류가 본압류로 이행되고 강제경매가 되는 경우 입찰에 참가할 수 있으며, 공유자우선매수 청구도 가능하다(특정승계). ⇒ 가압류 이후 채무자의 지분을 매수한 기존의 공유자

이 사건에서 장○환씨는 공유물 분할 청구의 소를 제기했고 이후 가액배상에 의한 강제조정으로 가압류등기가 된 서진○씨의 지분을 매수했다(2016년 7월).

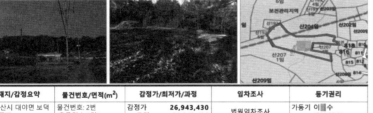

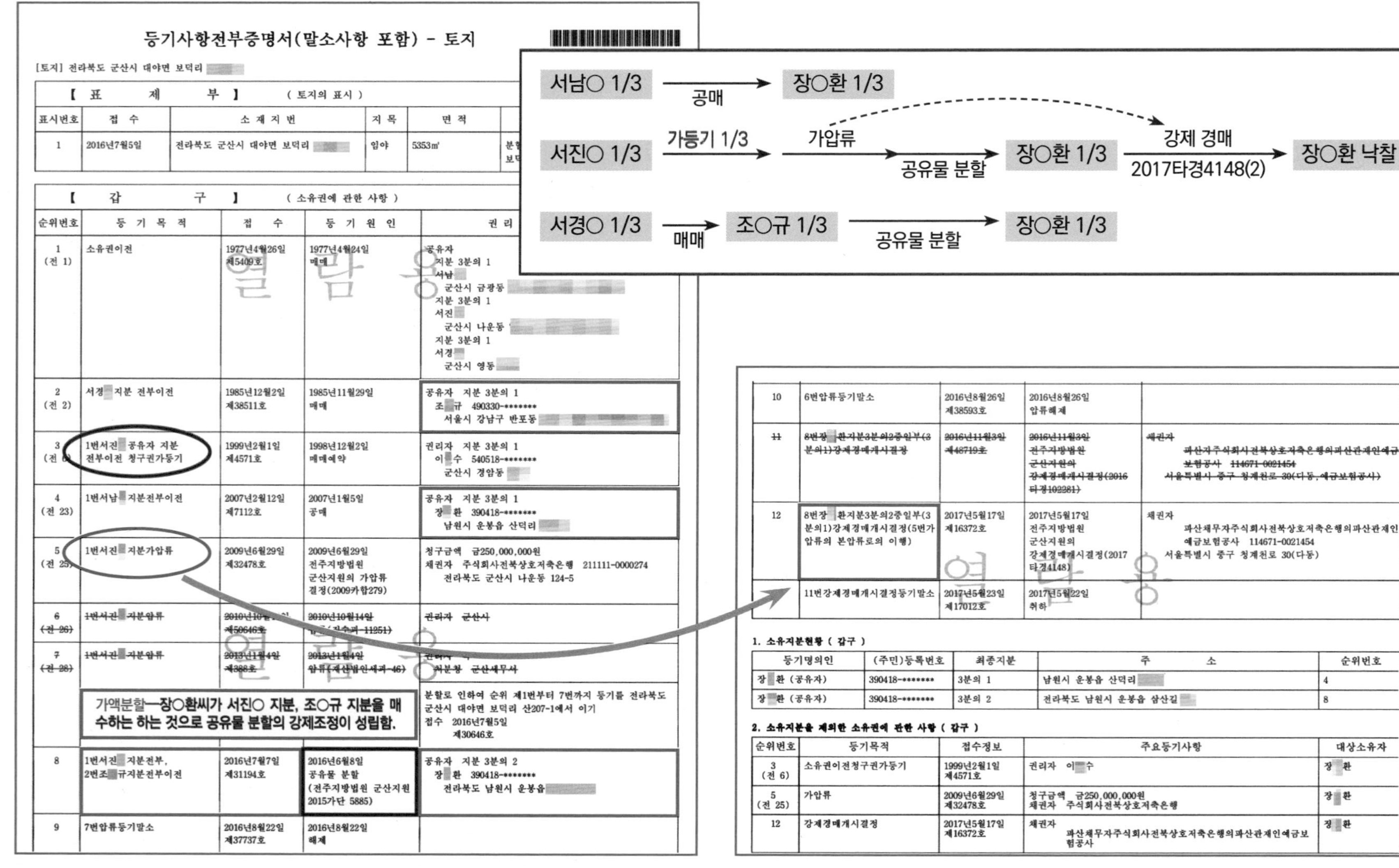

등기사항전부증명서(말소사항 포함) - 토지

[토지] 전라북도 군산시 대야면 보덕리

【 표 제 부 】 (토지의 표시)

표시번호	접 수	소 재 지 번	지 목	면 적	
1	2016년7월5일	전라북도 군산시 대야면 보덕리	임야	5353㎡	분할 보덕

【 갑 구 】 (소유권에 관한 사항)

순위번호	등 기 목 적	접 수	등 기 원 인	권리자 및 기타사항
1 (전 1)	소유권이전	1977년4월26일 제5409호	1977년4월24일 매매	공유자 지분 3분의 1 서남 군산시 금광동 지분 3분의 1 서진 군산시 나운동 지분 3분의 1 서경 군산시 영동
2 (전 2)	서경 지분 전부이전	1985년12월2일 제38511호	1985년11월29일 매매	공유자 지분 3분의 1 조 규 490330-******* 서울시 강남구 반포동
3 (전 6)	1번서진 공유자 지분 전부이전 청구권가등기	1999년2월1일 제4571호	1998년12월2일 매매예약	권리자 지분 3분의 1 이 수 540518-******* 군산시 경암동
4 (전 23)	1번서남 지분전부이전	2007년2월12일 제7112호	2007년1월5일 공매	공유자 지분 3분의 1 장 환 390418-******* 남원시 운봉읍 산덕리
5 (전 25)	1번서진 지분가압류	2009년6월29일 제32478호	2009년6월29일 전주지방법원 군산지원의 가압류 결정(2009카합279)	청구금액 금250,000,000원 채권자 주식회사전북상호저축은행 211111-0000274 전라북도 군산시 나운동 124-5
~~6 (전 26)~~	~~1번서진 지분압류~~	~~2010년10월[illegible]일 제50646호~~	~~2010년10월14일 [illegible](징수과-11251)~~	~~권리자 군산시~~
~~7 (전 28)~~	~~1번서진 지분압류~~	~~2013년1월4일 제388호~~	~~2013년1월4일 압류(재산법인세과-46)~~	~~권리자 국 처분청 군산세무서~~
				분할로 인하여 순위 제1번부터 7번까지 등기를 전라북도 군산시 대야면 보덕리 산207-1에서 이기 접수 2016년7월5일 제30646호
8	1번서진 지분전부, 2번조 규지분전부이전	2016년7월7일 제31194호	2016년6월8일 공유물 분할 (전주지방법원 군산지원 2015가단 5885)	공유자 지분 3분의 2 장 환 390418-******* 전라북도 남원시 운봉읍
9	7번압류등기말소	2016년8월22일 제37737호	2016년8월22일 해제	
10	6번압류등기말소	2016년8월26일 제38593호	2016년8월26일 압류해제	
~~11~~	~~8번장 환지분3분의2중일부(3분의1)강제경매개시결정~~	~~2016년11월3일 제48719호~~	~~2016년11월3일 전주지방법원 군산지원의 강제경매개시결정(2016타경102281)~~	~~채권자 파산자주식회사전북상호저축은행의파산관재인예금보험공사 114671-0021454 서울특별시 중구 청계천로 30(다동, 예금보험공사)~~
12	8번장 환지분3분의2중일부(3분의1)강제경매개시결정(5번가압류의 본압류로의 이행)	2017년5월17일 제16372호	2017년5월17일 전주지방법원 군산지원의 강제경매개시결정(2017타경4148)	채권자 파산채무자주식회사전북상호저축은행의파산관재인 예금보험공사 114671-0021454 서울특별시 중구 청계천로 30(다동)
	11번강제경매개시결정등기말소	2017년5월23일 제17012호	2017년5월22일 취하	

1. 소유지분현황 (갑구)

등기명의인	(주민)등록번호	최종지분	주 소	순위번호
장 환 (공유자)	390418-*******	3분의 1	남원시 운봉읍 산덕리	4
장 환 (공유자)	390418-*******	3분의 2	전라북도 남원시 운봉읍 삼산길	8

2. 소유지분을 제외한 소유권에 관한 사항 (갑구)

순위번호	등기목적	접수정보	주요등기사항	대상소유자
3 (전 6)	소유권이전청구권가등기	1999년2월1일 제4571호	권리자 이 수	장 환
5 (전 25)	가압류	2009년6월29일 제32478호	청구금액 금250,000,000원 채권자 주식회사전북상호저축은행	장 환
12	강제경매개시결정	2017년5월17일 제16372호	채권자 파산채무자주식회사전북상호저축은행의파산관재인예금보험공사	장 환

사건일반내용 | 사건진행내용

사건번호 : 전주지방법원 군산지원 2015가단5885

기본내용

사건번호	2015가단5885	사건명	공유물분할
원고	장 환	피고	서진 외 1명
재판부	민사1단독		
접수일	2015.07.01	종국결과	2016.06.08 강제조정
원고소가	4,844,766	피고소가	
수리구분	제소	병합구분	없음
상소인		상소일	
상소각하일		보존여부	기록보존됨
인지액	24,200원		
송달료,보관금 종결에 따른 잔액조회			
판결도달일		확정일	2016.06.08

당사자내용

구 분	이 름	종국결과	판결도달일	확정일
원고	1. 장 환	2016.06.08 강제조정		2016.06.08
피고1	1. 서진	2016.06.08 강제조정		2016.06.08
피고2	2. 조 규	2016.06.08 강제조정		2016.06.08

이 사건에서는 입찰자들이 존재했다는 것으로 보아 장○환씨가 공유자우선매수 신청을 한 것으로 추정된다.

3. 공유물 분할의 방법으로 '가액배상'

등기사항전부증명서의 등기원인에는 장○환씨가 공유물 분할에 의한 소유권이전을 한 것으로 등재되어 있다.

공유물 분할 방법으로 현물 분할이 원칙이지만 경우에 따라 대금 분할과 가액 분할의 판결이 나오는 경우도 있다.

4. 입찰참가 여부의 판단

장○환씨가 최초 지분을 매수했고 그리고 공유물 분할에 의한 가액배상으로 가압류등기가 된 기존 지분을 매수했다면 이후 가압류가 본압류로 이행된 인수지분이 경매로 진행되는 경우 반드시 장○환씨가 낙찰받을 목적이 있다고 판단해야 한다.

※ 관심 물건에 열심히 입찰하는 것도 좋지만 물건에 따라 비효율적인 입찰은 삼가는 것도 효율적인 투자가 될 수 있다.

04. 공유물의 분할

3) 재판상 분할(공유물 분할 청구의 소)

재판상 분할의 의미와 성질

공유물 분할에 관한 협의가 성립되지 아니한 경우 공유자는 법원에 그 분할을 청구할 수 있는데(민법 제269조 1항), 이를 재판상 분할이라 하고 이러한 소송을 '공유물 분할 청구의 소'라고 한다.

공유물 분할의 소는 (형식적)형성의 소로서 법원은 공유물 분할을 청구하는 자가 구하는 방법에 구애받지 않고 공유관계나 그 객체인 물건의 제반 상황에 따라 재량으로 판단하여 분할의 방법을 정할 수 있다(대법원 2015. 7. 23. 선고 2014다88888). - 실질은 비송사건(처분권주의 배제)

필요적 공동소송

① 공유물 분할 청구의 소가 고유필수적 공동소송인지 여부(적극)

⇒ 공유물 분할 청구의 소는 분할을 청구하는 공유자가 원고가 되어 다른 공유자 전부를 공동피고로 해야 하는 고유필수적 공동소송이다.

② 공유물 분할에 관한 소송계속 중 변론종결일 전에 공유자 중 1인인 갑의 공유지분의 일부가 을 및 병 주식회사 등에 이전된 사안에서, 변론종결 시까지 일부 지분권을 이전받은 자가 소송 당사자가 되지 못해 소송 전부가 부적법하다고 한 사례

⇒ 공유물 분할에 관한 소송계속 중 변론종결일 전에 공유자 중 1인인 갑의 공유지분의 일부가 을 및 병 주식회사 등에게 이전된 사안에서, 변론종결 시까지 민사소송법 제81조에서 정한 소송참가(승계참가)나 민사소송법 제82조에서 정한 소송인수(인수승계) 등의 방식으로 일부 지분권을 이전받은 자가 소송의 당사자가 되었어야 함에도 그렇지 못했으므로 앞의 소송 전부가 부적법하게 되었다(대법원 2014. 1. 29. 선고 2013다78556 판결).

⇒ 원고, 피고 공히 공유물 분할소송 중 한쪽이 불리한 상황(현물 분할 등)이 예상될 경우 의도적으로 앞 판례의 상황을 만드는 것을 예상해야 한다.

⇒ 사전에 다른 공유자들의 지분에 공유물 분할 청구권을 피보전권리로 하는 '처분금지가처분등기'를 했다면 걱정할 필요가 없다.
(주로 금액이 큰 물건)

※ 소송승계(소송인수)

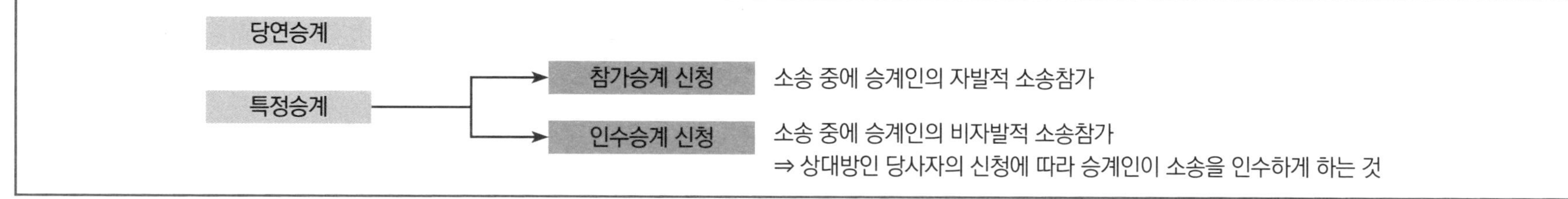

당연승계
특정승계
참가승계 신청
인수승계 신청
소송 중에 승계인의 자발적 소송참가
소송 중에 승계인의 비자발적 소송참가
⇒ 상대방인 당사자의 신청에 따라 승계인이 소송을 인수하게 하는 것

소송계속 중에 소송물로 주장된 권리·의무가 제3자에게 이전된 경우에 그 제3자를 소송에 참가시켜 소송을 그대로 속행시키는 것을 말한다.
소송승계를 취하는 이유는 원고와 피고 사이에 다투고 있는 채권·채무의 관계가 제3자에게 이전되었을 때, 아무 조치도 취하지 않으면 그때까지 진행된 소송절차는 무의미해지고 당사자적격을 취득한 새로운 승계인과 처음부터 다시 소송을 시작해야 하는 문제가 생긴다.
이 때문에 소송경제상 권리·의무가 이전된 제3자로 하여금 종전 당사자의 소송절차를 그대로 승계하게 함으로써 소송을 속행하려는 것이다.
소송물의 권리관계가 변동하는 요인으로는 당사자의 사망, 회사의 합병 또는 소송물의 양도 등이 있다.
소송승계의 유형에는 당연승계(當然承繼)와 특정승계(特定承繼)가 있다. 당연승계는 당사자의 사망 등 소송 이외의 승계 원인에 따라 법률상 당연히 당사자가 교체되는 경우로서 당사자의 지위가 포괄적으로 제3자에게 승계된다. 이에 반해 특정승계는 소송물의 양도 등으로 당사자의 지위가 특정의 소송물에 관해서만 승계되는 경우를 말한다. 특정승계는 다시 승계인의 자발적 소송참가에 의한 **참가승계(參加承繼)**, 상대방인 당사자의 신청에 따라 제3자로 하여금 소송을 인수하게 하는 **인수승계(引受承繼)**로 구분된다.
대개 권리를 양수한 자는 이를 실현하기 위해 스스로 소송에 참가하는 참가승계의 경우에 해당된다. 반면에 의무를 인수한 자는 스스로 소송에 참가하기를 꺼려할 것이므로 상대방 당사자의 신청에 따라 소송을 인수하게 되는 인수승계에 해당된다.
현행 민사소송법에서 규정한 승계인의 소송참가(81조)는 참가승계, 승계인의 소송인수(82조)는 인수승계에 해당된다.
소송승계에 의한 새로운 당사자는 이전 당사자의 소송상의 지위를 그대로 승계하므로 그가 소송에 참가하기 이전에 이루어진 변론과 증거조사 등이 그대로 효력을 가지며, 소송이 법원에 처음 계속된 때에 소급하여 시효의 중단 또는 법률상 기간준수의 효력이 생긴다. 또한 실기한 공격·방어 방법의 각하 규정(149조)과 같이 이전 당사자가 소송상 할 수 없게 된 행위는 새로운 당사자도 할 수 없다. 소송승계 이전까지의 소송비용은 당연승계의 경우에는 승계되지만, 특정승계의 경우에는 특별한 사정이 없는 한 승계되지 않는다.

※ 토지의 낙찰자(원고)로서 지상의 건물주(피고)를 상대로 철거소송을 진행 중 토지를 매매로 소유권을 이전했고, 새로운 토지 매수인(승계인)이 소송에 참여하기 위해 승계참가신청을 했다. 참고로 기존의 원고는 별도로 '소송탈퇴서'를 제출해야 소송사건에서 제외된다.

승계참가신청서

사 건	2022가단119276 토지인도
원 고	서■■
피 고	김■■ 외 2명
승계참가인 (원고승계인)	서■■의 권리승계참가인 차■■■0113-*******) 여주시 ■■■■■■ (휴대전화: 010-5480-****)

위 사건에 관하여 승계참가인은 다음과 같이 권리승계인으로서 소송절차승계참가를 신청합니다.

참 가 취 지

신청인은 2022. 8.29. 이 사건 원고의 토지 전체를 매수하여 일체의 권리를 승계하였으므로 이 사건 소송에 참가하고자 합니다.

참 가 이 유

1. 원고 서■■은 피고들을 상대로 귀원에 토지인도의 소를 제기하여 진행중인 바, 원고승계참가인은 2022.8.29 원고 서■■으로 부터 이 사건 토지전체와 일체의 권리를 매수하고, 2022.9.6 수원지방법원 안성등기소 접수번호 36204로 소유권이전등기를 경료하였습니다.

2. 따라서 원고승계참가인은 이 사건 소송목적인 권리 전부를 승계한 사람인바, 원고 또한 이러한 사실을 다투지 아니하고 있으므로, 원고승계참가인은 피고들에게 토지인도를 청구하고자 이 건 참가에 이르렀습니다.

청 구 취 지

1. 피고들은

원고승계참가인에게 별지목록 기재 토지의 별지도면상의 1,2,3,4,5,1 각 점을 순차 직선으로 연결한 선내 (가)부분의 조적조 슬레이트지붕 단층 주택 31㎡와 같은 도면 6,7,8,9,6 각 점을 순차 직선으로 연결한 선내 (나)부분의 세멘블럭조 슬레이트지붕 단층 보일러실 2㎡를 철거하고 별지목록 기재 토지를 인도하며 2022년 2월 16일부터 위 별지목록 기재 토지의 인도 완료시까지 매월 금 200,000원을 지급하라.

2. 소송비용은 피고들의 부담으로 한다.

3. 제1항은 가집행 할 수 있다.

청 구 원 인

1. 원고 서■■은 "경기도 안성시 죽산면 ■■■■ 대 76㎡"에 관하여 피고들을 상대로 귀원에 토지인도의 소를 제기하여 진행중인 바, 승계참가인은 2022.8.29 원고로부터 이 사건 토지전부와 일체의 권리를 매수하였고 2022.9.6 수원지방법원 안성등기소 접수번호 36204로 소유권이전등기를 경료하였습니다.

2. 따라서 승계참가인은 이 사건 소송목적인 권리 전부를 승계한 사람인 바, 민사소송법 제81조에 따라 이 사건소송에 참가하고자 승계참가를 신청하기에 이르렀습니다.

입 증 방 법

1. 갑 제6호증 매매계약서
2. 갑 제7호증 등기사항전부증명서

2022.09.15

승계참가인 서■■의 권리승계참가인 ■■■

서울동부지방법원 민사5단독 귀중

04-3. 구체적인 분할 방법

가. 공유물 분할 청구의 소에서도 협의 분할과 마찬가지로 현물 분할을 원칙으로 하고 현물로 분할할 수 없거나 분할로 인해 그 가액이 현저히 감손될 염려가 있는 경우에만 예외적으로 공유물을 경매해서 그 대금을 분할할 수 있다.

① 현물 분할 방법의 다양성

현물 분할의 방법은 법원의 자유재량에 따라 공유관계나 그 객체인 물건의 제반 상황에 따라 공유자의 지분비율에 따라 합리적으로 분할하면 되는 것이고 , 여기서 공유지분비율은 지분에 따른 가액비율을 의미
(대법원 1991. 11. 12. 선고 91다27228 판결)

공유자 상호 간에 금전으로 경제적 가치의 과부족을 조정하게 하여 분할을 하는 것도 현물 분할의 한 방법으로 허용
(대법원 1991. 11. 12. 선고 91다27228 판결)

분할청구자의 지분한도 안에서 현물 분할을 하고 분할을 원하지 않는 나머지 공유자는 공유자로 남는 방법도 허용
(대법원 2015. 7. 23. 선고 2014다88888 판결)

토지의 형상이나, 그 이용상황이나 경제적 가치가 균등하지 아니할 때에는 그 제반 사정을 고려하여 경제적 가치가 지분비율에 상응하도록 분할하는 것도 허용
(대법원 1991. 11. 12. 선고 91다27228 판결)

공유물의 공유자 중의 1인의 단독 소유 또는 수인의 공유로 하되 현물을 소유하게 되는 공유자로 하여금 다른 공유자에 대해 그 지분의 적정하고도 합리적인 가격을 배상시키는 방법에 의한 분할도 현물 분할의 한 방법으로 허용
(대법원 2004. 10. 14. 선고 2004다30583 판결) - 공유물 분할 청구소송 중에 상대방 지분에 대해 매도청구 주장

② 현물 분할의 예외사유(대법원 2001. 3. 9. 선고 98다51169 판결)

현물로 분할할 수 없거나 현물로 분할하게 되면 현저히 그 가액이 감손될 염려가 있는 때
물리적으로 현물 분할이 불가능한 경우
공유물의 성질, 위치나 면적, 이용상황, 분할 후의 사용가치 등에 비추어 보아 현물 분할을 하는 것이 곤란하거나 부적당한 경우
공유물 전체의 교환가치가 현물 분할로 인해 현저하게 감손될 경우
공유자의 한 사람이라도 현물 분할에 의해 단독으로 소유하게 될 부분의 가액이 분할 전의 소유지분 가액보다 현저하게 감손될 염려가 있는 경우

◈ 주의 : 부동산 공법상의 토지 분할 최소면적 제한사유 - 여주 2019타경34614(칠천암, 교재)

'현물로 분할할 수 없다'는 요건을 물리적으로 엄격하게 해석할 것은 아니고 공유물의 성질, 위치나 면적, 이용상황, 분할 후의 사용가치 등에 비추어 보아 현물 분할을 하는 것이 곤란하거나 부적당한 경우를 포함한다 할 것이고,
'현물로 분할을 하게 되면 현저히 그 가액이 감손될 염려가 있는 경우'라는 것도 공유자의 한 사람이라도 현물 분할에 의해 단독으로 소유하게 될 부분의 가액이 분할 전의 소유지분 가액보다 현저하게 감소될 염려가 있는 경우도 포함한다(대법원 2001. 3. 9. 선고 98다51169 판결).

※ 특별법에 의한 분할 - 공유 토지 분할에 관한 특례법 - 제주 2021타경6107 토지등기부
공유 토지로서 공유자 총수의 1/3 이상이 그 지상에 건물을 소유하는 방법으로 1년 이상 자기의 지분에 상당하는 토지 부분을 특정하여 점유하고 있는 경우에 그 공유 토지의 분할은 공유 토지 분할에 관한 특례법에 따라 원칙적으로 각 공유자의 현재의 점유하고 있는 상태를 기준으로 하여 행하여진다(동법 제5조 제1항).

04-4. 토지 분할 최소면적

여주4계 2017타경32089 대지

사건내용

관심물건	★★★★★ [관심1] 메모: 2019-34614 형식적경매				
소 재 지	경기 이천시 관고동 (17365)경기 이천시 영창로				
경 매 구 분	강제경매	채 권 자	국OOOOO		
용 도	대지	채무/소유자	박OO / 박OOOO	매 각 기 일	18.08.08 (35,853,000원)
감 정 가	**54,476,700** (17.08.08)	청 구 액	20,870,623	종 국 결 과	18.10.31 배당종결
최 저 가	**26,694,000** (49%)	토 지 면 적	전체 247.4 ㎡ 중 지분 30.9 ㎡ (9.3평)	경매개시일	17.07.04
입찰보증금	2,669,400 (10%)	건 물 면 적	0㎡ (0.0평)	배당종기일	17.10.16
주 의 사 항	· 지분매각 · 법정지상권 · 입찰외 · 토지만입찰				

조 회 수	• 금일조회 **1** (1) • 금회차공고후조회 **64** (23) • 누적조회 **360** (44) • 7일내 3일이상 열람자 **5** • 14일내 6일이상 열람자 **4**	()는 5분이상 열람 (기준일-2018.08.08/전국연회원전용)

소재지/감정요약	물건번호/면적(m²)	감정가/최저가/과정	임차조사	등기권리
(17365) 경기 이천시 관고동 [영창로 감정평가서요약 - 관고동주민센터북동측인근위치 - 부근상가,모텔,단독주택,시장등혼재 - 차량접근용이 - 제반교통사정보통 - 대체로사다리형평탄지 - 서측으로소로접함 - 소로2류접함 - 시장 - 도시지역 - 일반상업지역 - 가축사육제한구역(2013.02.25)(전부제한지역) - 상대보호구역 - 자연보전권역 - 배출시설설치제한지역 - 수질보전특별대책지역 2017.08.08 대일감정 표준지가 : 910,000	물건번호: 단독물건 대지 30.9/247.4 (9.35평) ₩54,476,700 (토지 30.9/247.4 박동천 지분) 입찰외제시외건물3동(음식점(경동시골순대국밥:장기간휴업상태),2층불당(칠천암:1층59,2층43),주택(구조조잡하고현상불량))소재 법정지상권성립여지있음	감정가 **54,476,700** • 토지 54,476,700 (100%) (평당 5,826,385) 최저가 **26,694,000** (49%) 경매진행과정 ① **54,476,700** 2018-05-16 유찰 ② 30% ↓ **38,134,000** 2018-06-20 유찰 ③ 30% ↓ **26,694,000** 2018-08-08 매각 매수인 김OO외1 응찰수 3명 매각가 35,853,000 (65.81%) 허가 2018-08-16 납기 2018-09-27 납부 2018-08-31	법원임차조사 오OO 전입 1996.12.23 확정 1997.11.27 배당 2017.09.26 (보) 15,000,000 주거/전부 점유기간 1997.11.25-2017.09.26 *점유자를 만나 제시외 주택에 대한 임대차 관계를 조사함. 제시외 칠천암의 소유자가 채무자 소유의 주택에 대하여 점유 사용하고 있다는 주장이나 전입세대열람결과 및 상가임대차현황서에 전입되거나 등록된 임차인이 없는 것으로 조사됨 *오성자:동 주소지에서 2013.11.21.전출	근저당 정동분 1991.01.23 **6,000,000** 가압류 이천축산업협동조합 1999.09.06 **24,905,751** 99 카단 2762 수원 여주 가압류 강민석 2000.01.07 **2,600,000** 2000 카단 18 이천시법원 가압류 이천축산업협동조합 관고 2000.07.10 **8,032,361** 2000 카단 879 이천시법원 압 류 이천시 2001.10.25 압 류 이천시 2006.01.12 압 류 이천시

1. 2017타경32089 지분 낙찰자는 애초 타 지분권자(오○자)에게 매도 예정
2. 매도가 여의치 않자 공유물 분할 청구소송(2018가단55611) 제기
3. 칠천암(오○자)의 현물 분할(가격배상) 주장에도 불구하고 대금 분할로 판결
4. 형식적 경매(2019타경34614)로 전체 매각
5. 지분 낙찰 후 매도가 어렵다고 좌절하기보다 공유물 분할 청구도 고려(수익은 시간을 먹는다. 단, 양호한 입지)

※ **토지 분할 최소면적 참고(74~75페이지)**

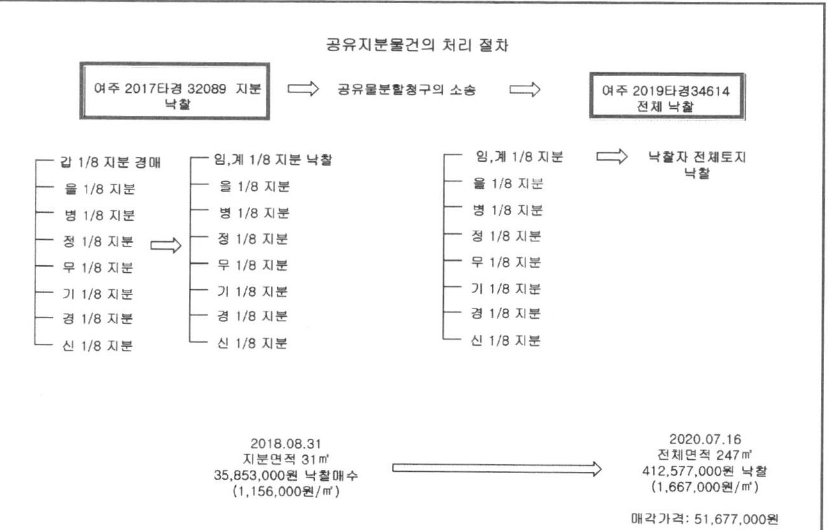

여주2계 2019타경34614 대지

사건내용

과 거 사 건	여주 2000-9302 , 여주4계 2017-32089				
관심물건	[관심] 메모:				
소 재 지	경기 이천시 관고동 (17365)경기 이천시 영창로				
경 매 구 분	형식적경매(공유물분할)	채 권 자	정OO		
용 도	대지	채무/소유자	無 / 김OOOO	매 각 기 일	20.06.03 (412,577,000원)
감 정 가	586,338,000 (19.09.26)	청 구 액	0	종 국 결 과	20.08.26 배당종결
최 저 가	287,306,000 (49%)	토 지 면 적	247.4㎡ (74.8평)	경매개시일	19.09.18
입찰보증금	28,730,600 (10%)	건 물 면 적	0㎡ (0.0평)	배당종기일	19.12.23
주 의 사 항	• 법정지상권 • 입찰외 • 토지만입찰				

조 회 수	• 금일조회 1 (1) • 금회차공고후조회 101 (52) • 누적조회 424 (93) • 7일내 3일이상 열람자 9 • 14일내 6일이상 열람자 6	()는 5분이상 열람 (기준일-2020.06.03/전국연회원전용)

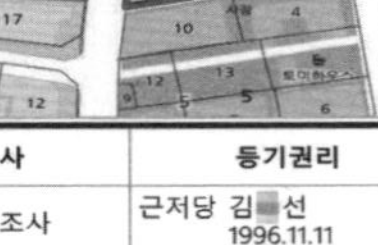

소재지/감정요약	물건번호/면적(m²)	감정가/최저가/과정	임차조사	등기권리
(17365) 경기 이천시 관고동 [영창로 감정평가서요약 - 이천초등교남서측인근 - 주위시장,학교,단독및다세대주택,각종근린시설등혼재하는상업지대 - 차량접근가능 - 버스(정)인근소재 - 대중교통사정보통 - 사다리형평지 - 서측약8m도로접함 - 소로2류접함 - 시장 - 도시지역 - 일반상업지역 - 가축사육제한구역(2013.02.25)(전부제한지역) - 상대보호구역 - 자연보전권역 - 배출시설설치제한지역 - 수질보전특별대책지역	물건번호: 단독물건 대지 247.4 (74.84평) ₩586,338,000 입찰외제시외 • 식당 52.0 (15.73평) 대장상등재,등기부상미등재 • 1층근생 38.0 (11.50평) • 2층근생 면적미상 • 대장상등재,등기부상미등재 • 주택 71.0 (21.48평) 대장상등재,등기부상미등재	감정가 586,338,000 • 토지 586,338,000 (100%) (평당 7,834,554) 최저가 287,306,000 (49%) 경매진행과정 ① 586,338,000 2020-03-25 유찰 ② 30% ↓ 410,437,000 2020-04-29 유찰 ③ 30% ↓ 287,306,000 2020-06-03 매각 매수인 김OO 응찰수 8명 매각가 412,577,000 (70.37%) 2위 410,550,000 (70.02%)	법원임차조사 *소유자점유. 소유자 및 점유자를 만날 수 없어 점유관계 확인할 수 없었으나 소유자 중 오 자와 통화되어 확인한 결과, 동인은 제시목록의 일부 및 그 지상의 건물을 소유,점유하면서 '칠천암'이라는 불당을 운영하나 나머지 소유자 및 점유관계에 대해서는 알 수 없다고 진술하고, 제시목록에 대한 전입세대 열람결과 전입자 없으며, 상가임대차 현황은 대지로는 조회되지 않는다는 세무서 담당자의 진술로 조사하지 못하였음	근저당 김 선 1996.11.11 50,000,000 정창호지분근저당 근저당 이천신협 2000.08.21 14,000,000 김 숙지분근저당 근저당 김 재 2007.07.25 30,000,000 오 자지분근저당 임 의 정 경 2019.09.18 *청구액:0원 채권총액 94,000,000원 열람일자 : 2019.09.30

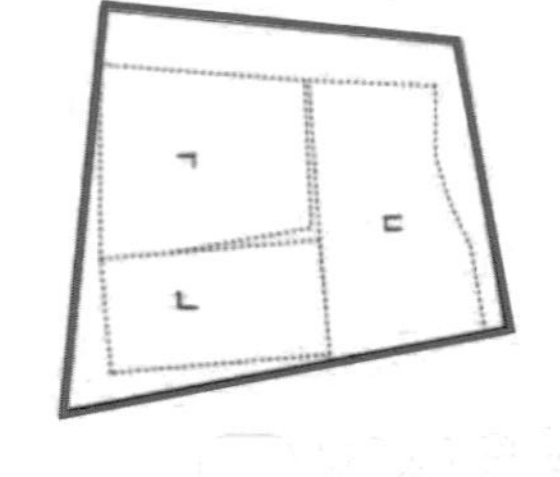

< 제시외건물>

기호(ㄱ) : 판넬조 판넬지붕, 단층 약 52㎡

기호(ㄴ) : 목조 판넬지붕, 2층중 1층 면적 약 38㎡

기호(ㄷ) : 목조 스레트지붕, 단층 약 71㎡

2. 소송비용은 각자 부담한다.

청 구 취 지

주문과 같다.

이 유

1. 공유물분할청구권의 발생

원고 및 피고들은 이천시 J 대 247.4㎡(이하 '이 사건 토지'라고 한다)를 별지 공유지분 목록 기재의 각 비율로 공유하고 있고, 그들 사이에 이 사건 토지의 분할방법에 관하여 협의가 이루어지지 아니하였다. 따라서 공유자인 원고는 다른 공유자인 피고들을 상대로 이 사건 토지의 분할을 청구할 수 있다.

[인정근거] 다툼 없는 사실, 갑 제1호증, 변론 전체의 취지

2. 공유물분할의 방법

제1항의 인정사실, 갑 제1호증, 을마 제1~3호증(각 가지번호 포함), 이 법원의 한국국토정보공사 이천지사에 대한 측량감정촉탁결과 및 변론 전체의 취지를 종합하여 보면 인정되는 아래와 같은 사정 등에 비추어 보면, 이 사건 토지는 현물분할을 하는 것이 곤란하거나 부적당한 경우에 해당하므로, 경매분할을 택하는 것이 가장 공평하고 합리적인 분할방법이라고 할 것이다. 따라서 이 사건 토지를 경매에 부쳐 그 대금에서 경매비용을 공제한 나머지 금액을 별지 공유지분 목록 기재의 각 비율에 따라 원고 및 피고들에게 분배한다.

가. 원고는 이 사건 토지에 관하여 경매분할을 구하고 있고, 이에 대하여 피고 F를

- 2 -

대금 분할 판결 이유

피고F : 칠천암의 주인

제외한 나머지 피고들은 찬성하거나 별다른 이의를 제기하지 아니하였다.

나. 피고 F는 이 사건 토지 중 별지 도면 표시 'ㄴ' 부분 55.9㎡ 지상 건물에서 K이라는 사암을 운영하고 있으므로, 위 건물 부지 부분을 피고 F에게 현물로 분할하고, 피고 F의 지분을 초과하는 부분에 관하여 다른 공유자들에게 가액으로 보상하는 방법의 분할을 주장하고 있다. 그러나 ① 피고 F의 위 분할방법에 대하여 다수의 공유자들이 명시적으로 반대하고 있고, ② 피고 F에게 현물로 분할되는 부분의 면적은 관련법령 및 조례에서 요구하는 최소 분할면적에 미치지 못하게 된다.

다. 피고 F에게 관련법령 및 조례에서 요구하는 최소 분할면적 이상의 부지 부분을 ③ 현물로 분할한다고 하더라도 나머지 부분을 나머지 공유자들의 공유로 두게 되면, 공유자들 사이에 또 다시 분쟁이 발생할 가능성이 높고, 위 나머지 부분의 성질, 위치, 면적, 형태, 분할 후의 사용가치 등에 비추어 ④ 그 가액이 현저히 감손될 염려가 높다.

라. 피고 F에게 분할되는 부분을 제외한 나머지 부분을 나머지 공유자들에게 그 지분 비율에 따라 현물로 분할하게 되면, 나머지 공유자들이 현물로 분할받게 되는 토지 중 대부분은 관련법령 및 조례에서 요구하는 최소 분할면적에 미치지 못하게 될 뿐만 아니라 가액이 현저히 감손될 염려도 높다.

마. 그 외 관련법령 및 조례에서 요구하는 최소 분할면적의 요건을 충족하면서 합리적으로 이 사건 토지를 현물로 분할할 방법을 찾기 어렵다.

3. 결론

그렇다면 이 사건 토지는 위와 같이 분할하기로 하여 주문과 같이 판결한다.

※ 법령상의 토지 분할 최소면적 규정

1. 건축물이 있는 대지의 경우(건축법 제57조, 건축법시행령 제80조)

◆ 건축법 제57조(대지의 분할 제한) ◆

① 건축물이 있는 대지는 대통령령으로 정하는 범위에서 해당 지방자치단체의 조례로 정하는 면적에 못 미치게 분할할 수 없다.

② 건축물이 있는 대지는 제44조(대지와 도로의 관계), 제55조(건축물의 건폐율), 제56조(건축물의 용적률), 제58조(대지 안의 공지), 제60조(건축물의 높이제한) 및 제61조(일조 등의 확보를 위한 건축물의 높이 제한)에 따른 기준에 못 미치게 분할할 수 없다.

③ 제1항과 제2항에도 불구하고 제77조의6에 따라 건축협정이 인가된 경우 그 건축협정의 대상이 되는 대지는 분할할 수 있다.

건축물이 있는 대지는 당해 지역의 건축조례가 정하는 면적에 미달되게 분할할 수 없다.

대지 최소면적에 대한 제한 기준은 없지만 분할을 제한하는 최소면적은 규정하고 있다.

대지의 분할 제한

건축법 시행령 제80조(건축물이 있는 대지의 분할 제한)

주거지역은 $60m^2$, 상업지역 $150m^2$, 공업지역 $150m^2$, 녹지지역 $200m^2$, 기타 지역은 $60m^2$ 범위 안에서 당해 지방자치단체의 건축조례가 따로 정하고 있다.

2. 건축물이 없는 대지의 경우(국토의 계획 및 이용에 관한 법률)

주거지역은 $60m^2$, 상업지역 $150m^2$, 공업지역 $150m^2$, 녹지지역 $200m^2$, 기타 지역은 $60m^2$ 미만으로의 분할을 할 경우에는 개발행위허가를 받아서 분할해야 한다.

▶ 건축물이 없는 대지의 경우는 국계법에 따라 개발행위허가를 받으면 최소면적 미만으로 분할이 가능하다는 뜻으로 볼 수 있다.

◆ '국토의 계획 및 이용에 관한 법률' 제56조(개발행위의 허가) ◆

① 다음 각 호의 어느 하나에 해당하는 행위로서 대통령령으로 정하는 행위(이하 "개발행위"라 한다)를 하려는 자는 특별시장·광역시장·특별자치시장·특별자치도지사·시장 또는 군수의 허가(이하 "개발행위허가"라 한다)를 받아야 한다. 다만, 도시·군계획사업(다른 법률에 따라 도시·군계획사업을 의제한 사업을 포함한다)에 의한 행위는 그러하지 아니하다.

4호 토지 분할(건축물이 있는 대지의 분할은 제외한다)

◆ '국토의 계획 및 이용에 관한 법률 시행령' 제51조(개발행위허가의 대상) ◆

① 시행령 제51조 제1항 5호 다음 각 목의 어느 하나에 해당하는 토지의 분할
('건축법' 제57조에 따른 건축물이 있는 대지는 제외한다)

가. 녹지지역·관리지역·농림지역 및 자연환경보전지역 안에서 관계 법령에 따른 허가·인가 등을 받지 아니하고 행하는 토지의 분할

나. '건축법' 제57조 제1항에 따른 분할제한 면적 미만으로의 토지의 분할

다. 관계 법령에 의한 허가·인가 등을 받지 아니하고 행하는 너비 5m 이하로의 토지의 분할

3. 개발제한구역 내의 분할 제한

(개발제한구역의 지정 및 관리에 관한 특별조치법 제12조 및 동법 시행령 제16조)

개발제한구역 내에서는 일반 필지는 200m², 주택 또는 근린생활시설의 건축 시는 330m² 이내로 분할할 수 없다.

다만, 다음의 경우에는 그 미만으로도 분할할 수 있다.

① 공익사업을 위한 토지 등의 취득 및 보상에 관한 법률 제4조 제1호 및 동조 제2호의 규정에 의한 공익사업의 시행을 위한 경우

② 인접 토지와의 합병을 위한 경우

③ 사도법에 따른 사도, 농로, 임도 그 밖에 건축물 부지의 진입로를 설치하기 위한 경우

④ (시행령) 별표2 제3호 가목에 따른 토지의 형질변경을 위한 경우. 다만, 분할 후 형질 변경을 하지 아니하는 다른 필지의 면적이 60m² 미만인 경우에는 제외한다.

4. 토지거래허가구역 내의 분할 제한(부동산 거래신고 등에 관한 법률 시행령 제9조)

토지 거래 계약의 허가를 요하지 아니하는 토지의 면적

- 주거지역 : 180m² 이하
- 상업지역 : 200m² 이하
- 공업지역 : 660m² 이하
- 녹지지역 : 100m² 이하
- 도시지역 안에서 용도지역의 지정이 없는 구역 : 90m² 이하
- 도시지역 외의 지역 : 250m² 이하(농지의 경우는 500m² 이하, 임야의 경우는 1,000m² 이하)

5. 농지법상의 분할 제한(농지법 제22조 농지 소유의 세분화 방지)

농업생산 기반사업이 시행된 농지는 대규모 영농을 권장하기 위해 2,000m² 이하로는 농지 분할이 금지된다.

※ 공법상 토지의 분할 제한과 공유물 분할 제한의 차이

분할면적 제한규정은 공유물 분할을 위한 경우에는 다소 엄격하나 일반적인 분할(예 : 진입로 확보 등)을 위한 경우에는 예외적인 규정이 존재함.

04-5. 대금 분할의 엄격한 요건 및 해결책

재판에 의해 공유물을 분할하는 경우에 현물로 분할할 수 없거나 현물로 분할하게 되면 그 가액이 현저히 감손될 염려가 있는 때에는 물건의 경매를 명하여 대금 분할을 할 수 있는 것이고,
⇒ 재판에 의해 공유물을 분할하는 경우에 법원은 현물로 분할하는 것이 원칙이므로, 불가피하게 대금 분할을 할 수밖에 없는 요건에 관한 객관적·구체적인 심리 없이 단순히 공유자들 사이에 분할의 방법에 관하여 의사가 합치하고 있지 않다는 등의 주관적·추상적인 사정에 터잡아 함부로 대금 분할을 명하는 것은 허용될 수 없다(대법원 2009. 9. 10. 선고 2009다40219, 40226 판결).

대금 분할의 논리 제공 ⇒ ★대법원 1989. 8. 8. 선고 88다카24868 판결[소유권이전등기말소] ★
【판시사항】
부동산의 공유지분위에 근저당권이 설정된 후 그 공유 부동산이 분할된 경우 저당권이 근저당권 설정자에게 할당된 부분에 집중되는지 여부(소극)
【판결요지】
갑, 을의 공유인 부동산 중 갑의 지분위에 설정된 근저당권 등 담보물권은 특단의 합의가 없는 한 공유물 분할이 된 뒤에도 종전의 지분비율대로 공유물 전부의 위에 그대로 존속하고 근저당권 설정자인 갑 앞으로 분할된 부분에 당연히 집중되는 것은 아니므로, 갑과 담보권자 사이에 공유물 분할로 갑의 단독 소유로 된 토지 부분 중 원래의 을 지분 부분을 근저당권의 목적물에 포함시키기로 합의했다고 해도 이런 합의가 을의 단독 소유로 된 토지 부분 중 갑 지분 부분에 대한 피담보채권을 소멸시키기로 하는 합의까지 내포한 것이라고는 할 수 없다.

갑의 공유지분에 대해 근저당권이 설정되어 있고, 이 근저당권은 분할 후 을의 단독 소유가 될 토지에도 지분비율대로 존속하게 될 것이어서 갑은 을에게 이로 인한 가액감손을 보상해야 할 것이므로 상호보상관계가 복잡해진다는 점에서 가액보상의 방법에 의한 공유물 분할도 부적당하여 대금 분할함이 상당하다(대법원 1993. 1. 19. 선고 92다30603 판결).

인천10계 2011타경4232 임야

사건내용

소재지	인천 서구 경서동				
경매구분	강제경매	채권자	서OOOOO		
용도	임야	채무/소유자	김OO / 김OOOO	매각기일	11.06.28 (61,750,000원)
감정가	**87,444,000** (11.02.16)	청구액	295,095,500	종국결과	11.09.08 배당종결
최저가	**61,211,000** (70%)	토지면적	전체 694 m² 중 지분 347 m² (105평)	경매개시일	11.01.24
입찰보증금	6,121,100 (10%)	건물면적	0m² (0.0평)	배당종기일	11.04.06
주의사항	· 지분매각 · 입찰외				

조회수	· 금일조회 **1** (0) · 금회차공고후조회 **70** (0) · 누적조회 **137** (0) · 7일내 3일이상 열람자 **0** · 14일내 6일이상 열람자 **0**	()는 5분이상 열람 (기준일-2011.06.28/전국연회원전용)

소재지/감정요약	물건번호/면적(m²)	감정가/최저가/과정	임차조사	등기권리
인천 서구 경서동 감정평가서요약 - 경서초등학교서측인근 - 주위전,답,임야,잡종지,택지,아파트등혼재 - 차량출입가능,대중교통이용가능 - 인근경서1구획정리사업지구에버스(정)소재 - 남측경도지 - 차량통행가능한세로(가)접함 - 자연녹지지역 - 개발제한구역 - 공익용산지 (서구녹지경관과문의 560-4796) - 과밀억제권역 - 상대정화구역 (인천서부교육청평생교육과문의560-6659) - 토지거래허가구역 (서구청토지정보과문의 560-4812,3) 2011.02.16 계양감정 표준지가 : 62,000	물건번호: 단독물건 임야 347.0/694 (104.97평) ₩87,444,000 현:전기타 (토지 1/2 김재욱 지분) · 전체 694m² (210평) · 지분 347m² (105평) 입찰외묘목,수목식재	감정가 **87,444,000** · 토지 87,444,000 (100%) (평당 833,038) 최저가 **61,211,000** (70%) 경매진행과정 ① **87,444,000** 2011-05-27 유찰 ② 30% ↓ **61,211,000** 2011-06-28 매각 매수인 김OO 응찰수 1명 매각가 61,750,000 (70.62%) 허가 2011-07-05 (대금미납) 2011-09-08 종결	법원임차조사 *임야이나 일부는 전으로 사용중이며 현황차 출장하였으나 이해관계인을 만나지 못하여 자세한 임대차관계는 미상임	가압류 서울보증보험 중부지역본부 2002.05.31 **27,200,000** 압류 부천시 2008.10.16 강제 서울보증보험 경인신용지원 2011.01.24 ***청구액:295,095,500원** 압류 부천시 2011.02.21 **채권총액 27,200,000원** 열람일자 : 2011.03.02

1. 김○수씨가 김○욱씨의 지분(1/2) 낙찰(2011. 7. 26)
2. 김○수씨(미래아이댄디주식) 지분에 5,000만 원의 근저당 설정(2017. 2. 17)
3. 공유물 분할 청구소송에서 대금 분할 판결을 얻음(2020. 12. 16).
4. 근저당 말소(2021. 1. 28)

※ 법원의 대금 분할 판결

1. 원고(김○수씨)의 지분에 근저당이 설정되어 있는 점
2. 임야의 일부만 도로에 접하고 있어 원고의 분할안은 다른 피고들과 공평하다고 할 수 없다.

※ 인천 2021타경17213(대금 분할 판결 이후 형식적 경매 진행)

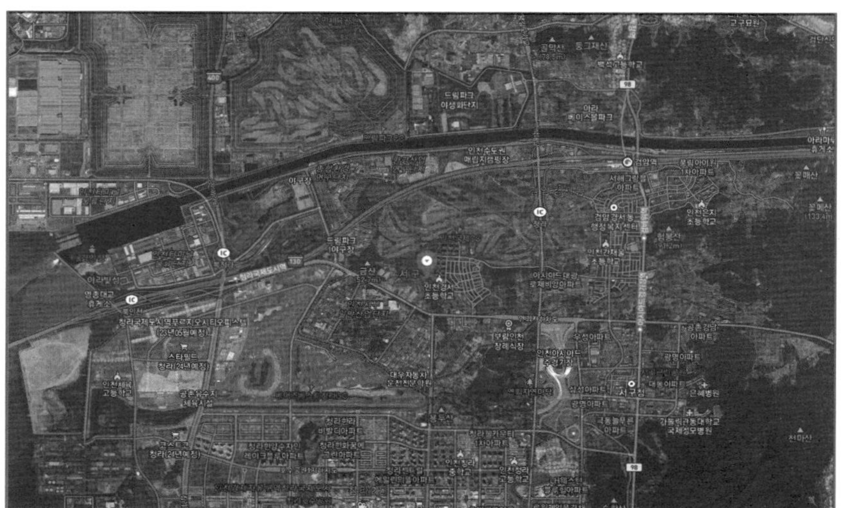

인천 2011타경4232(지분근저당)

점을 차례로 연결한 선내 ㉮ 부분 347㎡는 피고들 소유로 각 분할한다.

만약 현물분할이 불가능할 때에는 주문 제1항과 같이 분배한다.

이 유

갑 제1 내지 5호증의 각 기재와 변론 전체의 취지에 의하면, 인천 서구 F 임야 694㎡(이하 '이 사건 임야')를 G과 H이 1/2 지분씩 공유하고 있었는데, 원고가 2011. 7. 27. 인천지방법원 I 강제경매절차에서 H 지분을 매수하여 2011. 7. 27. 지분이전등기를 마친 사실, 피고들은 G의 상속인들인 사실, 원고와 피고들 사이에 이 사건 변론종결일까지 이 사건 임야의 분할 방법에 관하여 합의가 성립되지 않은 사실, 이 사건 임야에 관하여 분할금지약정이 존재하지 않는 사실이 인정된다.

위 인정사실에 의하면, 이 사건 임야의 공유자인 원고는 다른 공유자인 피고들을 상대로 이 사건 임야의 분할을 청구할 수 있다.

공유물분할 방법에 관하여 보건대, ① 원고와 피고 E, B은 이 사건 임야를 경매를 통해 매각하여 그 대금을 지분비율대로 나누는 방법을 원한다는 입장을 밝히고 있고, 피고 C, D은 아무런 의견을 밝히고 있지 않은 점, ② 원고의 지분에 채권최고액 5,000만 원의 근저당권이 설정되어 있는 점(공유자 한 사람의 지분 위에 설정된 근저당권은 특별한 합의가 없는 한 공유물을 현물로 분할 후에도 종전 지분 비율대로 공유물 전부에 그대로 존속하게 된다), ③ 이 사건 임야의 일부만 도로에 접하고 있는데, 원고가 제시한 분할안은 원고 소유 부분과 피고들 소유 부분의 면적은 동일하면서 원고 소유 부분만 4면 중 2면이 도로에 접하게 되어 공평하다고 볼 수 없고, 달리 원고와 피고들이 이 사건 임야의 경사도, 도로와의 접근성, 존속하는 근저당권으로 인한 가액감손 보상 방법 등을 고려한 합리적인 분할안을 제시하거나 그에 대한 증거절차를 이행하지 않은 점 등을 종합하면, 이 사건 임야는 현물분할을 하는 것이 곤란하거나 부적당한 경우에 해당하고, 경매를 통해 그 대금을 분배하는 것이 타당하다고 인정된다.

그렇다면, 이 사건 임야에 관한 공유물분할은 위와 같이 정하도록 하여 주문과 같이 판결한다.

인천 2011타경4232(지분근저당)

[토지] 인천광역시 서구 경서동

순위번호	등 기 목 적	접 수	등 기 원 인	권리자 및 기타사항
4	~~2번김 옥지분압류~~	~~2008년10월16일 제109154호~~	~~2008년10월14일 압류(차량관리과-48471)~~	~~권리자 부천시~~
5	~~2번김 옥지분강제경매개시결정(3번가압류의 본압류로의 이행)~~	~~2011년1월24일 제4986호~~	~~2011년1월24일 인천지방법원의 강제경매개시결정(2011타경4232)~~	~~채권자 서울보증보험주식회사 110111-0099774 서울특별시 종로구 연지동 136-74 (경인신용지원단)~~
6	~~2번김 옥지분압류~~	~~2011년2월21일 제11028호~~	~~2011년2월18일 압류(오정구세무과-2108)~~	~~권리자 부천시~~
7	2번김 옥지분전부이전	2011년7월27일 제58988호	2011년7월26일 강제경매로 인한 매각	공유자 지분 2분의 1 김 수 760927-******* ~~인천광역시 서구 경서동~~
7-1	7번등기명의인표시변경	2017년2월20일 제56890호	2012년1월13일 도로명주소	김 수의 주소 인천광역시 서구 도요지로
8	3번가압류, 4번압류, 5번강제경매개시결정, 6번압류 등기말소	2011년7월27일 제58988호	2011년7월26일 강제경매로 인한 매각	
9	1번김 송지분압류	2020년12월7일 제522119호	2020년12월7일 압류(세무1과-24022)	권리자 서구(인천광역시)

【 을 구 】 (소유권 이외의 권리에 관한 사항)

순위번호	등 기 목 적	접 수	등 기 원 인	권리자 및 기타사항
~~1~~	~~갑구7번김 수지분전부근저당권설정~~	~~2017년2월20일 제56891호~~	~~2017년2월17일 설정계약~~	~~채권최고액 금50,000,000원 채무자 미래아이앤디주식회사 경기도 안산시 상록구 근저당권자 주식회사메리트 124311-0004062 인천광역시 남동구~~

[토지] 인천광역시 서구 경서동

순위번호	등 기 목 적	접 수	등 기 원 인	권리자 및 기타사항
				~~54(고잔동)~~
2	1번근저당권설정등기말소	2021년1월28일 제34296호	2021년1월28일 해지	

-- 이 하 여 백 --

관할등기소 인천지방법원 등기국

열 람 용

* 실선으로 그어진 부분은 말소사항을 표시함.
* 기록사항 없는 갑구, 을구는 '기록사항 없음' 으로 표시함.
* 증명서는 컬러 또는 흑백으로 출력 가능함.
* 본 등기사항증명서는 열람용이므로 출력하신 등기사항증명서는 법적인 효력이 없습니다.

열람일시 : 2021년07월07일 13시15분00초 3/3

04-6. 현물 분할 판결에 대한 항소 이후 대금 분할

2015-17452-001 (압류재산) 임야 (조회수 : 59회)

소재지	경기 양평군 단월면 보룡리				
처분방식	매각	입찰방식	일반경쟁	물건상태	낙찰
감정가	41,895,000 원	소유자		입찰시작일	2017.03.20 (10:00)
최저가	10,474,000 원	토지면적		입찰종료일	2017.03.22 (17:00)
보증금	(입찰금액의 10%)	건물면적		개찰일	2017.03.23 (11:00)
조회수	• 금일 1 / 0 • 누적 59 / 3 (단순조회 / 5분이상 열람)			배당요구종기	2016.04.04
조회분석	• 7일내 3일이상 열람자 0 • 14일내 6일이상 열람자 0 (기준일-2017.03.23 / 전국연회원전용)				
주의사항	· 분묘 · 지상에 매각에서 제외되는 소유자 미상의 "분묘" 십여기가 소재하므로 응찰자는 분묘기지권 성립여부 등에 관하여 사전조사 후 입찰바람				

위탁기관	
담당부서	경기지역본부
담당자	조세정리1팀
연락처	1588-5321

진행내역

회차/차수	입찰시작일자 ~ 입찰마감일자	개찰일자	최저가 매각가	결과	응찰자수
012/001	2017.03.20 (10:00) ~ 2017.03.22 (17:00)	2017.03.23 (11:00)	10,474,000 (25%) 11,500,000 (27%)	낙찰	(유효)3명 자세히

온비드 요약

1/8 지분 낙찰

소재지	온비드요약
경기 양평군 단월면 보룡리	▶ 면적: 임야 2,793㎡ 지분(총면적 22,344㎡) ▶ 위치및주변현황: … 단월면사무소 남동측인근. 인근 농경지,임야등 국도변산림지대 주변여건보통시. 차량접근가능 인근노선버스정류장소재 제반교통여건보통시. ▶ 이용현황: 자연림상태로서, 분묘12기 소재. ▶ 명도책임: 매수자 ▶ 기타사항: 해당사항 없음.

감정평가정보

감정평가기관	평가일	평가금액(원)	감정평가서
조회된 데이터가 없습니다			

1. 1심에서 현물 분할판결 이후 피고의 항소로 대금 분할로 확정
2. 현물 분할의 원칙
3. 현물 분할로 인해 현저히 가액이 감손된다는 의미?
4. 대금 분할판결로 형식적 경매 진행(양평 2021타경30400)
   300,950,000원에 낙찰(2022. 7. 27)

※ 지분낙찰가액(11,500,000원)을 전체 토지로 환산 ⇒ 92,000,000원

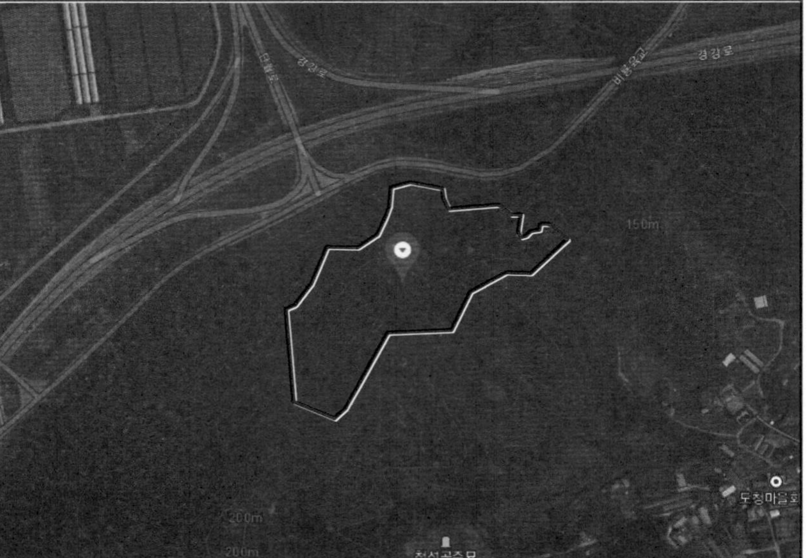

이 유

1. 인정사실

가. 피고들과 K은 L종친회의 일원으로 별지 목록 기재 부동산(이하 '이 사건 토지'라 한다) 중 각 1/8 지분을 공유하고 있었다.

나. 원고는 이 사건 토지 중 K 소유의 1/8 지분을 공매로 취득하여 소유권이전등기를 마쳤다.

다. 원고와 피고들 사이에 이 사건 토지의 분할방법에 관한 협의가 이루어지지 아니하였다.

[인정근거] 당사자 사이에 다툼이 없는 사실, 갑 제1 내지 3호증의 각 기재, 변론 전체의 취지

2. 공유물분할청구에 관한 판단

가. 공유물분할청구권의 발생

위 인정사실에 의하면, 이 사건 토지의 공유자인 원고는 다른 공유자인 피고들을 상대로 이 사건 토지의 분할을 청구할 수 있다.

나. 공유물분할의 방법

1) 공유자 간에 협의가 이루어지지 아니하여 재판에 의하여 공유물을 분할하는 경우 법원은 현물로 분할하는 것이 원칙이고, 현물로 분할할 수 없거나 현물로 분할하게 되면 현저히 그 가액이 감손될 염려가 있는 때에 비로소 물건의 경매를 명하여 대금분할을 할 수 있다(대법원 2004. 10. 14. 선고 2004다30583 판결 등 참조). 여기서 '현물분할로 인하여 현저히 가액이 감손된다'는 의미는 공유물 전체의 교환가치가 현물분할로 인하여 현저하게 감손될 경우뿐만 아니라 공유자들에게 공정한 분할이 이루어지지 아니하여 그중의 한 사람이라도 현물분할에 의하여 단독으로 소유하게 될 부분의 가액이 공유물분할 전의 소유지분가액보다 현저하게 감손될 경우도 이에 포함된다고 할 것이다.

2) 살피건대, 을 제1호증의 2(지형지도)의 영상 및 변론 전체의 취지에 의하여 인정되는 다음의 각 사정, 즉 1 이 사건 토지 중 일부에 해당하는 부분만 공로에 접해 있는 점, 원고와 피고 G 모두 위와 같이 공로에 접하는 부분을 자신들이 분할 후 소유하겠다는 취지로 주장하고, 이에 따라 현물분할하는 내용으로 측량감정을 신청한 바 있는 점, 2 한편 원고는 예비적 청구취지로 경매에 의한 분할을 청구하고 있고, 반드시 이 사건 토지의 지분을 더 이상 공유하거나 특정 부분을 단독으로 소유할 의사는 없는 것으로 보이는 점, 3 피고들은 항소심 변론종결 후 이루어진 조정절차에서 원고의 지분을 매수하는 내용의 조정을 갈음하는 결정에 대해 이의신청한 점, 4 이 사건 토지 중 원고의 지분가액을 산정할 만한 자료가 없는 점, 그 밖에 기록에 나타난 일체의 사정을 종합적으로 고려하여 보면, 이 사건 토지를 현물분할하는 것은 부적당해 보이고, 경매에 부쳐 그 대금을 분할하는 것이 합리적인 분할방법이라고 할 것이다.

3. 결론

그렇다면 이 사건 토지는 경매를 통하여 대금을 분할하는 대금분할의 방법으로 분할하여야 하는바, 제1심판결은 이와 결론을 달리 하여 부당하므로 제1심판결을 주문과 같이 변경한다.

04-7. 분할의 효과

1. 소유권의 변동

공유물 분할에 의해 공유관계는 종료하고 각 공유자는 분할된 부분에 대해 소유권을 취득한다. 그 효력발생 시기는 협의상 분할의 경우에는 등기 시, 재판상 분할의 경우에는 판결확정 시이다. 분할의 효과는 소급하지 않는다.

※ 공동상속재산 분할의 효과는 상속개시 시에 소급한다. 다만, 제3자의 권리를 해하지 못한다. - 민법 제1015조(분할의 소급효)

⇒ 제3자란 상속재산 분할 전에 이해관계를 맺은 자(개개의 상속지분에 관해 담보를 제공받거나 압류한 자)뿐만 아니라 등기, 인도 등으로 권리를 취득한 사람

※ 상속재산 분할의 소급효와 제3자의 보호범위(대법원 2019다249312 판결)

1. 민법 제1015조(분할의 소급효) 규정

- 상속재산의 분할은 상속개시된 때에 소급하여 그 효력이 있다. 그러나, 제3자의 권리를 해하지 못한다.
- '상속개시된 때'는 피상속인(사망한 사람)이 사망한 때를 말한다.

이 민법 제1015조에 의한 소급효와 관련해, 같은 조 단서 규정의 '제3자'의 의미와 그 보호범위가 문제된다.

2. 상속재산 분할의 소급효에 관한 민법 제1015조 단서에서 말하는 '제3자'의 의미

- 민법 제1015조 단서에서 말하는 제3자는 일반적으로 상속재산 분할의 대상이 된 상속재산에 관하여 상속재산 분할 전에 새로운 이해관계를 가졌을 뿐만 아니라 등기, 인도 등으로 권리를 취득한 사람을 말한다.
- (근거) 상속재산의 분할의 소급효를 인정하여 공동상속인이 분할 내용대로 상속재산을 피상속인이 사망한 때 바로 피상속인으로부터 상속한 것으로 보면서도, 상속재산 분할 전에 이와 양립하지 않는 법률상 이해관계를 가진 제3자에게는 상속재산 분할의 소급효를 주장할 수 없도록 함으로써 거래의 안전을 도모하고자 한 것이다.
- 일부 상속인으로부터 토지를 매수했을 뿐 **등기를 마치지 아니한 자는 '제3자'가 아니다**(대법원 92다31514 판결).

예를 들면, 아버지가 사망하면서 남긴 토지는 비록 시골에 있었으나 시가 50억 원이 넘었다. 그러나 홍길동을 포함한 삼 형제는 재산에 관한 생각이 달라 분할 협의에 어려움을 겪었다. 조그만 중소기업을 운영하는 홍길동은 최근 자금난으로 어려움을 겪는 중이었다.
일반 법정상속분대로 등기한 홍길동은 지분만큼을 거래처 사람인 임꺽정에게 팔기로 계약을 맺었다.
그러나 아직 등기는 마치지 않았다.

그러나 얼마 후 상속재산 분할 협의를 통해 장남인 홍길승이 이 토지 소유권을 가지기로 했다. 나머지 형제들은 적당한 정도의 현금을 받는 조건이었다. 이 소식을 알게된 임꺽정은 어이가 없었다. 이때 임꺽정은 민법 제1015조 단서 조항에 따라 보호를 받을 수 없다.
왜냐하면 계약만 했지 잔금 및 소유권이전등기를 하지 않았기 때문이다.

2. 공유물 분할로 인한 담보책임

① 법률의 규정

공유물 분할은 지분의 교환, 매매의 성질을 가지므로 각 공유자는 분할로 인하여 다른 공유자가 취득한 물건에 대해 지분의 비율로 매도인과 동일한 담보책임을 진다(민법 제270조).
한편 공동상속재산의 분할에 따른 담보책임에 관하여는 특별규정이 있다(민법 제1016조~1018조).

② 담보책임의 요건과 효과

담보책임의 요건은 매도인의 담보책임과 같다.
즉 공유물 분할에 의해 취득한 물건에 권리 또는 물건의 하자가 있을 것이 요구된다.
권리의 하자가 있으면 민법 제569조(타인의 권리의 매매) 이하가, 물건의 하자가 있으면 민법 580조(매도인의 하자담보책임)가 준용되는데, 다만 공유물 분할에 의해 취득한 물건은 성질상 특정물에 해당되므로 종류매매의 하자담보책임에 관한 민법 제581조는 준용이 배제된다. 그 밖의 담보책임배제의 특약에 관한 584조(담보책임면제의 특약)도 준용된다.
공유물 분할로 하자 있는 물건을 취득한 자는 민법570조(타인의 권리의 매매-매도인의 담보책임) 이하의 규정에 의해 손해배상, 대금감액, 해제 등을 청구할 수 있다.

공유지분 이론이나 판례를 공부하다 보면 자주 등장하는데, 그럴 때마다 이것저것 찾아보기보다는 다음의 내용을 계속 접하는 것이 효율적일 것이다.

※ 권리의 하자(민법)

제569조(타인의 권리의 매매) 매매의 목적이 된 권리가 타인에게 속한 경우에는 매도인은 그 권리를 취득하여 매수인에게 이전하여야 한다.

제570조(동전-매도인의 담보책임) 전조의 경우에 매도인이 그 권리를 취득하여 매수인에게 이전할 수 없는 때에는 매수인은 계약을 해제할 수 있다. 그러나 매수인이 계약 당시 그 권리가 매도인에게 속하지 아니함을 안 때에는 손해배상을 청구하지 못한다.

제571조(동전-선의의 매도인의 담보책임)

① 매도인이 계약 당시에 매매의 목적이 된 권리가 자기에게 속하지 아니함을 알지 못한 경우에 그 권리를 취득하여 매수인에게 이전할 수 없는 때에는 매도인은 손해를 배상하고 계약을 해제할 수 있다.

② 전항의 경우에 매수인이 계약 당시 그 권리가 매도인에게 속하지 아니함을 안 때에는 매도인은 매수인에 대해 그 권리를 이전할 수 없음을 통지하고 계약을 해제할 수 있다.

제572조(권리의 일부가 타인에게 속한 경우와 매도인의 담보책임)

① 매매의 목적이 된 권리의 일부가 타인에게 속함으로 인하여 매도인이 그 권리를 취득하여 매수인에게 이전할 수 없는 때에는 매수인은 그 부분의 비율로 대금의 감액을 청구할 수 있다.

② 전항의 경우에 잔존한 부분만이면 매수인이 이를 매수하지 아니하였을 때에는 선의의 매수인은 계약 전부를 해제할 수 있다.

③ 선의의 매수인은 감액청구 또는 계약해제 외에 손해배상을 청구할 수 있다.

제573조(전조의 권리행사의 기간) 전조의 권리는 매수인이 선의인 경우에는 사실을 안 날로부터, 악의인 경우에는 계약한 날로부터 1년 내에 행사하여야 한다.

제574조(수량 부족, 일부 멸실의 경우와 매도인의 담보책임) 전2조의 규정은 수량을 지정한 매매의 목적물이 부족되는 경우와 매매목적물의 일부가 계약 당시에 이미 멸실된 경우에 매수인이 그 부족 또는 멸실을 알지 못한 때에 준용한다.

제575조(제한물권 있는 경우와 매도인의 담보책임)

① 매매의 목적물이 지상권, 지역권, 전세권, 질권 또는 유치권의 목적이 된 경우에 매수인이 이를 알지 못한 때에는 이로 인하여 계약의 목적을 달성할 수 없는 경우에 한하여 매수인은 계약을 해제할 수 있다. 기타의 경우에는 손해배상만을 청구할 수 있다.

② 전항의 규정은 매매의 목적이 된 부동산을 위해 존재할 지역권이 없거나 그 부동산에 등기된 임대차계약이 있는 경우에 준용한다.

③ 전2항의 권리는 매수인이 그 사실을 안 날로부터 1년 내에 행사하여야 한다.

제576조(저당권, 전세권의 행사와 매도인의 담보책임)
① 매매의 목적이 된 부동산에 설정된 저당권 또는 전세권의 행사로 인하여 매수인이 그 소유권을 취득할 수 없거나 취득한 소유권을 잃은 때에는 매수인은 계약을 해제할 수 있다.
② 전항의 경우에 매수인의 출재로 그 소유권을 보존한 때에는 매도인에 대해 그 상환을 청구할 수 있다.
③ 전2항의 경우에 매수인이 손해를 받은 때에는 그 배상을 청구할 수 있다.

제577조(저당권의 목적이 된 지상권, 전세권의 매매와 매도인의 담보책임) 전조의 규정은 저당권의 목적이 된 지상권 또는 전세권이 매매의 목적이 된 경우에 준용한다.

제578조(경매와 매도인의 담보책임)
① 경매의 경우에는 경락인은 전8조의 규정에 의해 채무자에게 계약의 해제 또는 대금감액의 청구를 할 수 있다.
② 전항의 경우에 채무자가 자력이 없는 때에는 경락인은 대금의 배당을 받은 채권자에 대해 그 대금전부나 일부의 반환을 청구할 수 있다.
③ 전2항의 경우에 채무자가 물건 또는 권리의 흠결을 알고 고지하지 아니하거나 채권자가 이를 알고 경매를 청구한 때에는 경락인은 그 흠결을 안 채무자나 채권자에 대해 손해배상을 청구할 수 있다.

제579조(채권매매와 매도인의 담보책임)
① 채권의 매도인이 채무자의 자력을 담보한 때에는 매매계약 당시의 자력을 담보한 것으로 추정한다.
② 변제기에 도달하지 아니한 채권의 매도인이 채무자의 자력을 담보한 때에는 변제기의 자력을 담보한 것으로 추정한다.

※ 물건의 하자(민법)

제580조(매도인의 하자담보책임)
① 매매의 목적물에 하자가 있는 때에는 제575조 제1항의 규정을 준용한다. 그러나 매수인이 하자 있는 것을 알았거나 과실로 인하여 이를 알지 못한 때에는 그러하지 아니하다.
② 전항의 규정은 경매의 경우에 적용하지 아니한다.

제581조(종류매매와 매도인의 담보책임)
① 매매의 목적물을 종류로 지정한 경우에도 그 후 특정된 목적물에 하자가 있는 때에는 전조의 규정을 준용한다.
② 전항의 경우에 매수인은 계약의 해제 또는 손해배상의 청구를 하지 아니하고 하자 없는 물건을 청구할 수 있다.

3. 공유물상의 담보물권과 제한물건

공유물에 존재하는 저당권, 근저당권 등의 담보물권과 지상권, 지역권 등의 용익물권은 공유물 분할로 영향을 받지 아니하고 분할된 각 부분 위에 그대로 존속한다고 보아야 할 것이다.

⇒ 공유자의 1인이 지분 위에 저당권 등 담보물권을 설정한 후 공유물이 분할된 사안에서, 대법원은 일관하여 담보물권이 그 앞으로 분할된 부분에 당연히 집중되지 않고 종전 지분의 비율로 공유물 전부의 위에 그대로 존속한다고 한다(대법원 1989. 8. 8. 선고 88다카24868 판결 등).

⇒ 이때 분할된 각 부동산은 그 담보물권의 공동담보가 된다(대법원 2012. 3. 29. 선고 2011다74932 판결).

⇒ 이러한 법리는 구분소유적 공유관계로 연장 적용된다(대법원 2014. 6. 26. 선고 2012다25944 판결).

제3자와의 관계에서 구분소유적 공유도 공유이기 때문이다.

4. 공유물 분할 판결 선고일 이후 마쳐진 가등기의 말소

대금 분할을 명한 공유물 분할 판결의 변론이 종결된 뒤(변론 없이 한 판결의 경우에는 판결을 선고한 뒤) 해당 공유자의 공유지분에 관해 소유권이전청구권의 순위보전을 위한 가등기가 마쳐진 경우

⇒ 대금 분할을 명한 공유물 분할 확정판결의 효력은 민사소송법 제218조 제1항이 정한 변론종결 후의 승계인에 해당하는 가등기권자에게 미치므로, 특별한 사정이 없는 한 위 가등기상의 권리는 매수인이 매각대금을 완납함으로써 소멸한다(대법원 2021. 3. 11. 선고 2020다253836 판결).

변론종결일(2020. 4. 21) **이후 가등기**(2020. 7. 20)	**변론종결일**(2020. 6. 23) **이전에 가등기**(2020. 5. 29)
속초 2020타경11310(교재)	광주 2020타경13708(차건환의 돈쭐경매)

5. 공유 토지 분할에 관한 특례법(한시법)

이 법에 의한 분할의 대상이 되는 토지는 공유 토지(연접한 수필의 공유 토지로서 각 필지의 공유자가 동일한 일단의 토지를 포함한다)로서 소유자 총수의 3분의 1 이상이 그 지상에 건물을 소유하는 방법(제3자로 하여금 건물을 소유하게 하는 경우 포함)으로 1년 이상 자기지분에 상당하는 토지 부분을 특정하여 점유하고 있는 토지로 한다(위 특례법 제3조, 5조).

⇒ 1986년 5월 8일 제3811호로 제정된 이 법은 공유 토지를 현재의 점유 상태를 기준으로 간편한 절차에 따라 분할할 수 있게 함으로써 토지에 대한 소유권행사와 토지의 이용에 따르는 불편을 해소하고 토지 관리제도의 적정을 기함을 목적으로 한다.

속초1계 2020타경11310 대지

사건내용

과거사건	속초1계 2018-195				
소재지	강원 속초시 동명동 (24823)강원 속초시 중앙로				
경매구분	형식적경매(공유물분할)	채권자	열OOOOOO		
용도	대지	채무/소유자	無 / 박OOOO	매각기일	21.06.14 (2,187,935,000원)
감정가	2,482,000,000 (20.08.28)	청구액	0	종국결과	21.09.27 배당종결
최저가	1,737,400,000 (70%)	토지면적	584.0㎡ (176.7평)	경매개시일	20.08.13
입찰보증금	173,740,000 (10%)	건물면적	0㎡ (0.0평)	배당종기일	21.03.19
주의사항	· 법정지상권 · 입찰외 · 토지만입찰				
조회수	· 금일조회 1 (0) · 금회차공고후조회 160 (54) · 누적조회 782 (113) · 7일내 3일이상 열람자 12 · 14일내 6일이상 열람자 9 ()는 5분이상 열람 (기준일-2021.06.14/전국연회원전용)				

소재지/감정요약	물건번호/면적(m²)	감정가/최저가/과정	임차조사	등기권리
(24823) 강원 속초시 동명동 [중앙로] 감정평가서요약 - 수복탑거리북측인근 - 주변노선상가지대및후면기존주택지대혼재 - 차량접근가능 - 인근시내버스(정)소재 - 제반교통사정보통 - 부정형평지 - 남측으로왕복4차선도로접함 - 교통광장저촉 - 도시지역 - 일반상업지역 (2015-10-27) 2020.08.28 미래새한감정 표준지가 : 981,000 개별지가 : 981,000 감정지가 : 4,250,000	물건번호: 단독물건 대지 584.0 (176.66평) ₩2,482,000,000 현:일부도로 상업용제시외건부지 입찰외타인이건축한것으로조사된무허가미등기건물(주택및구조물)소재 법정지상권성립여부불분명	감정가 2,482,000,000 · 토지 2,482,000,000 (100%) (평당 14,049,587) 최저가 1,737,400,000 (70%) 경매진행과정 ① 2,482,000,000 2021-05-10 유찰 ② 30% ↓ 1,737,400,000 2021-06-14 매각 매수인 (주)지용 응찰수 6명 매각가 2,187,935,000 (88.15%) 허가 2021-06-21 납기 2021-08-20 납부 2021-08-19	법원임차조사 박OO 전입 1995.06.02 배당 2020.09.01 (보) 30,000,000 주거/전부 점유기간 1995.06.02-현재 차임:년500만 박OO 사업 2001.04.22 (월) 600,000 점포 *본건 토지 지상에 거주하고 있는 박원형이 29년 전 에 건물을 짓고 지금까지 생활하고 있다고 현황조사시 본건에서 만난 박원형의 처 이순자가 말함.박원형 전입세대는 벽돌조스레이트지붕 주택 에서 생활하고 있으며 파이프조 구조물에서 건어물 장사를 하고 있음.임차인 박원형은 토지상에 건물을 짓고 지금까지 거주하고 있으며 속초지원 집행관사무	근저당 옥과농협 2019.07.09 421,000,000 공유투자지분근저당 가처분 공유투자 2020.01.10 2020 카단 10000 춘천 속초 가등기 (주)공서방 2020.07.20 소유이전청구가등 임 의 열린공간이엔씨 2020.08.13 *청구액:0원 채권총액 421,000,000원 열람일자 : 2021.04.22

34	16번박 서지분전부이전	2019년7월9일 제9781호	2019년7월9일 강제경매로 인한 매각	공유자 지분 18분의 6 주식회사공유투자 134511- 경기도 용인시 기흥구 동백중앙로
35	30번강제경매개시결정, 33번압류등기말소	2019년7월9일 제9781호	2019년7월9일 강제경매로 인한 매각	
36	25번주식회사열린공간이엔씨지분,28번주식회사열린공간이엔씨지분,29번주식회사열린공간이엔씨지분가처분	2020년1월10일 제467호	2020년1월7일 춘천지방법원 속초지원의 가처분결정(2020카단10000)	피보전권리 공유물 분할 청구권 채권자 주식회사공유투자 134511- 경기도 용인시 기흥구 동백중앙로 금지사항 매매, 증여, 전세권, 저당권, 임차권의 설정 기타일체의 처분행위 금지
37	34번주식회사공유투자지분18분의6 중 일부(18분의1)이전청구권가등기	2020년7월20일 제11420호	2020년7월9일 매매예약	가등기권자 지분 18분의 1 주식회사공서방 200111- 광주광역시 광산구 상무대로

, 사건번호 : 춘천지방법원 속초지원 2019가단202049

기본내용

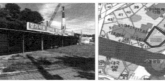

청사배치

사건번호	2019가단202049	사건명	[전자] 공유물분할
원고	주식회사공유투자	피고	주식회사 열린공간이엔씨 외 5명
재판부	민사1단독		
접수일	2019.08.19	종국결과	2020.06.02 원고승
원고소가	18,462,667	피고소가	
수리구분	제소	병합구분	없음
상소인		상소일	
상소각하일		보존여부	기록보존됨
인지액	362,400원		
송달료,보관금 종결에 따른 잔액조회	잔액조회		
판결도달일	2020.06.10	확정일	2020.06.25

최근기일내용

상세보기

일자	시각	기일구분	기일장소	결과
2020.01.10	11:15	변론기일	민사법정	속행
2020.03.17	11:10	변론기일	민사법정	속행
2020.04.21	10:45	변론기일	민사법정	변론종결
2020.06.02	10:00	판결선고기일	민사법정	판결선고

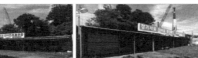

광주6계 2020타경13708 대지

사건내용

과거사건	광주 2003-156				
소재지	전남 나주시 이창동 (58270)전남 나주시 남교				
경매구분	형식적경매(공유물분할)	채권자	한OOOO		
용도	대지	채무/소유자	無 / 한OOOOO	매각기일	21.09.08 (25,500,000원)
감정가	31,464,000 (20.12.02)	청구액	0	종국결과	21.11.17 배당종결
최저가	22,025,000 (70%)	토지면적	138.0㎡ (41.7평)	경매개시일	20.11.24
입찰보증금	2,202,500 (10%)	건물면적	0㎡ (0.0평)	배당종기일	21.02.15
주의사항	• 재매각물건 • 법정지상권 • 선순위가등기 • 입찰외 • 토지만입찰 • 소멸되지 않는 권리 : 갑구 순위 5번 소유권이전청구권가등기(2020.5.29.등기)(갑구 순위 4번 문정은 지분 2/23에 대하여)가 담보가등기인지 순위보전가등기인지 권리신고가 없고, 위 가등기는 매각으로 소멸하지 않고 매수인이 인수함. 만약 위 가등기된 매매예약이 완결되는경우에는 매수인이 소유권을 상실할 수 있음.				

조회수	• 금일조회 1 (0) • 금회차공고후조회 66 (32) • 누적조회 174 (34) • 7일내 3일이상 열람자 2 • 14일내 6일이상 열람자 1	()는 5분이상 열람 (기준일-2021.09.08/전국연회원전용)

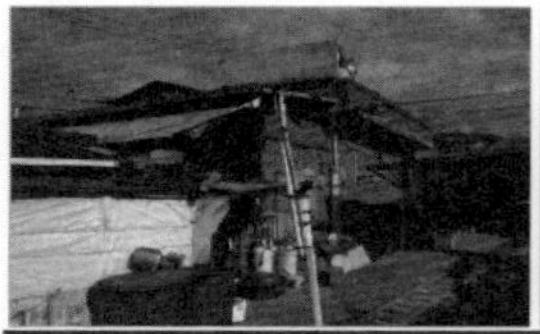

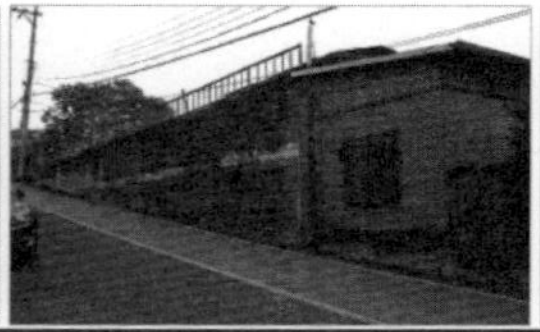

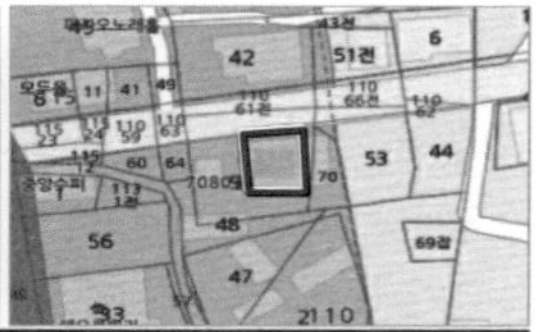

소재지/감정요약	물건번호/면적(m²)	감정가/최저가/과정	임차조사	등기권리
(58270) 전남 나주시 이창동 2 [남교 감정평가서요약 - 영산포여자중학교동측인근 - 서측인근광대로변소규모점포,단독주택,일부나지등혼재,광대로후면주로단독주택형성 - 차량접근가능하나,접면도로면옹벽설치되어직접적인차량진입곤란 - 버스(정)서측인근광대로위치 - 대중교통사정보통 - 사다리형서향완경사지,북측접하는도로와높이3-4m옹벽설치,인접필	물건번호: 단독물건 대지 138.0 (41.75평) ₩31,464,000 입찰외제시외 • 무도장 164.8 (49.85평) 110-50,-52,-70지상 • 창고 30.0 (9.08평) 110-50,-52,-70지상	감정가 31,464,000 • 토지 31,464,000 (100%) (평당 753,809) 최저가 22,025,000 (70%) 경매진행과정 ① 31,464,000 2021-05-04 유찰 ② 30% ↓ 22,025,000 2021-06-16 매각 매수인 한OO 응찰수 1명 매각가 23,298,988 (74.05%)	법원임차조사 손OO 전입 2008.07.21 주거/전부 점유기간 2008.07-현재 차임:1년250만 *현 점유자 손 희에게 문의함. 제시외건물은 소유자 한 순의 모 오 옥의 소유라고 함(건축물대장상 오 옥의 소유이며 위반건축물로 표시되어 있음)	소유권 한OOOOO 2019.11.19 전소유자:문 암 가등기 김 중 2020.05.29 소유이전청구가등 임 의 한 순외2 2020.11.24 *청구액:0원 열람일자 : 2021.04.18

				지분 23분의 2 문 열 860504-******* 광주광역시 광산구 월곡산정로
5	4번문 은지분전부이전청구권가등기	2020년5월29일 제16892호	2020년5월29일 매매예약	가등기권자 지분 23분의 2 김 중 700717-******* 전라남도 담양군 월산면 도개안길
6	임의경매개시결정	2020년11월24일 제33416호	2020년11월24일 광주지방법원의	채권자 한 순 540305-*******
			임의경매개시결정(2020타경13708)	광주 서구 운천로 (금호동,) 문 은 830218-******* 광주 서구 상무대로955번길 문 선 790621-******* 광주 서구 운천로 (금호동,)

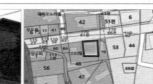

• 사건번호 : 광주지방법원 2019가단24181

기본내용 청사배치

사건번호	2019가단24181	사건명	[전자] 공유물분할
원고	한 순 외 2명	피고	문 호 외 7명
재판부	민사 8단독		
접수일	2019.12.03	종국결과	2020.07.07 원고승
원고소가	1,099,000	피고소가	
수리구분	제소	병합구분	없음
상소인		상소일	
상소각하일		보존여부	기록보존됨
인지액	5,400원		
송달료,보관금 종결에 따른 잔액조회		잔액조회	
판결도달일	2020.08.01	확정일	2020.08.15

최근기일내용 상세보기

일자	시각	기일구분	기일장소	결과
2020.03.31	09:55	판결선고기일	광주지방법원 제353호 소법정	무변론판결취소
2020.05.19	10:30	변론기일	광주지방법원 제353호 소법정	연기
2020.06.23	11:00	변론기일	광주지방법원 제353호 소법정	변론종결
2020.07.07	10:00	판결선고기일	광주지방법원 제353호 소법정	판결선고

05

공유지분 물건의 권리분석

05. 공유지분 물건의 권리분석

※ 물권의 변동 - 물권의 취득, 변경, 상실을 총칭

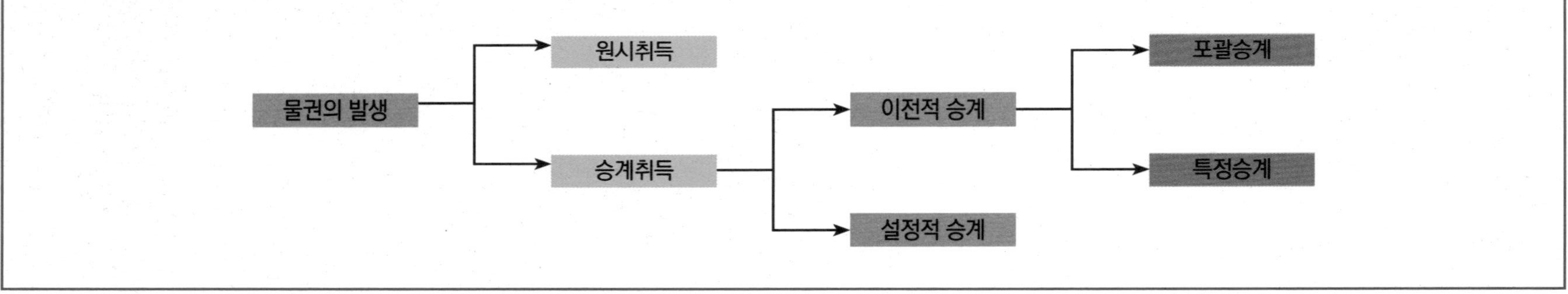

원시취득 : 종전에 없던 권리가 새로 생기는 것(예 : 신축 건물 소유권 보존등기, 무주물 선점, 시효취득, 선의취득)
승계취득 : 타인이 가지고 있던 기존의 권리가 승계되어 다른 사람에게 권리가 생기는 것

설정적 승계 : 전 주인의 권리내용의 일부만이 승계되는 것(예 : 소유자로부터 지상권이나 저당권을 설정받는 경우)
이전적 승계 : 전 주인이 가지고 있던 권리가 그대로 승계되는 것(예 : 매매, 상속 등)

특정승계 : 개별적 취득원인에 의해 개개의 권리를 취득하는 것(예 : 매매에 의한 소유권 취득)
포괄승계 : 전 주인이 가지고 있던 다수의 권리들을 포괄적으로 취득하는 것(예 : 상속 등)

※ 물권의 변동과 등기

물권변동의 원인에는 두 가지가 있다.
법률행위에 의한 물권변동 VS 법률규정에 의한 물권변동

법률행위에 의한 물권변동(민법 제186조)
부동산에 관한 법률행위로 인한 물권의 득실변경을 등기해야 그 효력이 생긴다.

법률규정에 의한 물권변동(민법 제187조)
상속, 공용징수, 판결, 경매 기타 법률의 규정에 의한 부동산에 관한 물권의 취득은 등기를 요하지 아니한다.
그러나 등기를 하지 아니하면 이를 처분하지 못한다.

※ 물권변동의 종류

신축 건물, 피담보채권의 소멸로 인한 저당권의 소멸, 건물전세권의 법정갱신, 존속기간 만료로 인한 용익물권의 소멸이 있다.
점유취득시효는 법률의 규정에 의한 취득으로 원칙적 등기를 요하지 않지만 민법 제 187조의 유일한 예외규정이다.
즉 등기를 해야 소유권을 취득한다.

판결의 경우 형성판결만 해당-공유물 분할 판결, 사해행위 취소판결, 상속재산 분할 판결

형성판결이란?
판결 그 자체만으로 법률관계를 변동시키는 판결을 의미한다. 예를 들면, 이혼소송에서 판결이 나오는 경우, 그 판결에 따라 바로 이혼의 효과가 발생한다. 아내가 이혼소송에서 이겼다고 해서 남편이 이혼을 이행해야 이혼이 실제로 이루어지는 것이 아니다.
이 경우 판결문의 청구취지는 '원고와 피고는 이혼한다'가 된다.

협의상속 - 법률행위 - 등기를 해야 효력이 발생한다.
법정상속 - 법률규정 - 당연히 소유권이 이전되지만 나중에 처분하려면 상속등기를 해야 한다.

05. 공유지분 물건의 권리분석

1. 일부 공유자가 전체 토지를 배타적으로 점유·사용하는 경우

공유 토지를 전혀 사용·수익하지 않고 있는 다른 공유자에 대해 그 지분에 상응하는 부당이득 반환의무가 있다.

2. 일부 공유자가 토지의 지분비율에 따른 특정 부분을 배타적으로 점유·사용하는 경우

공유 토지를 전혀 사용·수익하지 않고 있는 다른 공유자에 대해 그 지분에 상응하는 부당이득 반환의무가 있다.

갑(1/2), 을(1/2) 지분비율로 공동소유	A '갑'이 ½ 비율로 특정 부분 사용	B	'을'은 '갑'에게 A 부분에 대한 1/2비율만큼 부당이득 반환청구 가능

3. 일부 공유자들의 공유물 점유·사용으로 인한 부당이득 반환채무의 성질

특별한 사정이 없는 한 불가분적 이득의 반환으로서 불가분채무이고, 불가분채무는 각 채무자가 채무 전부를 이행할 의무가 있다.

4. 공동저당에서 공동채무자의 일부 지분이 먼저 매각되는 경우에는 갑 지분만 먼저 매각

각 지분권자는 원칙적으로 자기지분의 비율만큼 책임을 부담하게 되는데, 문제는 배당에서 선순위 저당권자의 채권금액 전체를 배당한다는 데서 발생한다.

① 매각되는 지분(갑 지분)의 후순위 저당권자(정)는 선순위 저당권(병)을 대위할 수 있다.

② 채무자(갑)는 자기지분을 초과하는 부분까지 배당되었으므로 변제자 대위로 구상권 행사 및 근저당권을 대위할 수 있다. 이때 선순위 저당권자(병)가 동시배당 시 배당금액(3,000만 원)을 한도로 해서 대위권이 발생한다.

③ 후순위 저당권자(정)의 대위는 채무자의 대위(갑)에 우선한다.

갑 지분	을 지분
전체 근저당 6,000만 원 – 병	
근저당 1,000만 원 – 정	
갑 지분 경매진행	
낙찰 6,000만 원	

5. 공동저당에서 일부 지분은 채무자, 일부 지분은 물상보증인

① 채무자 지분 선매각

채무자 지분의 후순위 저당권자와 채무자는 물상보증인 지분에 대위권이 발생하지 않는다.
물상보증인의 공유자우선매수는 불가능하나 입찰참여는 가능하다.

부동산	공유지분권자	순위 1번 공동저당권	순위 2번 저당권	경매 매각	공유자우선매수
A	갑	채무자	채무자(갑 지분)	갑 지분	-
	을	(물상보증인)	-	-	입찰참여만 가능

갑 지분의 순위2번 저당권자는 배당받지 못한 채권액을 을의 지분에 대해 물상대위를 할 수 없다.

② 물상보증인 지분 선매각

물상보증인 지분의 후순위 저당권자와 물상보증인의 대위권이 발생한다.

부동산	공유지분권자	순위 1번 공동저당권	순위 2번 저당권	경매 진행	공유자우선매수
A	갑	채무자	-	-	불가능
	을	(물상보증인)	채무자(을 지분)	을의 지분	-

을 지분의 2번 저당권자는 배당받지 못한 채권액을 갑의 지분에 대해 물상대위를 할 수 있다.

6. 단독 소유 시에 사용수익권을 부여받은 후, 다른 공유자 발생

단독 소유한 토지 소유자로부터 토지에 대한 사용수익권을 받은 후에 다른 공유자가 생겨 사후적으로 그 사용수익이 지분 과반수로써 결정된 공유물의 관리방법이 아닌 이상, 그 사용수익권을 가지고 새로이 지분을 취득한 다른 공유자에 대하여는 주장할 수 없다(대법원 1990. 2. 13. 선고 89다카19665 판결).

춘천4계 2022타경1196 임야

사건내용

소 재 지	강원 홍천군 영귀미면 속초리 [일괄] (25154)강원 홍천군 영귀미면 공작산로				
경 매 구 분	형식적경매(청산)	채 권 자	조OO		
용 도	임야	채무/소유자	無 / 조OO	매 각 기 일	22.10.31 (38,666,600원)
감 정 가	**49,960,300** (22.06.08)	청 구 액	0	종 국 결 과	22.12.20 배당종결
최 저 가	**34,972,000** (70%)	토 지 면 적	683.0㎡ (206.6평)	경매개시일	22.05.19
입찰보증금	3,497,200 (10%)	건 물 면 적	0㎡ (0.0평)	배당종기일	22.08.22
주 의 사 항	· 법정지상권 · 일부맹지 · 분묘기지권 · 입찰외 · 토지만입찰				

조 회 수	· 금일조회 1 (0) · 금회차공고후조회 19 (5) · 누적조회 98 (15) · 7일내 3일이상 열람자 1 · 14일내 6일이상 열람자 0	()는 5분이상 열람 (기준일-2022.10.31/전국연회원전용)

소재지/감정요약	물건번호/면적(m²)	감정가/최저가/과정	임차조사	등기권리
(25154) 강원 홍천군 영귀미면 속초리 [공작산로] 감정평가액 토지 : 49,590,000 감정평가서요약 - 차량접근가능 - 사다리형평지 - 지적도상북측으로왕복2차선도로접함 - 일괄입찰 - 적봉교동측및북동측인근 - 주위농경지및임야,단독주택및공장등혼재 - 제반교통사정보통	물건번호: 단독물건 임야 522.0 (157.91평) ₩49,590,000 현:건부지,전 입찰외제시외건물및비닐하우스소재 법정지상권성립여지있음	감정가 **49,960,300** · 토지 49,960,300 (100%) (평당 241,810) 최저가 **34,972,000** (70%) 경매진행과정 ① **49,960,300** 2022-09-26 유찰 ② 30% ↓ **34,972,000** 2022-10-31 매각 매수인 이OO 응찰수 2명 매각가 38,666,600 (77.39%)	법원임차조사 김OO 전입 1977.07.30 주민등록등재자 조OO 전입 1993.08.13 주민등록등재자 *채무자, 소유자 및 이해관계인을 만나지 못하여 제시부동산에 관한 임대관계는 조사하지 못하였음.주민등록등재자:김정순, 조유현.위 임대차관계조사서는 면사무소에서 조사한 주민등록등본에 의거하여 작성한 것임	소유권 조OO 2022.05.02 전소유자:조 현 임 의 조사 2022.05.19 *청구액:0원 열람일자 : 2022.09.06

※ 특수 물건의 투자를 위해서는 법정지상권의 성립 여부, 공유지분의 권리관계 등의 분석도 필요하지만 선행적으로 필수적인 분석이 있다. 그것이 바로 '이해관계인의 분석'인 것이다.
대표적으로 등기사항전부증명서 등을 통해 낙찰받은 물건을 되사줄 사람이 존재하는가? 존재한다면 몇 명이 존재하는가?
경제적 상태는 어떤가? 연령대가 어떠한가? 등을 유추해야 한다.
등기부 분석을 하기 위해서는 단순히 법정지상권, 공유지분이론만 아는 것으로는 한계가 있다.
추가로 민법의 관련 규정 등을 학습해야 한다.

★ 이해관계인의 분석 ★

1. 채권자의 대위에 의한 상속등기

토지 소유자인 조○현씨(1965년생)가 2021년 9월 22일 젊은 나이에 사망했다. 하지만 이러한 사실을 모르는 조○현씨의 채권자인 강원신용보증재단에서 소송을 진행하기 전에 가압류집행을 위한 과정에서 조○현씨의 사망 사실을 알고 상속인인 부인 조○옥씨와 모친인 김○순씨를 상대로 대위에 의한 상속등기를 했다.

⇒ 경매 신청자인 조사○씨는 조○현씨의 형제로 조○현씨의 배우자와 직계존속이 존재하기 때문에 상속순위에서는 밀린다.

⇒ 모친인 김○순씨도 상속인으로 지정된 것을 보면 사망한 조○현씨와 조○옥씨 사이에는 아직 자식들이 없다는 것을 알 수 있다.

⇒ 조○현씨와 조○옥씨가 부부관계라는 것은 직계존속(1), 배우자(1.5)라는 상속비율을 보면 알 수 있다.

순위번호	등 기 목 적	접 수	등 기 원 인	권리자 및 기타사항
		제148호	증여	~~강원도 홍천군 동면 공작산로~~
2-1	2번등기명의인표시변경		2014년5월30일 전거	인 진의 주소 강원도 홍천군 홍천읍 갈마로 아파트) 2014년12월10일 부기
3	소유권이전	2014년12월10일 제26759호	2014년12월8일 매매	소유자 조 현 650510-******* 강원도 홍천군 동면 공작산로 거래가액 금20,000,000원
~~4~~	~~소유권이전~~	~~2021년11월26일~~ ~~제24619호~~	~~2021년9월22일~~ ~~상속~~	~~소유자 조 옥 710830-*******~~ ~~강원도 춘천시 충혼길~~ ~~(온의동)~~ ~~대위자 강원신용보증재단~~ ~~강원도 춘천시 중앙로 45(중앙로1가)~~ ~~대위원인 춘천지방법원 2021카단 10772~~ ~~부동산가압류결정을 실행하기 위함~~
~~4-1~~	~~4번소유권경정~~	~~2021년12월13일~~ ~~제25814호~~	~~2021년11월26일~~ ~~신청착오~~	~~공유자~~ ~~지분 5분의 3~~ ~~조 옥 710830-*******~~ ~~강원도 춘천시 충혼길~~ ~~(온의동)~~ ~~지분 5분의 2~~ ~~김 순 430625-*******~~ ~~강원도 홍천군 영귀미면 공작산로~~ ~~대위자 강원신용보증재단~~ ~~강원도 춘천시 중앙로~~ ~~대위원인 춘천지방법원 2021카단 10772~~ ~~부동산가압류결정을 실행하기 위함~~
~~5~~	~~가압류~~	~~2021년11월30일~~ ~~제24794호~~	~~2021년11월24일~~ ~~춘천지방법원의~~ ~~가압류~~ ~~결정(2021카단1~~ ~~0772)~~	~~청구금액 금57,184,825 원~~ ~~채권자 강원신용보증재단 140171-0003608~~ ~~춘천시 중앙로 45 (중앙로1가)~~ ~~(홍천지점)~~
~~6~~	~~가압류~~	~~2021년12월16일~~ ~~제26120호~~	~~2021년12월14일~~ ~~춘천지방법원의~~ ~~가압류~~ ~~결정(2021카단1~~	~~청구금액 금19,164,533 원~~ ~~채권자 신용보증기금 114271-0001636~~ ~~대구광역시 동구 첨단로 7 (신서동)~~ ~~(춘천지점)~~

열람용

김○순(상속인, 노모)

조*현 (형제)	조유○ (형제)	조사○ (형제)	조○현 (피상속인)	←부부→	조○옥 (상속인, 부인)

[토지] 강원도 홍천군 영귀미면

순위번호	등 기 목 적	접 수	등 기 원 인	권리자 및 기타사항
			~~0804)~~	
~~7~~	~~가압류~~	~~2021년12월20일~~ ~~제26321호~~	~~2021년12월20일~~ ~~춘천지방법원의~~ ~~가압류~~ ~~결정(2021카단1~~ ~~0834)~~	~~청구금액 금57,184,825 원~~ ~~채권자 강원신용보증재단 140171-0003608~~ ~~강원도 춘천시 중앙로~~ ~~(홍천지점)~~
8	5번가압류등기말소	2021년12월21일 제26530호	2021년12월16일 해제	
9	6번가압류등기말소	2022년3월10일 제4629호	2022년2월17일 가압류취소결정 (춘천지방법원 2022카단10006)	
10	7번가압류등기말소	2022년3월25일 제5816호	2022년2월17일 가압류취소결정 (춘천지방법원 2022카단10005)	
11	4번소유권이전등기말소	2022년5월2일 제8554호	2021년11월26일 신청착오	대위자 조사 강원도 홍천군 홍천읍 대위원인 2021년 9월 22일 상속으로 인한 소유권이전등기청구권
12	소유권이전	2022년5월2일 제8555호	2021년9월22일 상속	소유자 조사 721009-******* 강원도 홍천군 홍천읍
13	임의경매개시결정	2022년5월19일 제9812호	2022년5월19일 춘천지방법원의 임의경매개시결정(2022타경1196)	채권자 조사 721009-******* 강원 홍천군 홍천읍

열람용

사건번호 : 춘천지방법원 2022느단3003

기본내용

사건번호	2022느단3003	사건명	[전자] 상속한정승인 및 상속포기
청구인	조O현 외 2명	상대방	
재판부	가사3비송 ()		
접수일	2022.01.07	종국결과	2022.01.26 인용
병합구분	없음		
상소일		상소각하일	
보존여부	기록보존됨		
송달료, 보관금 종결에 따른 잔액조회			
판결도달일		확정일	2022.01.26

최근기일내용

일 자	시 각	기일구분	기일장소	결 과
지정된 기일내용이 없습니다.				

최근 기일 순으로 일부만 보입니다. 반드시 상세보기로 확인하시기 바랍니다.

최근 제출서류 접수내용

일 자	내 용
2022.01.07	청구인 조O현 접수증명
2022.05.18	청구인 조O현 판결정본

최근 제출서류 순으로 일부만 보입니다. 반드시 상세보기로 확인하시기 바랍니다.

당사자내용

구 분	이 름	판결도달일	확정일
청구인	1. 조O현	2022.01.26	2022.01.26
청구인	2. 조O현	2022.01.26	2022.01.26
청구인	3. 조O현	2022.01.26	2022.01.26
사건본인(피상속인망)	1. 조O현		

조○현씨가 사망하자 채무가 불안한 상속인인 배우자 조○옥씨와 시어머니인 김○순씨는 상속포기 신청을 한다. 하지만 상속포기라는 것이 선순위 상속인이 상속포기를 하면 후순위가 존재하는 한 다시 상속이 개시된다.
따라서 상속순위에 있는 모든 상속인들이 상속포기를 하든가, 중간에 누군가가 한정승인 신청을 해야 상속절차는 종결된다.

이러한 이유로 조○현씨의 배우자와 어머니가 상속포기를 하고, 다음 상속순위인 조○현씨의 형제들(3명)이 한정승인 신청을 했고 인용결정(2022. 1. 26)이 떨어졌다.

2. 가압류 등기의 말소

피상속인의 채권자들은 조○옥씨, 김○순씨를 상속인으로 하는 대위에 의한 상속등기와 동시에 부동산 가압류 신청을 했다(2021. 11. 19).
이후 조○옥씨의 가압류 이의신청으로 가압류 결정이 취소기각되고 말소되었다.
조○옥씨와 김○순씨의 상속포기의 효력은 상속이 개시된 때에 소급하여 그 효력이 있다.
즉, 가압류채권자들이 집행한 부동산은 피상속인의 것이 맞지만 상속채무자는 상속포기를 한 조○옥씨와 김○순씨가 아니라는 것이다.

이와 별개로 가압류가 말소되었더라도 이후 배당에서는 일반적인 배당순서(일반 채권자끼리는 안분배당)에 따라 배당이 되었다.

※ 형식적 경매(청산) ⇒ 한정승인 + 청산절차(광주 2016타경16823(2))

상속인이 상속에 의해 얻은 재산의 한도 안에서만 피상속인의 채무 및 유증(遺贈)을 변제하는 책임을 지는 상속의 승인(민법 1028조).
피상속인의 채무는 상속재산만으로써 청산하며, 상속재산이 부족하면 상속인은 자기재산으로 변제할 의무가 없다. 한편 청산의 결과 상속재산이 남으면 이것은 상속인에 귀속한다. 상속재산이 결손임이 분명한 때에는 상속을 포기하면 그만이지만, 이익인지 결손인지 알 수 없는 때에 이 제도의 효과가 발휘된다.
한정승인을 하려면 상속인이 상속 개시 있음을 안 날로부터 3개월 이내에 상속재산의 목록을 첨부하여 법원에 신고하여야 한다(1030조).
이 기간 내에 신고를 하지 않는 경우 또는 상속재산을 처분했거나 은폐했을 경우 등에는 보통상속(단순승인)을 한 것으로 간주된다.
또 상속인이 여러 사람일 경우에는 각 상속인은 자기의 상속분에 응하여 한정승인을 할 수 있다(1029조).

법원이 한정승인신고 수리결정을 했다 하더라도 그것으로 모든 절차가 끝난 것은 아니다. 아직 채권자들에 대한 변제 절차가 남아 있다.

한정승인을 한 후 상속재산을 **청산하는 과정**
⇒ 한정승인 후 청산절차를 마쳐야 한다.
한정승인을 한 상속인은 사망자의 채권자들에게 변제를 하기 위해 상속 부동산의 전부 또는 일부를 매각할 필요가 있는 경우 민사집행법에 의해 (형식적)경매를 하여야 한다(민법 제1037조).
이러한 형식적 경매는 담보권의 실행을 위한 경매나 강제 경매와 달리 특정 재산의 가격보존이나 정리를 위해 하는 것으로서
임의 경매 절차의 예에 따라 경매를 진행하게 된다(민사집행법 제274조 제1항). - 형식적 경매(청산)
형식적 경매를 통해 상속재산을 매각하게 되면 상속인은 그 매각대금으로 상속채무를 변제해야 한다.

1. 채권자에 대한 공고 및 최고

한정승인 신고를 한 사람은 우선 채권자에 대해 공고·최고하여야 하며, 한정승인을 한 날로부터 5일 내에 일반상속 채권자와 유증받은 사람에 대해 한정승인의 사실과 일정한 기간 내에 그 채권 또는 수증을 신고할 것을 공고해야 한다(2개월 이상 공고).

채권신고의 공고에는 채권자가 기간 내에 신고하지 않으면 청산으로부터 제외된다는 내용을 표시하게 되는데, 일간신문에 1회 이상 공고하는 방식으로 한다.

한정승인자는 알고 있는 채권자에 대해서 각각 그 채권신고를 최고해야 한다. 알고 있는 채권자를 청산에서 제외할 수 없게 한 것이다.

한정승인자는 한정승인을 한 날로부터 채권의 신고·공고기간이 만료하기 전에는 상속채권의 변제를 거절할 수 있다.

네이버 카페 '차건환의 돈쭐경매'에 가입하신 후 사건번호를 검색하시면 추가적인 사례를 학습할 수 있습니다.

⇒ 순천 2021타경2414

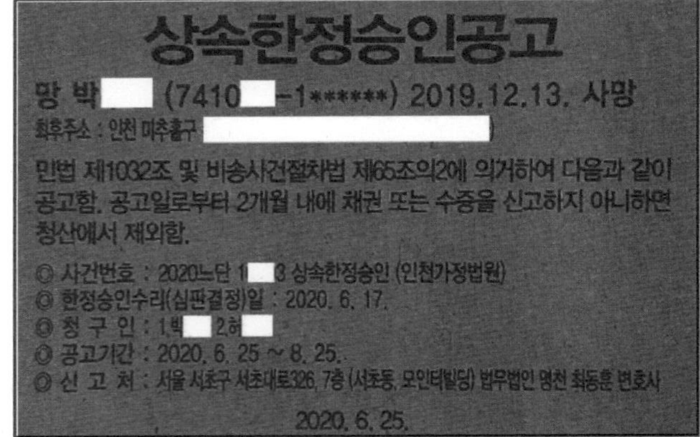

상속한정승인공고

망 박 (7410 -1******) 2019.12.13. 사망

최후주소 : 인천 미추홀구

민법 제1032조 및 비송사건절차법 제65조의2에 의거하여 다음과 같이 공고함. 공고일로부터 2개월 내에 채권 또는 수증을 신고하지 아니하면 청산에서 제외함.

◎ 사건번호 : 2020느단 1 3 상속한정승인 (인천가정법원)
◎ 한정승인수리(심판결정)일 : 2020. 6. 17.
◎ 청 구 인 : 1.박 2.허
◎ 공고기간 : 2020. 6. 25 ~ 8. 25.
◎ 신 고 처 : 서울 서초구 서초대로326, 7층 (서초동, 모인테빌딩) 법무법인 명천 최동훈 변호사

2020. 6. 25.

2. 배당변제 – 한정승인자의 채무변제 방법

한정승인자는 채권의 신고·공고기간의 만료 후 상속재산으로 '그 기간 내에 신고한 채권자'와 '한정승인자가 알고 있는 채권자'에 대해 각 채권액의 비율로 변제해야 하며, 이를 '배당변제'라고 한다. 그러나 우선변제권이 있는 채권자(저당권자 등)의 권리를 해하지 못한다.

한정승인자는 우선변제권자, 일반 채권자, 수증자의 순서대로 채무를 변제해야 한다.

우선변제권자는 저당권자나 질권자 등 물권적 권리를 가지고 있는 자로서 우선변제권자들의 채무가 먼저 변제되어야 한다.

그다음 남은 상속재산이 있다면 일반 채권자들에게 채권액의 비율에 따라 변제한다.

마지막으로 유언에 따라 상속재산을 증여받은 수증자들에게 유증채무를 이행할 수 있다(민법 제1034조).

순서대로 배당받고 후순위 채권자에게 배당될 재원이 없다면 후순위 채권자는 욕 한번 하고 끝나게 된다.

※ 특별 한정승인 기간

상속인이 상속의 승인 또는 포기 전에 상속재산을 조사했음에도 불구하고 **상속인은 상속채무가 상속재산을 초과하는 사실을 중대한 과실 없이 상속개시 있음을 안 날부터 3개월 내에 알지 못하고 단순승인**(민법 제1026조 제1호 및 제2호의 규정에 의해 단순승인한 것으로 보는 경우를 포함)**을 한 경우에는 그 사실을 안 날부터 3개월 내에 한정승인을 할 수 있다**(민법 제1019조 제3항).

상속인이 상속의 승인 또는 포기 전에 상속재산을 조사했음에도 불구하고 미성년자인 상속인이 상속채무가 상속재산을 초과하는 상속을 성년이 되기 전에 단순승인한 경우에는 성년이 된 후 그 상속의 상속채무가 상속재산을 초과하는 사실을 안 날부터 3개월 내에 한정승인을 할 수 있다. 미성년자인 상속인이 민법 제1019조 제3항에 따른 한정승인을 하지 아니했거나 할 수 없었던 경우에도 또한 같다(민법 제1019조 제4항).

특별 한정승인을 하는 경우에는 그 상속인은 상속재산 중에서 남아 있는 상속재산과 함께 이미 처분한 재산의 가액을 합해서 변제해야 한다.

변제기에 이르지 않은 채권에 대해서도 각 채권액의 비율로 변제해야 하고, 조건 있는 채권이나 존속기간이 불확정한 채권은 법원이 선임한 감정인의 평가에 의해 변제해야 한다.

한정승인자는 상속채권자에 대한 변제를 완료한 후가 아니면 유증받은 사람(수증자)에게 변제하지 못한다. 변제를 하기 위해 상속재산의 전부나 일부를 매각할 필요가 있는 때에는 경매를 할 수도 있다.

'한정승인을 한 날로부터 채권자에 대한 공고·최고 기간 내에 신고하지 않은 상속채권자' 및 '유증받은 사람으로서 한정승인자가 알지 못한 사람'은 상속재산의 잔여가 있는 경우에 한해 변제를 받을 수 있다(상속재산에 대해 특별담보권이 있는 경우는 제외). 즉 잔여 상속재산이 없는 경우 변제받지 못할 수도 있으므로 채권자는 반드시 신고기간 내에 신고를 해야 안전하게 변제받을 수 있다.

3. 변제를 잘못한 경우

만약 한정승인자가 부적법한 방법으로 변제를 하여 다른 채권자들이 변제를 받지 못한 경우에 사망자의 채권자들은 한정승인자를 상대로 손해배상을 청구할 수 있다(민법 제1038조 제1항).

한정승인자가 채권자에 대한 공고·최고를 게을리하거나 채무의 배당변제 규정을 위반해서 어느 상속채권자나 유증받은 사람에게 변제함으로써 다른 상속채권자나 유증받은 사람에 대해 변제할 수 없게 된 때에는 한정승인자는 그 손해를 배상해야 한다. 특별 한정승인을 한 경우 그 이전에 상속채무가 상속재산을 초과함을 알지 못한 데 과실이 있는 상속인이 상속채권자나 유증받은 사람에게 변제한 때에도 또한 같다.

부당변제가 이루어진 경우에 변제를 받지 못한 상속채권자나 유증받은 사람은 그 사정을 알고 변제를 받은 상속채권자나 유증받은 사람에 대해 구상권을 행사할 수 있다. 특별 한정승인을 한 경우 그 이전에 상속채무가 상속재산을 초과함을 알고 변제받은 상속채권자나 유증받은 사람이 있는 때에도 또한 같다.
부당변제로 인한 손해배상청구권과 구상권은 그 손해를 안 날로부터 3년간 행사하지 않거나, 부당변제가 이루어진 날부터 10년이 경과하면 시효로 소멸된다.

※ 상속포기

상속인의 지위를 포기하는 것으로, 재산(적극재산)과 빚(소극재산) 모두 물려받지 않겠다는 것이다.
상속은 재산뿐만 아니라 채무도 상속된다. 따라서 상속재산이 하나도 없더라도 피상속인이 채무를 지고 있는 때는 상속인들이 그 채무를 상속하게 되어 이를 변제해야 하는 의무를 지게 된다. 이 경우 상속인은 상속포기나 상속 한정승인을 택할 수 있다.
상속받을 재산보다 채무가 더 많을 경우 상속인은 재산과 채무를 모두 포기하는 '상속포기' 신고를 할 수 있다.
상속포기 신고는 상속 개시가 있음을 안 날로부터 3개월 이내에 가정법원에 해야 한다.

민법 제1042조(포기의 소급효)
상속의 포기는 상속개시된 때에 소급하여 그 효력이 있다.

주의사항
상속인은 순위가 있는데 상속 1순위가 상속포기를 하면 2순위, 3순위로 넘어가게 되며 2, 3, 4순위의 상속인이 상속에 대한 어떠한 의사 표시가 없을 경우에는 법원은 단순승인으로 간주하게 되므로 후순위 상속인은 고인의 모든 재산 및 채무를 떠안게 된다.
상속포기가 안 되는 경우도 존재하는데, 상속인(물려받는 자)이 고인의 재산을 처분하거나 손을 대는 경우에는 법원은 상속에 대한 단순승인으로 간주해 상속포기를 할 수 없게 된다. 고인이 세상을 떠난 직후에는 상속인이 고인의 재산이나 채무 내역을 자세히 알 수 없으니 우선 고인의 어떤 재산에도 손을 대지 않는 것이 좋다(장례식 비용도 고인의 현금 재산으로 결제하지 않아야 한다).

제천2계 2021타경1208 임야

사건내용

과거사건	제천1계 2013-3971

소재지	충북 제천시 덕산면 도전리				
경매구분	임의경매	채권자	주덕신협		
용도	임야	채무/소유자	김 기 / 김 철	매각기일	22.12.05 (21,612,000원)
감정가	21,552,000 (21.11.26)	청구액	74,388,927	다음예정	
최저가	21,552,000 (100%)	토지면적	4,490.0㎡ (1,358.2평)	경매개시일	21.11.19
입찰보증금	2,155,200 (10%)	건물면적	0㎡ (0.0평)	배당종기일	22.07.04
주의사항	· 분묘기지권 · 입찰외				

조회수	• 금일조회 1 (0) • 금회차공고후조회 51 (8) • 누적조회 128 (8) • 7일내 3일이상 열람자 4 • 14일내 6일이상 열람자 1 ()는 5분이상 열람 (기준일-2022.12.05/전국연회원전용)

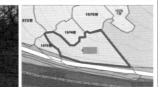

소재지/감정요약	물건번호/면적(m²)	감정가/최저가/과정	임차조사	등기권리
충북 제천시 덕산면 도전리 감정평가서요약 - 금곡리마을회관남동측인근 - 주위전,답등의농경지와 임야,농촌부락혼재하는 농촌지대 - 차량접근가능 - 제반대중교통편보통 - 노선버스운행되고있음 - 남하향경사의부정형토지 - 남측노폭약15m내외왕복2차선도로접함 - 생산관리지역 - 가축사육제한구역 (일부제한지역100m) - 준보전산지 - 한강폐기물매립시설설	물건번호: 단독물건 임야 4,490.0 (1,358.23평) ₩21,552,000 입찰외분묘수기소재 분묘기지권성립여지있음 입목포함	감정가 21,552,000 • 토지 21,552,000 (100%) (평당 15,868) 최저가 21,552,000 (100%) 경매진행과정 ① 21,552,000 2022-12-05 매각 매수인 표OO 응찰수 1명 매각가 21,612,000 (100.28%) 허가 2022-12-12 납기 2023-01-18 납부 2022-12-30	법원임차조사 *방문하여 점유자를 만나지 못하여 점유 관계 미상	근저당 주덕신협 2017.03.24 97,500,000 지상권 주덕신협 2017.03.24 30년 가압류 비엔케이캐피탈 2021.10.19 8,170,131 2021 카단 3470 청주 충주 소유권 김 철 2021.11.03 전소유자:김승기 임 의 주덕신협 2021.11.19 *청구액:74,388,927원 채권총액 105,670,131원 열람일자 : 2022.11.16

※ 사건의 분석

김○기씨의 사망(2021. 8. 9)으로 채무가 연체되자 채권자(근저당권자)의 대위에 의한 상속등기(2021. 11. 3)가 이루어진다.

그리고 채권자는 이 사건 부동산에 대한 임의 경매 신청을 했다(2021. 11. 19).

이후 피상속인의 배우자인 안○자씨와 아들인 김○국씨가 상속포기를 하자 채권자는 후순위 상속인인 피상속인의 아버지 김○철씨로 소유권경정등기를 했다(2022. 2. 25).

이 사건 부동산의 경우 연고자가 상속포기를 했고, 연로하신 아버지 김○철씨를 채무자로 해서 진행되는 만큼 낙찰 이후 이해관계인에게 매도하기 위한 입찰은 삼가해야 한다.

사건번호 : 청주지방법원 제천지원 2022카경6

기본내용

사건번호	2022카경6	사건명	결정경정
신청인	주덕신용협동조합	피신청인	김 철
제3채무자		청구금액	0원
재판부	민사신청-사법보좌관	담보내용	0원
접수일	2022.03.03	종국결과	2022.03.03 인용
수리구분	제소	병합구분	없음
기록보존인계일	2022.04.18		

4	소유권이전	2014년5월2일 제11620호	2014년5월1일 강제경매로 인한 매각	소유자 김 기 580906-******* ~~인천광역시 부평구 열우물로~~
4-1	4번등기명의인표시변경	2017년3월24일 제6320호	2016년5월20일 전거	~~김 기의 주소 강원도 영월군 주천면 금용길~~
4-2	4번등기명의인표시변경	2018년7월16일 제17603호	2017년11월16일 전거	김 기의 주소 충청북도 충주시 주덕읍 엄동길
5	2번가압류, 3번강제경매개시결정 등기말소	2014년5월2일 제11620호	2014년5월1일 강제경매로 인한 매각	
6	가압류	2021년10월19일 제26648호	2021년10월19일 청주지방법원 충주지원의 가압류 결정(2021카단3470)	청구금액 금8,170,131 원 채권자 비엔케이캐피탈주식회사 180111-0722850 부산광역시 부산진구 새싹로 1, 9층 (부전동, 부산은행부전동지점)
7	소유권이전	2021년11월3일 제28072호	2021년8월9일 상속	~~공유자~~ ~~지분 5분의 3~~ ~~안 자 610220-*******~~ ~~강원도 원주시 서원대로~~ ~~지분 5분의 2~~ ~~김 국 840723-*******~~ ~~경기도 평택시 팽성읍~~
				대위자 주덕신용협동조합 충청북도 충주시 주덕읍 신덕로 1377 대위원인 2017년 3월 24일 설정된 근저당권실행을 위한 청구권보전
7-1	7번소유권경정	2022년2월25일 제3905호	2021년11월4일 안 자	소유자 김 철 320415-******* 경기도 평택시 팽성읍
			상속포기, 2021년 11월 25일 김 국 상속포기	
				대위자 주덕신용협동조합 충청북도 충주시 주덕읍 신덕로 1377 대위원인 상속인 안 자, 김 국의 상속포기심판에 의한 근저당권 실행 청구권의 보전
8	임의경매개시결정	2021년11월19일 제29612호	2021년11월19일 청주지방법원 제천지원의 임의경매개시결정(2021타경1208)	채권자 주덕신용협동조합 151141-0001925 충주시 주덕읍 신덕로 1377
9	~~가압류~~	~~2022년1월28일 제1969호~~	~~2022년1월28일 서울중앙지방법원의 가압류 결정(2022카단800337)~~	~~청구금액 금5,354,745 원 채권자 서민금융진흥원 110371-0017635 서울특별시 중구 세종대로 124 (태평로1가, 한국프레스센터 4층)~~
10	9번가압류등기말소			7번 소유권 경정등기에 따른 말소 승낙 2022년2월25일 등기

06

공유지분의 낙찰 후 인도

06. 공유지분의 낙찰 후 인도

과반수 미만 지분권자(갑 1/3)와 임대차(민법 제 618조 임대차) – 관리행위(X)

경매	임차인 배당	점유자의 유형		임차인의 경매 신청
		임차인	지분권자(과반수 미만)	
갑 지분 경매(소수지분)	일반 채권자(채권 가압류 후 배당신청)	보존행위 인도청구	인도청구 불가	집행권원
을 또는 병 지분 경매(소수지분)	배당 X	보존행위 인도청구	인도청구 불가	불가
을 및 병 지분 경매	배당 X	관리행위 인도청구	관리행위 인도청구	불가
전체(갑, 을, 병) 경매	갑 지분만의 일반 채권자 (채권 가압류 후 배당신청)	일반적 인도청구	일반적 인도청구	불가

과반수 지분권자(갑 1/3, 을 1/3)와 임대차(주임법, 상임법상 임대차 적용) – 관리행위(○)

경매 낙찰	임차인 권리	점유자의 유형		임차인의 경매 신청
		임차인	지분권자	
갑 지분 경매(소수지분)	대항력(○, X), 우선변제권, 최우선변제권	인도청구 불가	인도청구 불가	집행권원 (갑, 을 지분만)
을 또는 병 지분 경매(소수지분)	대항력(○, X), 우선변제권, 최우선변제권	인도청구 불가	인도청구 불가	집행권원(을 지분만)
을 및 병 지분 경매	대항력(○, X), 우선변제권, 최우선변제권	대항력 無 : 관리행위 인도청구 대항력 有 : 인도청구 X	관리행위로 인도청구	불가
전체(갑, 을, 병) 경매	대항력(○, X), 우선변제권, 최우선변제권	대항력 無 : 관리행위 인도청구 대항력 有 : 인도청구 X	일반적 인도청구	불가

토지 공유지분 낙찰 후 점유자의 형태에 따른 토지 인도, 건물철거 청구 가능 여부

소수지분 낙찰	지분권자 외 제3자의 건물	보존행위	철거청구 가능	토지 인도청구 가능
과반수지분 낙찰	소수지분권자의 건물	보존행위 또는 관리행위	○	○
소수지분 낙찰	타 소수지분권자의 건물	보존행위	○	X (대법 2018 다 267522)
소수지분 낙찰	과반수지분권자의 건물	보존행위	○	X

06. 공유지분의 낙찰 후 인도

06-1. 공유자

점유하고 있는 공유자를 상대로 낙찰받은 지분에 대한 부당이득반환청구를 한다.

1. 채무자 겸 (전)공유자가 점유

매수인은 소수지분이라도 보존행위로서 채무자를 상대로 인도명령을 신청할 수 있다.

2. 공유자 점유

1) 매수인이 다수지분권자(과반수)

다수지분권자는 공유물의 보존행위 여부에 관계없이 관리행위로 소수지분권자에게 인도를 구할 수 있다.

2) 매수인이 소수지분권자

① 매수인이 소수지분권자는 다수지분권자에게 공유물의 인도를 구할 수 없다.

② 소수지분권자가 공유물을 배타적으로 점유 및 사용하는 경우, 과거 판례에 따르면 소수지분권자는 다른 소수지분권자를 상대로 공유물이 보존행위로서 토지 인도청구 및 방해배제로서 건물철거청구가 가능했지만(대법원 2012다43324 판결), 이제는 변경된 대법원 전원합의체 판결에 따라, 건물철거청구는 할 수 있지만, 토지 전체의 인도청구는 할 수 없다(대법원 2020. 5. 21. 선고 2018다267522 판결).

06. 공유지분의 낙찰 후 인도

06-2. 임차인(관리행위에 의한 임대차계약)

1. 대항력이 없는 경우

1) 공동임대인이 임차인에게 부담하는 임차보증금반환의무는 성질상 불가분이므로 공동임대인 중 1인의 공유지분에 대한 경매절차에서 주택 전체 임차인의 보증금은 지분비율에 의해 배당하는 것이 아니라 전액을 배당한다.

2) 매수인의 지분이 과반에 미치지 못하면 임차인은 대항력 유무에 관계없이 거주할 수 있다. 즉 매수인은 명도를 할 수 없다.

2. 대항력이 있는 경우

1) 임차인이 대항력이 있으면 대항력에 기해 거주할 수 있고, 대항력이 없더라도 매수인이 취득한 부분은 2분의 1 이하에 불과해 그 취득부분에 대해서는 임차인을 상대로 명도를 할 수 없다.

2) 즉, 지분 물건의 핵심은 임차인의 대항력 유무보다 매수인이 취득하는 지분이 과반수를 넘느냐 넘지 않느냐에 명도가 달려 있다는 것이다.

3. 임대차보증금

매수인은 대항력 있는 임차인의 임대차보증금을 인수해야 한다. 이때 인수금액은 지분비율만큼 인수해야 하나 대항력 있는 임차인으로부터 주택을 인도받기 위해서는 임대차보증금 전액을 지급해야 한다.

단, 매수인은 자기지분을 초과하는 임대차보증금에 대해서는 나머지 공유자에게 구상권을 행사할 수 있다. 자기지분만큼 채무자가 되고 다른 지분권자의 비율만큼 물상보증인이 되기 때문이다.

06-3. 관리행위에 의한 임대차인지 여부

2016-02321-003 (압류재산(캠코)) 주택(공부상:근린생활시설) (조회수 : 271회)

소재지	경남 통영시 동호동 / [도로명주소] (53051) 경남 통영시 통영해안로				
처분방식	매각	입찰방식	일반경쟁(최고가방식)	물건상태	낙찰
감정가	21,593,530 원	소유자	옥■수외7	입찰시작일	2018.03.05 (10:00)
최저가	12,957,000 원	토지면적		입찰종료일	2018.03.07 (17:00)
보증금	(입찰금액의 10%)	건물면적		개찰일	2018.03.08 (11:00)
조회수	• 금일 1 / 0 • 누적 271 / 40 (단순조회 / 5분이상 열람)			배당요구종기	2016.12.05
조회분석	• 7일내 3일이상 열람자 1 • 14일내 6일이상 열람자 1 (기준일-2018.03.08 / 전국연회원전용)				
주의사항	• 지분매각 • 재매각 • (부합물 및 종물이 소재하는 바, 일괄공매 예정임. 현황조사 결과 임차인이 있음 구두 확인되었으며, 대항력있는 임차인이 있을수 있으므로 사전 조사 후 입차하시기 바랍니다.)				

위탁기관	통영세무서
담당부서	경남지역본부
담당자	조세정리팀
연락처	1588-5321

진행내역

044/001	2017.11.09 (11:00)	17,276,000 (80%)	유찰	
045/001	2017.11.16 (11:00)	15,116,000 (70%)	유찰	
046/001	2017.11.23 (11:00)	12,957,000 (60%)	낙찰	13,140,000 (61%)

과거 누군가 미납

닫기

회차/차수	입찰시작일자 ~ 입찰마감일자	개찰일자	최저가 매각가	결과	응찰자수
009/001	2018.03.05 (10:00) ~ 2018.03.07 (17:00)	2018.03.08 (11:00)	12,957,000 (60%) 13,380,000 (62%)	낙찰	(유효)1명

과거진행보기

※ 현실은 관리행위에 의한 임대차계약일 확률이 떨어진다.

1. 입지, 건물 상태, 이해관계인 등 - 오래 전부터 동○식당 운영

2. 이○희씨에게 내용증명발송 - 동서에게서 전화

- 옥○진의 처인 염○순과 임대차계약(7,700만 원)을 했으니 보증금을 해결해주면 방을 빼겠다고 으름장

3. 잔금 납부 이후 2차 내용증명 발송

- 염○순과 계약 당시(2004. 4. 27) 남편이자 지분권자인 옥○진은 살아 있었고 임대차계약 이후 사망(2004. 5. 27)
- 동서와는 대화가 안 되니 지분권자이자 점유자인 이○희씨와 대화하고 싶다고 의향을 전달

4. 이후 동서의 공손한 전화와 협상 후 성남에서 마무리

⇒ 지분권자와 임차인 관계

(대항력 있는 임차인의 보증금을 두려워 말자)

1) 관리행위에 의한 임대차계약일 확률이 낮다. 특히 이 사건과 같이 다수의 지분권자들이 존재하는 경우에는 더욱 그렇다.

2) 보증금을 준 지분권자에게 요구하자.

3) 설령 물러주더라도 구상권청구 - 지분가압류 후 경매 신청 - 공유자우선매수

→ 줄기만 판단하고 잔가지는 상황에 따라 그때그때 해결하면 된다.

→ 지분 물건의 투자 판단은 단순히 공유자의 수로만 판단하는 것이 아니고 매수할 사람이 얼마나 있는지로 판단한다.

통영공매 2016-03231-003

2차 내용증명

수신인 : 이 경
경상남도 통영시 동호동

발신인 : 김 희
서울특별시 강남구

부동산의 표시 : 경상남도 통영시 동호동 55-11 대 지분 10.037㎡(총면적 44㎡) 및
건물 지분 11.853㎡(총면적 85.94㎡)

1. 1차 내용증명 이후 수신인의 동서라는 김 용이라는 분과 통화를 하였지만 늘 일방적이고 고압적인 자세로 2004.04.27.부터 임대차보증금7,700만원에 염 순과 계약하여 사용하고 있으니 본인에게 사용료를 줄 의무가 없다 입장만 말만 되풀이하고 있습니다.

2. 수신인도 지분권자이 듯이 본인 역시 지분권자로서 임대차계약이 과연 지분권자의 과반수 동의를 받아서 체결된 것인지? 염 순과 계약을 하였다면 염정순이 본인의 자격으로 한 것인지? 아니면 옥룡진의 대리인 자격으로 계약을 한 것인지?

3. 계약을 하였다고 주장을 한다면 최소한 계약서라도 본인에게 보여주어야 한다고 봅니다. 팩스든 우편이든 사진전송이든~~ 이러한 본인의 간곡한 요청에도 계약서를 보여줄 수 없다느니, 당신이 알아서 해결해라느니~~어이가 없는 말만 되풀이하여 더 이상 김 용이라는 분과는 유선상의 통화로는 협의나 문의가 곤란하여 수신인에게 직접 내용증명으로 대체합니다.

4. 수신인과의 원활한 협의가 안될 시 법적으로 호소할 수 밖에 없으며 이를 통하여 1차 내용증명상의 본인의 사용료청구 및 지분의 해소를 위한 법적수단을 강구할 것이며 이로 인해 발생되는 모든 비용청구도 법에 따라 청구할 것이니 유념하시기 바랍니다.

5. 추가로 말씀드리면 보증금7,700만원으로 임대차계약을 체결하였다고 하나 과반수 동의가 없는 한 법적으로도 보증금7,700만원은 수신인과 임대차계약을 체결한 염 순에게만 효력이 있으며 다른 지분권자와 본인 및 제3자에게는 아무런 효력이 없다는 것을 아셨으면 합니다.

2018년 04월 17일

위 발 신 인 : 김 010-

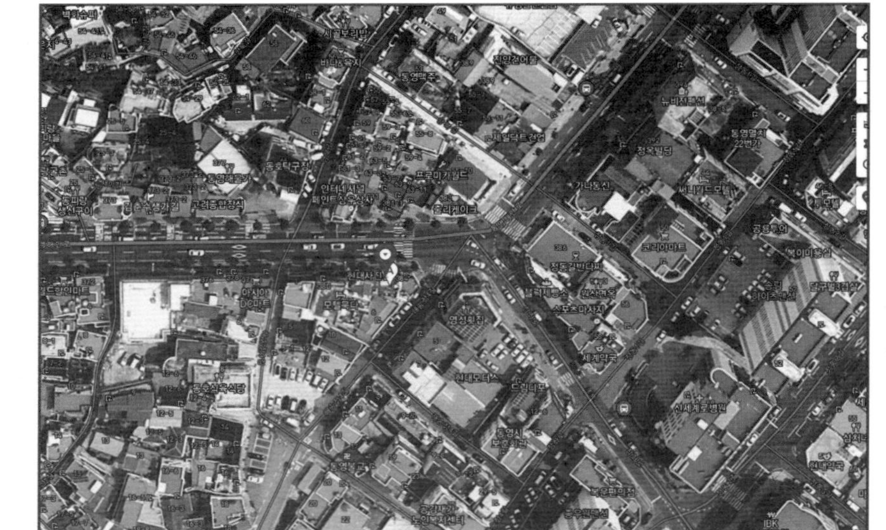

통영공매 2016-03231-003

[토지] 경상남도 통영시 동호동 55-11 　　고유번호 1912-1996-116183

순위번호	등 기 목 적	접 수	등 기 원 인	권 리 자 및 기 타 사 항
				부산 수영구 남천동 ■ 남천■ 지분 3393분의 252 옥■수 551015-******* 거제시 사등면 사곡리 ■ 옥성■ 지분 3393분의 252 옥■선 570817-******* 통영시 서호동 ■ 지분 3393분의 252 옥■수 611106-******* 광명시 노온사동 ■ 지분 3393분의 252 옥■용 631005-******* ~~김해시 삼방동 ■~~ 지분 3393분의 252 옥■화 651028-******* 김해시 내동 ■ 경원마을■ 공동상속인 중 옥■전은 2004년5월27일사망하였으므로 상속 지분 3393분의 84 염■순 520214-******* ~~통영시 북신동 ■~~ 지분 3393분의 56 옥■민 781112-******* 통영시 도남동 ■ 지분 3393분의 56 옥■훈 800505-******* 통영시 도남동 ■ 지분 3393분의 56 옥■호 821109-*******

열람일시 : 2016년11월22일 11시31분12초 　　4/11

순위번호	등 기 목 적	접 수	등 기 원 인	권 리 자 및 기 타 사 항
29	1번옥■화지분전부, 9번옥■화지분전부이전	2011년2월9일 제2741호	2010년12월30일 공매	공유자 지분 3393분의 513 옥■수 611106-******* 경기도 양평군 양서면 ■
30	5번압류, 7번압류, 26번압류 등기말소	2011년2월9일 제2741호	2010년12월30일 공매	
31	1번옥■수지분,9번옥■수지분, 29번옥■수지분압류	2011년4월6일 제8288호	2011년4월5일 압류(세무과-6111)	권리자 양평군
32	9번옥■문지분전부이전	2011년6월24일 제16477호	2011년6월14일 강제경매로 인한 매각	공유자 지분 3393분의 252 이■희 520107-******* 경상남도 통영시 ■
33	27번강제경매개시결정등기말소	2011년6월24일 제16477호	2011년6월14일 강제경매로 인한 매각	
34	9번옥태용지분압류	2013년1월4일 제301호	2013년1월4일 압류(세원관리과-84)	권리자 국 처분청 통영세무서
35	1번옥■수지분,9번옥태수지분, 29번옥■수지분압류	2013년3월4일 제5031호	2013년2월26일 압류(건설교통과-8911)	권리자 양평군
36	25번압류등기말소	2013년5월21일 제12859호	2013년5월21일 해제	
37	6번압류등기말소	2013년7월15일	2013년7월15일	

열람일시 : 2016년11월22일 11시31분12초 　　8/11

[토지] 경상남도 통영시 ■ 　　고유번호 1912-1996-116183

순위번호	등 기 목 적	접 수	등 기 원 인	권 리 자 및 기 타 사 항
		제18385호	압류해제	
38	14번압류등기말소	2013년7월15일 제18387호	2013년7월15일 압류해제	
39	18번압류등기말소	2013년7월15일 제18388호	2013년7월15일 압류해제	
40	1번옥■수지분,9번옥■수지분, 29번옥■수지분압류	2014년7월15일 제19141호	2014년7월14일 압류(재산세과-3469)	권리자 국 처분청 이천세무서
41	1번옥■용지분전부, 9번옥■용지분전부이전	2014년7월16일 제19382호	2014년7월16일 증여	공유자 지분 3393분의 774 옥■수 611106-******* 경기도 양평군 양서면 ■
42	9번염■순지분전부이전	2015년10월1일 제28372호	2015년9월25일 증여	공유자 지분 3393분의 84 옥■민 781112-******* 경기도 성남시 분당구 ■

【 을 구 】	(소유권 이외의 권리에 관한 사항)			
순위번호	등 기 목 적	접 수	등 기 원 인	권 리 자 및 기 타 사 항
1 (전 2)	~~근저당권설정~~	1979년7월9일 제8936호	1979년7월9일 설정계 약	채권최고액 금육백오십만원 채무자 옥■진 충무시 ■ 근저당권자 합자회사충무상호신용금고 충무시 중앙동 107-3

열람일시 : 2016년11월22일 11시31분12초 　　9/11

[주 의 사 항]

본 주요 등기사항 요약은 증명서상에 말소되지 않은 사항을 간략히 요약한 것으로 증명서로서의 기능을 제공하지 않습니다. 실제 권리사항 파악을 위해서는 발급된 증명서를 필히 확인하시기 바랍니다.

[토지] 경상남도 통영시 ■ 　　고유번호 1912-1996-116183

1. 소유지분현황 (갑구)

등기명의인	(주민)등록번호	최종지분	주 소	순위번호
옥■선 (공유자)		3393분의 261	충무시 동호동 ■	1
옥■선 (공유자)	570817-*******	3393분의 252	통영시 서호동 ■	9
옥■수 (공유자)		3393분의 261	충무시 동호동 ■	1
옥■수 (공유자)	551015-*******	3393분의 252	거제시 사등면 ■	9
옥■희 (공유자)	530605-*******	3393분의 63	부산 수영구 ■	9
옥■민 (공유자)	781112-*******	3393분의 56	통영시 도남동 ■	9
옥■민 (공유자)	781112-*******	3393분의 84	경기도 성남시 분당구 ■	42
옥■호 (공유자)	821109-*******	3393분의 56	서울 동대문구 이문동 ■	9
옥■훈 (공유자)	800505-*******	3393분의 56	통영시 도남동 ■	9
옥■수 (공유자)		3393분의 261	충무시 동호동 ■	1
옥■수 (공유자)	611106-*******	3393분의 252	광명시 노온사동 ■	9
옥■수 (공유자)	611106-*******	3393분의 513	경기도 양평군 양서면 양수리 ■	29
옥■수 (공유자)	611106-*******	3393분의 774	경기도 양평군 양서면 건지미길 ■	41
이■희 (공유자)	520107-*******	3393분의 252	경상남도 통영시 동호동 ■	32

07

공유지분의 배당문제

07. 공유지분의 배당문제

07-1. 지분 경매 시 임차보증금의 배당(관리행위에 의한 임대차계약)

1. 공동임대인 중 일부의 공유지분이 경매가 진행되는 경우 소액임차인 여부에 대해서는 지분비율에 의해 판단할 것이 아니라 임차보증금 전액을 기준으로 판단해야 한다.

2. 공동임대인이 임차인에 대해 부담하는 임차보증금반환의무는 그 성질상 불가분채무이다. 그러므로 주택의 일부 지분 경매 시에도 보증금은 전액 배당되어야 한다. 이때 집행채무자(경매지분 소유자)는 공동임대인인 다른 공유자에게 그 지분에 상응하는 금원에 대해 구상권을 행사할 수 있다.

※ 보증금 전액을 배당함에 따라 손해를 보는 후순위 채권자는 부당이득을 보게 된 나머지 공유지분권자에게 구상권을 행사할 수 있다.

3. 이때 전액 배당받지 못한 대항력 없는 임차인은 다른 공유자에게 반환청구가 가능하고, 대항력 있는 임차인의 잔여보증금은 낙찰자가 인수하게 되는데, 인수금액은 지분만큼 인수하게 되고 나머지 금액은 다른 공유자가 부담하게 된다.
인수금액의 산식은 임차인의 배당금과 낙찰자의 인수금액의 합이 임차보증금의 지분 해당 금액과 같으면 된다는 것이다.

즉, 매수지분이 2/3이고 임차보증금이 6,000만 원인 경우 매수지분의 매각절차에서 3,000만 원을 배당받았다면 잔여 3,000만 원에서 추가로 1,000만 원만 인수하면 된다는 것이다. 만약 위 대항력 있는 임차인이 배당요구를 하지 않아 전액을 인수하게 된다면 매수지분에 해당하는 4,000만 원을 인수하게 된다.
낙찰자가 이를(6,000만 원) 대위 지급한 경우는 다른 공유자에게 구상권을 행사할 수 있다.

1) 대항력 없는 임차인은 다른 공유자에게 잔여보증금 전액을 청구한다.
2) 대항력 있는 임차인은 원칙적으로 낙찰자가 인수한다.
① 배당요구를 하지 않았을 때 : 보증금에 대한 지분의 비율만큼 매수인이 인수한다.
② 배당요구를 했으나 지분비율에 미달되게 배당받은 경우 : 배당금액 및 인수금액의 합이 보증금에 대한 지분의 비율에 이르도록 인수금액이 결정된다.
3) 배당요구를 했으나 지분비율을 초과해서 배당받은 경우 : 집행채무자는 다른 공유자에게 지분비율을 초과하는 금액에 대해 구상권을 행사한다.

07-2. 과반수 미만의 지분권자와 임대차계약을 체결한 경우의 배당요구

1. 전체 지분이 매각되는 경우에는 임차인이 임대인(채무자)의 지분에 대해 별도로 가압류하지 않는 한 배당요구가 불가하고, 가압류한 경우도 그 지분에서만 일반 채권자와 동순위가 되고 우선변제권은 없다.
2. 임대인이 아닌 다른 지분의 매각절차에서는 배당요구 자체가 불가하다. 과반수 미만의 임대차 효력은 계약 당사자에게만 미치고 다른 지분에는 미치지 못하는 일반 채권자에 불과하다.
3. 이러한 임대차에서 1) 매수인이 전체 지분을 매수한 경우, 2) 임대인 지분만 매수한 경우, 3) 다른 지분만 매수한 경우 모두 임차인에게는 대항력이 인정되지 못하여 매수인은 임차인에 대해 인도명령을 청구할 수 있다.

07-3. 공유지분에 대한 근저당 설정 후에 전체 지분에 설정한 용익물권의 처리

공유지분에 대해 근저당이 설정된 후 전체 지분에 대해 전세권 등 용익물권이 설정되고, 이후 그 공유지분이 경매될 경우 전체 지분에 설정된 전세권은 소멸한다. 이때 타 지분에 대해 전세권이 변경등기될 것인가가 문제인데, 등기법상 용익물권은 지분에 대해 설정할 수 없는 것이다. 그러므로 전세권은 타 지분권자에 대해 우선변제권은 소멸하고 일반 채권자의 지위를 갖게 된다.

07-4. 과반수지분권자와 계약한 임차인의 경매 신청권

임차인과 직접 임대차계약을 체결한 공유자인 임대인과 그 계약에 동의한 지분권자에게는 보증금반환청구소송을 통해 강제 경매 신청이 가능하다. 그런데 동의하지 않은 공유자의 지분에도 경매를 신청할 수 있느냐 하는 것이 문제가 될 수 있다.

왜냐하면 사용·수익에 관한 관리행위의 결과가 이제는 동의하지 않은 공유자의 지분에 대한 처분행위로 발전할 수 있느냐의 문제에 봉착하기 때문이다.

동의하지 않은 다른 지분권자에게는 대항력과 우선변제권은 가능하나 지분의 경매 신청은 어렵다고 볼 수 있다. 따라서 과반수의 지분권자와 임대차계약을 하는 경우에도 과반수라는 이유만으로 모두가 해결되지 않는다는 사실을 유념해야 한다.

08

공유지분의 해법

08. 공유지분의 해법

공유지분의 처리 순서도

※ 일반적인 형태이며 실전에서는 상황에 따라 추가, 생략이 가능하다.

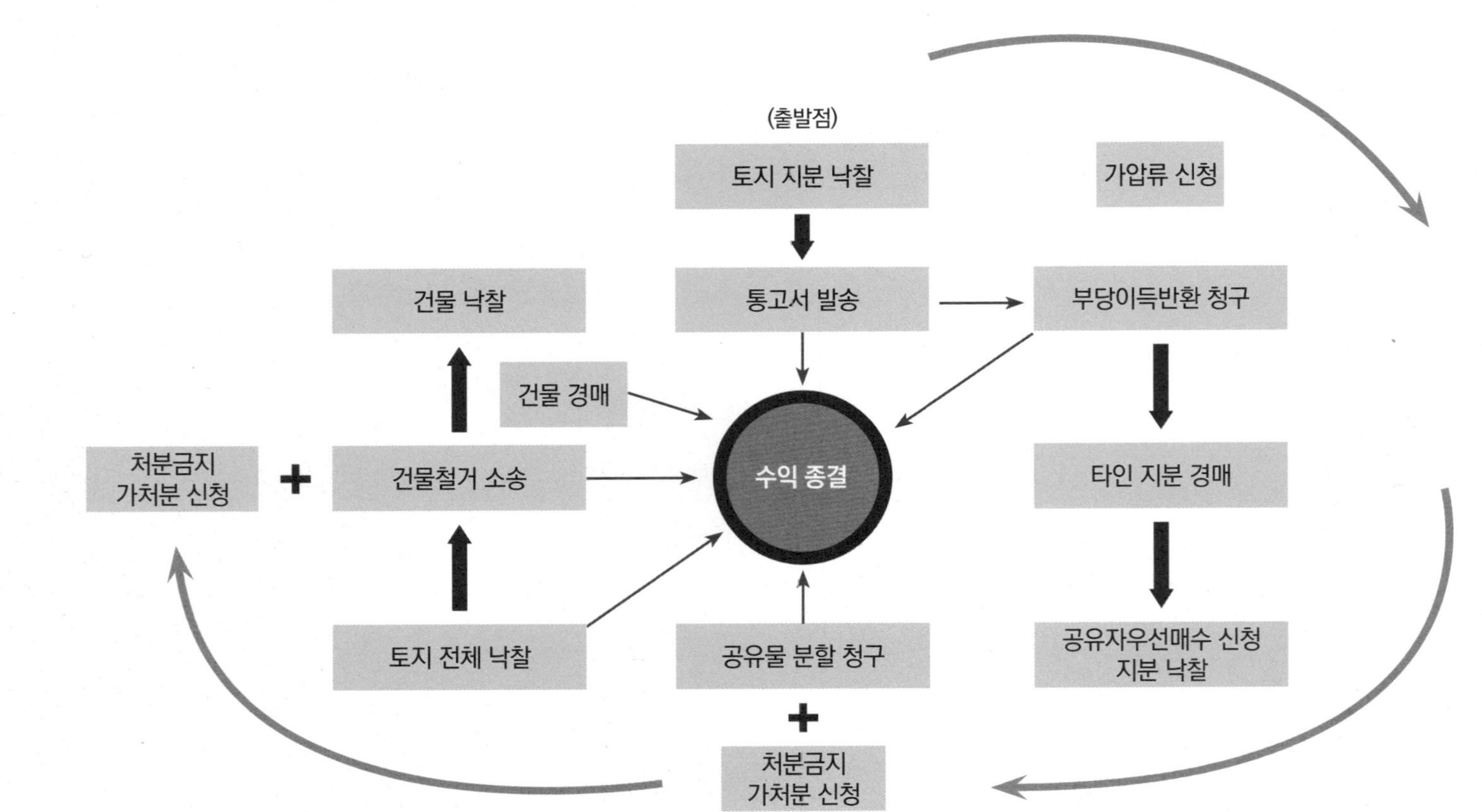

08. 공유지분의 해법

1. 협의 성립

1) 공유자가 낙찰자의 지분 인수
2) 낙찰자가 공유자 지분 인수
3) 공유자들이 합의해서 제3자에게 처분 후 수익청산
4) 낙찰자의 지분에 상응하는 공유물에 대한 사용료를 청구

2. 협의 불성립

※ 부당이득반환청구 소송
1) 타인 지분의 가압류를 신청한다.
2) 공유물을 사용·수익하는 공유자를 상대로 임료 청구소송을 제기한다.
3) 임료에 관한 판결 후 다른 지분소유자를 상대로 강제 경매를 신청한다.
4) 만일 물건이 좋다면 매수인은 공유자우선매수권을 행사해 나머지 지분을 취득할 수 있다.

※ 공유물 분할 청구소송
1) 타인 지분에 대한 처분금지가처분을 신청한다.
2) 공유물 분할 청구소송 후 경매를 통해 투자 금액을 회수하거나 아니면 경매에 직접 참여해 낙찰받을 수 있다.

기본적인 주의사항

① 공유물 분할에 의한 형식적 경매로 진행 시 공유자우선매수권이 인정되지 않는다.
② 공유물 분할 경매는 형식적 경매의 절차를 밟기 때문에 등기상의 근저당권이나 가압류 등 제한사항이 말소되지 않고 인수된다.
따라서 관할 법원에 말소 여부를 확인하고 참여해야 낭패를 보지 않는다.
대다수 법원은 형식적 경매임에도 등기상의 부담을 말소해주기도 한다.
③ 저렴하게 낙찰받아야 하며, 경우에 따라 오랜 시간이 소요될 수 있다는 점을 인지해야 한다.

※ 민사소송의 종류

1. 확인의 소

확인의 소란 권리, 법률관계의 존재·부존재의 확정을 요구하는 소송

1) 적극적 확인의 소 : '어디 몇 번지에 소재하는 토지 100평은 원고의 소유임을 확인한다'라고 하는 소송
2) 소극적 확인의 소 : '원고와 피고 간의 1995년 10월 10일자의 일금 500만 원의 소비대차에 기인한 채무는 존재하지 않는다는 확인을 구함'이라고 하는 소송
3) 중간 확인의 소 : B가 A의 카메라를 깨뜨린 후 A가 손해배상 청구를 해 소송이 진행되는 동안 A의 카메라가 누구의 것인지에 대해 논란이 생겨 이에 대한 판단을 제기하는 경우와 같이 소송 도중에 선결이 되는 사항에 대한 확인을 구하는 소송

확인의 소에는 채무부존재 확인소송, 임차권 확인소송, 해고무효 확인소송 등이 있다.

2. 이행의 소

이행의 소란 원고가 피고에게 '…할 것(급부)을 요구한다'고 하는 소송
청구를 법원이 인정하는 경우 법원은 '피고는 원고에게 ~(급부)를 지급하라'와 같이 급부를 명하는 형식의 판결을 하는 것이 보통이며 이를 급부판결이라고 한다.
이행의 소에는 토지 인도(건물명도, 건물철거) 청구소송, 소유권이전등기 청구소송, 손해배상 청구소송, 부당이득반환 청구소송, 임차보증금반환 청구소송 등이 있다.

3. 형성의 소

형성의 소란 법률관계의 변동을 요구하는 소송
즉, '원고와 피고는 이혼한다'라는 판결이 확정되면 지금까지 부부였던 원고와 피고 간에는 이혼이라는 효과가 형성되는 것과 같은 효과가 나타나는 소송이다.
형성의 소에는 제3자 이의소송, 사해행위취소 등 청구소송, 공유물 분할 청구소송 등이 있다.

※ 민사소송의 기본 원칙

1. 처분권주의

민사소송법의 심리에 관한 원칙으로 소송절차의 개시, 심판의 대상과 범위, 절차의 종결에 대해 당사자인 원고와 피고에게 주도권을 주어 당사자의 처분에 맡기는 것을 의미한다.

즉, 소송절차는 당사자(원고)의 신청이 있어야 개시되고, 법원의 심판 대상과 범위 및 모습은 당사자(원고)의 신청에 의해 결정되며, 당사자는 일단 개시된 소송에 있어서 자유로이 소의 취하, 상소의 취하, 청구의 포기, 인낙(認諾), 화해에 의한 자주적 분쟁의 해결, 소송상 부여된 권리(책문권, 상소권 등)의 포기 또는 불기소의 합의, 불항소의 합의, 비약적 상고의 합의 등을 통해 절차를 종료시킬 수 있다.

민사소송의 기본 원칙 → 처분권주의의 적용 / 변론주의의 적용 / 자유심증주의의 적용

이는 소송물에 대한 처분의 자유를 의미한다. 개인주의에 기초한 사적자치에 그 근거를 둔다.
처분권주의는 소송물에 대한 자유를 말하며 변론주의는 소송자료(사실과 증거)에 대한 자유를 말한다.

> **민사소송법 제203조(처분권주의)**
> "법원은 당사자가 신청하지 아니한 사항에 대하여는 판결하지 못한다."

이처럼 민사소송의 모든 과정에 대해 당사자에게 그 주도권을 주어 당사자의 의사에 따르도록 하는 것이 바로 '처분권주의'이다.
이 주의에 따르면 법원은 당사자의 신청 없이 소송을 시작하거나 신청 범위를 넘어서 재판할 수 없다.

법원의 심판 대상과 관련해, 당사자가 신청한 양적 범위에 국한된다.
즉, 원고가 청구한 범위보다 적게 심판하는 것은 가능하지만, 별개의 사항이나 신청한 범위를 넘어서는 판결은 위법하다.

또한 당사자가 신청한 소의 형식, 청구의 순위, 상소의 범위 등에 국한된다.
예컨대, 원고가 이행의 소를 제기했는데 법원이 확인판결이나 형성판결을 하는 것은 허용되지 않는다.

2. 변론주의

민사소송법상 원칙으로 소송자료(사실과 증거)의 수집, 제출책임은 당사자에게 있고, 당사자가 수집해 변론에서 제출한 소송자료만을 재판의 기초로 삼아야 한다는 것이다. 즉, 변론에서 제출되지 않은 주요 사실은 판결의 근거가 되지 않는다.
판사가 알고 있는 사정이라도 이는 소송에서 전혀 고려될 수 없고, 당사자가 그에 대한 사실을 주장하고 그에 대한 증거를 제출해야 한다.

개인주의에 기초한 사적자치에 그 근거를 둔다. 그러나 법률해석적용이나 증거의 가치평가에 대한 당사자의 주장에 대해 법원이 구속되지 않는다. 기본적으로는 직권증거조사를 금하지만 석명권이 이를 보완한다. 처분권주의는 널리 변론주의를 포함해서 당사자주의(Adversary System)로도 쓰이며, 이를 직권주의에 대응시키고 있다. 처분권주의는 소송물에 대한 자유를 말하며 변론주의는 소송자료(사실과 증거)에 대한 자유를 말한다.

※ 변론주의의 3대 원칙

① 사실의 주장 책임

당사자는 자신에게 유리한 사실을 법정에서 주장해야 하고, 주장하지 않으면 그 사실은 없는 것으로 취급되어 유리한 법률효과의 발생이 인정되지 않는 불이익을 받게 되는 위험(패소)을 부담하게 된다.
예를 들면,

- 원고가 소멸시효가 완성된 채권에 기한 이행청구를 해왔다 하더라도, 피고가 소멸시효 항변을 제출하지 않으면, 법원으로서는 그 채권이 시효로 소멸했다고 인정할 수 없다.
- 임차인이 임대인에게 보증금 반환을 청구했을 때, 임대인이 동시이행의 항변권("당신이 집을 비워야만 보증금을 줄 수 있다")을 제출하지 않으면, 법원은 상환이행을 명할 수 없다. 즉, 판결이 임대인에게 그냥 "돈 얼마를 지급하라"라고만 나오고 "건물을 인도받음과 동시에 돈을 지급하라"라고는 나오지 않는다.

② 자백의 구속력

당사자 간에 다툼이 없는 사실에 대해 법원은 별다른 증거조사를 할 필요 없이 이에 대해 인정하고 판결의 기초로 삼아야 한다는 원칙이다.
즉, 당사자가 자신에게 불리한 사실을 인정하는 발언을 하면, 그 사실이 진실한 것으로 받아들여지고, 원칙적으로 이 인정 발언을 취소할 수 없는 것이다. 다만 현저한 사실에 반하는 자백은 자백의 구속력이 없게 되는 예외도 존재한다.

③ 증거의 제출 책임(증명 책임)

당사자 간에 다툼이 있는 사실에 대한 증거는 당사자가 제출해야 하는 것이며, 법원도 당사자가 제출한 증거와 당사자가 신청한 증거에 대해서만 증거조사를 할 수 있다는 것이다. 즉, 당사자가 자신에게 유리한 사실을 증명해야 하고, 증거를 충분히 제출하지 못하면 그 사실이 소송상 인정되지 않는 것이다.
다만, 이 또한 당사자가 신청한 증거에 의해 법원이 심증을 얻을 수 없는 경우에는 보충적으로 법원이 직권증거조사를 할 수 있는데, 이는 어디까지나 예외적인 경우이다.

3. 자유심증주의

소송에서 당사자는 저마다 자기에게 유리한 판결을 얻기 위해 많은 사실에 관한 주장과 증거를 재판부에 제출한다. 재판을 하다 보면 원고, 피고 쌍방의 주장이 너무나 상반되고 증거도 팽팽해서 법관은 어느 쪽의 주장이 진실인지 아닌지 여부를 판단하는 데 있어서 곤혹스러운 경우가 많다.

이럴 때 재판장은 어떻게 해야 할까? 민사소송법은 당사자의 사실에 관한 주장이 진실인지 아닌지 여부를 판단하고 심증을 형성하는 데 있어서 변론 전체의 취지와 증거 자료를 참작해서 형성되는 자유로운 심증에 의할 것을 인정하고 있다. 이를 '자유심증주의(自由心證主義)'라고 한다.
법관의 양심과 재판의 전문성을 신뢰하고 그에게 자유로운 판단을 하도록 맡긴 것이다.
법관은 이 자유심증주의에 의해 형성된 심증을 바탕으로 어느 한쪽의 주장이 사실이라고 확신해야 비로소 판결을 내릴 수 있다(그런데 이 자유심증주의에 의해 심증, 즉 확신이 서지 않는 경우, 입증 책임의 원칙에 따라 당사자의 주장 사실이 충분히 입증되는지에 따라 재판을 하게 된다).

자유심증주의는 이처럼 재판을 담당한 법관에게 폭넓은 사실 인정에 관한 재량권을 허용하고 있으나 이는 법관의 자의적이고 근거 없는 판단을 허용하는 것은 아니다. 따라서 법관은 소송에 나타난 사실의 주장, 그 주장을 하는 당사자들이나 증인에게서 받은 변론의 전체 취지, 제출된 증거 자료의 증거력에 대한 판단, 일반적인 논리 법칙과 경험 법칙에 따라야 하고, 더 나아가서 사회 정의와 형평의 이념에 입각해서 최선의 판단을 내려야 한다.

⇒ 법관은 자유심증주의의 원칙에 입각해 그 사실 주장이 설득력이 있고 진실하다고 판단되는 쪽으로 사실 인정을 할 수 있다. 즉 심증이 형성된 쪽으로 판결이 가능하다는 뜻이다.

※ 비송사건(非訟事件)이란? ⇔ 소송사건

1. 개념

법원의 관할에 속하는 민사사건 중 **소송절차로 처리하지 않는 사건, 즉 소송이 아닌 사건을 말한다.**

비송사건은 법원이 합목적적 재량에 의해 간이, 신속하고 탄력성 있게 처리할 성질의 것이기 때문에 **소송사건처럼 엄격한 절차를 따를 필요가 없다는 점에 그 특징이 있다.**

비송사건을 인정하는 이유는 비분쟁사건에 대해 중립적인 법원의 처리가 필요하고, **간이, 신속한 사건 처리가 필요하기 때문이다.**

2. 종류

가족관계등록부 등 관리, 법인의 청산 절차의 감독, 후견인, 재산관리인 선임감독, 이혼 시 재산분여, 친권자 지정, 유산의 분할 방법 등이 있다.

3. 공유물 분할 청구의 소는 형식적 형성의 소

형식적 형성의 소란?

형식은 소송사건이지만 실질은 비송사건인 경우를 말하는 것으로, 실질은 비송사건이므로 법원은 당사자의 주장에 구애받지 아니하고 법원이 자유재량으로 판단할 수 있어 처분권주의가 배제되는 것을 말한다.

그러므로 공유물 분할 청구의 소에서는 당사자가 분할의 방법을 구체적으로 주장하여도 법원은 이에 구속받지 아니하고 재량으로 판단하여 분할의 방법을 정할 수 있다(대법원 2015. 7. 23. 선고 2014다88888 판결, 대법원 2010다92506 판결).

논산1계 2006타경4614[2] 대지

사건내용

소 재 지	충남 부여군 은산면 가곡리				
경 매 구 분	강제경매	채 권 자	백OO		
용 도	대지	채무/소유자	유OO / 유OOOO	매 각 기 일	07.05.07 (4,122,000원)
감 정 가	**3,990,000** (06.11.01)	청 구 액	64,000,000	종 국 결 과	08.01.24 배당종결
최 저 가	**3,990,000** (100%)	토 지 면 적	285.0㎡ (86.2평)	경매개시일	06.10.19
입찰보증금	399,000 (10%)	건 물 면 적	0㎡ (0.0평)	배당종기일	07.01.03
주 의 사 항	• 지분매각 • 법정지상권 • 입찰외 • 토지만입찰				

조 회 수	• 금일조회 **1** (0) • 금회차공고후조회 **83** (5) • 누적조회 **103** (5) • 7일내 3일이상 열람자 **0** • 14일내 6일이상 열람자 **0**	()는 5분이상 열람 (기준일-2007.05.07/전국연회원전용)

소재지/감정요약	물건번호/면적(m²)	감정가/최저가/과정	임차조사	등기권리
충남 부여군 은산면 가곡리 감정평가서요약 - 고부실마을내및남서측 인근 - 주위순수농촌,농경지대 - 차량접근가능,제반교통 사정보통 - 마을내및마을주변지대 - 부정형다각형평지 - 마을안길세로접함 - 관리지역,토지거래계약 허가구역 2006.11.01 세진감정 표준지가 : 9,600 감정지가 : 14,000	물건번호: 2번 (총물건수 2건) 대지 285.0/1425 (86.21평) ₩3,990,000 현:일부마을안길통행로 (토지 30/150 유병기 지분 지분) 입찰외제시외 • 주택23,다용도실3.6, 창고및보일러실2.8, 주택7.2(감정: 16,38 8,200)소재및타인소유조경 시설및관상수목식재 • 법정지상권성립여지있음	감정가 **3,990,000** • 토지 3,990,000 (100%) (평당 46,282) 최저가 **3,990,000** (100%) 경매진행과정 ① **3,990,000** 2007-05-07 매각 매수인 양OO 응찰수 1명 매각가 4,122,000 (103.31%) 2008-01-24 종결	법원임차조사 *소유자점유	소유권 이OOOO 2006.06.08 전소유자:유 상 강 제 백 철 2006.10.20 ***청구액:64,000,000원** 열람일자 : 2007.04.23 *가곡리 499 등기

논산3계 2012타경7171[2] 대지

사건내용

소 재 지	충남 부여군 은산면 가곡리				
경 매 구 분	강제경매	채 권 자	농OOO		
용 도	대지	채무/소유자	이OO / 이OOOO	매 각 기 일	13.06.24 (7,680,000원)
감 정 가	**8,664,000** (12.12.10)	청 구 액	29,475,581	종 국 결 과	14.02.21 배당종결
최 저 가	**6,931,000** (80%)	토 지 면 적	전체 1425 ㎡ 중 지분 361 ㎡ (109.2평)	경매개시일	12.11.23
입찰보증금	693,100 (10%)	건 물 면 적	0㎡ (0.0평)	배당종기일	13.02.18
주 의 사 항	• 지분매각 • 법정지상권 • 입찰외 • 토지만입찰				

조 회 수	• 금일조회 **1** (0) • 금회차공고후조회 **200** (22) • 누적조회 **347** (29) • 7일내 3일이상 열람자 **5** • 14일내 6일이상 열람자 **1**	()는 5분이상 열람 (기준일-2013.06.24/전국연회원전용)

소재지/감정요약	물건번호/면적(m²)	감정가/최저가/과정	임차조사	등기권리
충남 부여군 은산면 가곡리 감정평가서요약 - 고부실마을내및남서측 인근위치 - 부근농가주택형성된순수농촌지대및농촌마을 농경지대 - 부정형토지 - 세로접함 - 계획관리지역 - 가축사육제한구역 (일부제한150m이하지역제한축종) 2012.12.10 대한감정 표준지가 : 13,000 감정지가 : 24,000	물건번호: 2번 (총물건수 2건) 대지 361.0/1425 (109.20평) ₩8,664,000 주거용건부지 (토지 38/150 이정순 지분) 입찰외제시외타인소유 주택외소재 법정지상권성립여부불분명	감정가 **8,664,000** • 토지 8,664,000 (100%) (평당 79,341) 최저가 **6,931,000** (80%) 경매진행과정 ① **8,664,000** 2013-05-20 유찰 ② 20% ↓ **6,931,000** 2013-06-24 매각 매수인 최OO 응찰수 1명 매각가 7,680,000 (88.64%) 허가 2013-07-01 납기 2013-08-07 납부	법원임차조사 *소유자점유	가압류 농협중앙 2007.05.28 **19,360,000** 강 제 농협중앙 충남지역보증센터 2012.11.23 ***청구액:29,475,581원** **채권총액 19,360,000원** 열람일자 : 2013.05.02

논산3계 2015타경20861 대지

사건내용

과거사건	논산1계 2006-4614 , 논산3계 2012-7171				
소재지	충남 부여군 은산면 (33108)충남 부여군 은산면 매화로				
경매구분	형식적경매(공유물분할)	채권자	양OO		
용도	대지	채무/소유자	無 / 유OOOO	매각기일	16.08.29 (58,508,000원)
감정가	38,332,500 (15.10.15)	청구액	1	종국결과	16.10.28 배당종결
최저가	25,080,000 (65%)	토지면적	1,425.0㎡ (431.1평)	경매개시일	15.10.05
입찰보증금	2,508,000 (10%)	건물면적	0㎡ (0.0평)	배당종기일	16.01.04
주의사항	· 재매각물건 · 법정지상권 · 입찰외 · 토지만입찰				
조회수	· 금일조회 1 (0) · 금회차공고후조회 160 (41) · 누적조회 434 (98) · 7일내 3일이상 열람자 13 · 14일내 6일이상 열람자 5				()는 5분이상 열람 (기준일-2016.08.29/전국연회원전용)

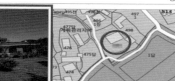

소재지/감정요약	물건번호/면적(m²)	감정가/최저가/과정	임차조사	등기권리
(33108) 충남 부여군 은산면 가곡리 [매화로] 감정평가서요약 - 마을회관남서측인근 - 주위단독주택,농경지,임야등소재한순수농촌지대 - 차량출입가능 - 인근면소재지까지자가차량약10분정도소요거리 - 부정형토지 - 남측및서측약3-4m정도도로접함 - 계획관리지역 - 가축사육제한구역(일부제한150m이하지역제한축종) 2015.10.15 삼지감정 표준지가 : 17,000 개별지가 : 15,300 감정지가 : 31,000	물건번호: 단독물건 대지 1,425.0 (431.06평) 현:일부도로 입찰외제시외 • 주택 118.4 (35.82평) ₩82,880,000 • 주택 39.4 (11.92평) ₩25,610,000 • 창고 14.4 (4.36평) ₩1,008,000 • 보일러실 17.5 (5.29평) ₩525,000 법정지상권성립여부불분명 입찰외소나무외기타수종식재,조경석(분수대등)소재 *최저가확인바랍니다	감정가 38,332,500 최저가 25,080,000 (65%) 경매진행과정 ① 25,080,000 2016-06-20 매각 매수인 홍OO 응찰수 13명 매각가 75,000,090 (195.66%) 허가 2016-06-27 납기 2016-08-04 (대금미납) ① 25,080,000 2016-08-29 매각 매수인 유OO 응찰수 11명 매각가 58,508,000 (152.63%) 허가 2016-09-05	법원임차조사 *소유자점유.소유자들의 모이 순 씨 소유로 탐문조사되는 제시외건물 주택,창고,주택,창고 소재하며 현재 별도의 임대관계없이 점유 사용중임.본 지상에 소재하는 조 수,조 석 은 큰아들인 유 기 소유라며 소유자의 모로 부터 탐문조사됨	강 제 양 모 2015.10.05 *청구액:1원 열람일자 : 2016.06.02

1. 건물, 이해관계인(노모 거주, 자식들 많음), 입지는 볼 필요도 없음
2. 2006타경4614(2) 양○모씨 285㎡(30/150) 낙찰 4,122,000원
3. 2012타경7171(2) 최○아씨 361㎡(38/150) 낙찰 7,680,000원
   최○아씨 지분 유○철씨에게 매도(2014. 10. 29)
4. 2015타경 20861 양○모씨의 형식적 경매 진행
   - 유○인씨 58,508,000원 낙찰(공유자우선매수 신청(X) - 형식적 경매)
5. 미납사유 : ?
6. 유○인의 낙찰금액은 어차피 가족인 지분권자들에게 배당이 된다. 다만, 양○모씨만 예외
7. 양○모씨의 승리 - 수익은 시간을 먹고 자란다(양○모 지분배당 금액 약 11,701,600원).

일반건축물대장(갑)

장번호 : 1 - 1

고유번호	4476032036-1-04990000	민원24접수번호	20160609 - 23716872	명칭	특이사항
대지위치	충청남도 부여군 은산면 가곡리	지번		도로명주소	충청남도 부여군 은산면
※대지면적 ㎡	연면적 100.5 ㎡	※지역		※지구	※구역
건축면적 100.5 ㎡	용적률산정용연면적 100.5 ㎡	주구조 목조		주용도 주택	층수 지하 층/지상 1층
※건폐율 %	※용적률 %	높이 m		지붕 시멘기와	부속건축물 1동 17.2㎡
조경면적 ㎡	공개 공지 또는 공개 공간의 면적 ㎡	건축선 후퇴면적 ㎡		건축선 후퇴거리 m	
지하수위 G.L ㎡	기초형식	설계지내력(지내력기초인경우) t/㎡		구조설계 해석법	

건축물현황

구분	층별	구조	용도	면적(㎡)
주1	1층	목조	주택	57.5
주1	1층	목조	주택	25.8
부1	1층	벽돌/스레이트	창고	17.2
		- 이하여백 -		

소유자현황

성명(명칭) 주민(법인)등록번호 (부동산등기용등록번호)	주소	소유권 지분	변동일 / 변동원인
유흥상	가곡리	/	1923
	- 이하여백 - ※ 이 건축물대장은 현소유자만 표시한 것입니다.		

이 등(초)본은 건축물대장의 원본 내용과 틀림없음을 증명합니다.

발급일자 : 2016년 06월 09일

담당자 : 민원봉사과
전 화 : 041 - 830 - 2118

충청남도 부여군수

장번호 : 2 - 1

고유번호	4476032036-1-04990000	민원24접수번호	20160609 - 23716872

구분	성명 또는 명칭	면허(등록)번호	※주차장	승강기	허가일
건축주	유흥상		구분 / 옥내 / 옥외 / 인근 / 면제	승용 대 / 비상용 대	착공일
설계자				※오수정화시설	사용승인일 1923
공사감리자			자주식 대 ㎡ / 대 ㎡ / 대 ㎡	형식	관련주소
공사시공자 (현장관리인)			기계식 대 ㎡ / 대 ㎡ / 대 ㎡ / 대	용량 인용	지번

등기사항전부증명서(말소사항 포함) - 토지

[토지] 충청남도 부여군 은산면 가곡리 ■ 　　　　고유번호 1643-1996-266418

【 표 제 부 】 (토지의 표시)

표시번호	접 수	소 재 지 번	지 목	면 적	등기원인 및 기타사항
1 (전 1)	1981년8월27일	충청남도 부여군 은산면 가곡리 ■	대	1425㎡	부동산등기법 제177조의 6 제1항의 규정에 의하여 2001년 10월 13일 전산이기

【 갑 구 】 (소유권에 관한 사항)

순위번호	등 기 목 적	접 수	등 기 원 인	권 리 자 및 기 타 사 항
1 (전 1)	소유권이전	1981년8월27일 제18811호	1967년1월8일 매매	소유자 유■상 부여군 은산면 가곡리 ■ 법률제 3094호에 의하여 등기
				부동산등기법 제177조의 6 제1항의 규정에 의하여 2001년 10월 13일 전산이기
2	소유권이전	2006년6월8일 제9125호	1990년5월15일 재산상속	공유자 지분 150분의 38 이■순 311205-******* ~~충청남도 부여군 은산면 가곡리 ■~~ 지분 150분의 30 유■기 540617-******* 서울 강서구 등촌동 ■ 지분 150분의 5 유■희 491101-******* ~~서울 강서구 방화동 ■~~ 지분 150분의 5 유■숙 551008-******* 충청남도 논산시 내동 ■ 지분 150분의 20 유■연 580809-******* 전라북도 완주군 상관면 신리 ■ 지분 150분의 20 유■철 670515-******* 충청남도 부여군 부여읍 동남리 ■ 지분 150분의 20 유■호 680315-******* 충청남도 부여군 부여읍 동남리 ■ 공동상속인 중 유■희는 1991년 7월 29일 사망하였으므로 상속 지분 150분의 12 김■란 641012-******* 서울 영등포구 양평동5가 ■ 대위자 백■철 서울 송파구 문정동 ■ 대위원인 대전지방법원홍성지원 97머18 조정조서에 기한 채권회수
2-1	2번등기명의인표시변경		2011년10월31일	이■순의 주소 충청남도 부여군 은산면 ■

열람일시 : 2016년06월02일 14시51분30초 　　2/5

[토지] 충청남도 부여군 은산면 가곡리 ■ 　　　　고유번호 1643-1996-266418

순위번호	등 기 목 적	접 수	등 기 원 인	권 리 자 및 기 타 사 항
			도로명주소	2013년9월3일 부기
2-2	2번등기명의인표시변경		2011년10월31일 도로명주소	유■희의 주소 서울특별시 강서구 ■ 2013년9월3일 부기
~~3~~	~~2번유■가지분강제경매개시결정~~	~~2006년10월20일 제15792호~~	~~2006년10월19일 대전지방법원논산지원의 강제경매개시결정(2006타경4614)~~	~~채권자 백■철 서울 송파구 문정동 ■~~
~~4~~	~~2번이■순지분가압류~~	~~2007년5월28일 제7817호~~	~~2007년5월28일 대전지방법원논산지원부여군법원의 가압류 결정(2007카단105)~~	~~청구금액 금19,360,000원 채권자 농업협동조합중앙회업무수탁기관규암농업협동조합 서울 중구 충정로1가 75~~
5	2번유■기지분전부이전	2007년6월13일 제8629호	2007년6월7일 강제경매로 인한 매각	공유자 지분 150분의 30 양■모 740420-******* 대전 대덕구 송촌동 ■
6	3번강제경매개시결정등기말소	2007년6월13일 제8629호	2007년6월7일 강제경매로 인한 매각	
~~7~~	~~2번유■호지분압류~~	~~2007년9월17일 제14358호~~	~~2007년9월14일 압류(세무과-16271)~~	~~권리자 부여군~~
~~8~~	~~2번이■순지분강제경매개시결정(4번가압류의 본압류로의 이행)~~	~~2012년11월23일 제16314호~~	~~2012년11월23일 대전지방법원 논산지원의 강제경매개시결정(2012타경7171)~~	~~채권자 농업협동조합중앙회 110136-0027690 서울특별시 중구 충정로1가 75 (충남지역보증센터)~~
9	2번이■순지분전부이전	2013년10월4일 제15106호	2013년7월24일 강제경매로 인한 매각	공유자 지분 150분의 38 최■아 740131-******* 경기도 광주시 경충대로■
10	4번가압류, 8번강제경매개시결정 등기말소	2013년10월4일 제15106호	2013년7월24일 강제경매로 인한 매각	
11	9번최■아지분전부이전	2014년10월29일 제14260호	2014년10월29일 매매	공유자 지분 150분의 38 유■철 670515-******* 충청남도 부여군 부여읍 계백로 ■ 거래가액 금8,000,000원
12	7번압류등기말소	2015년4월7일 제4504호	2015년4월7일 해제	
~~13~~	~~2번유■희지분,유■숙지분,유■연지분,유■철지분,유■호지분,김■란지분,11번유■철지분 가처분~~	~~2015년4월22일 제5327호~~	~~2015년4월22일 대전지방법원 논산지원의 가처분결정(2015카단500 46)~~	~~피보전권리 장래 공유물분할 소송의 승소판결이 확정됨으로써 취득할 특정부분에 대한 소유권 채권자 양■모 740420-******* 대전광역시 서구 복수동로 ■ 금지사항 매매, 증여, 전세권, 저당권, 임차권의 설정 기타일체의 처분행위 금지~~
14	강제경매개시결정	2015년10월5일 제13481호	2015년10월5일 대전지방법원	채권자 양■모 740420-******* 대전 서구 복수동로 ■

열람일시 : 2016년06월02일 14시51분30초 　　4/5

원주3계 2018타경502698 대지

사건내용

과거사건	원주3계 2012-7863 , 원주 2012-11626 , 원주2계 2016-5933				
소 재 지	강원 원주시 관설동 (26468)강원 원주시 섭재길				
경매구분	형식적경매(공유물분할)	채 권 자	김OO		
용 도	대지	채무/소유자	無 / 김OOOOO	매각기일	19.07.15 (150,234,999원)
감 정 가	233,280,000 (18.11.13)	청 구 액	0	종국결과	19.09.19 배당종결
최 저 가	114,307,000 (49%)	토지면적	972.0㎡ (294.0평)	경매개시일	18.08.30
입찰보증금	11,430,700 (10%)	건물면적	0㎡ (0.0평)	배당종기일	18.12.10
주의사항	• 법정지상권 • 입찰외 • 토지만입찰				
조 회 수	• 금일조회 1 (0) • 금회차공고후조회 25 (15) • 누적조회 421 (65) • 7일내 3일이상 열람자 5 • 14일내 6일이상 열람자 4				()는 5분이상 열람 (기준일-2019.07.15/전국연회원전용)

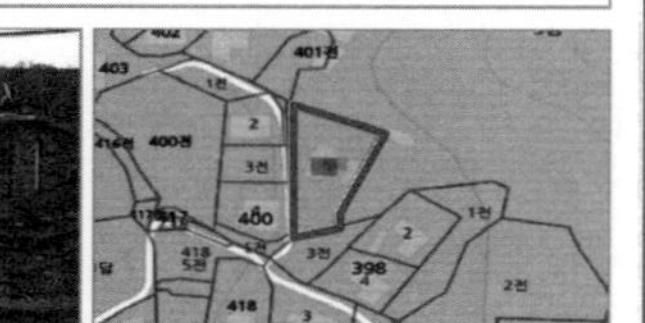

소재지/감정요약	물건번호/면적(m²)	감정가/최저가/과정	임차조사	등기권리
(26468) 강원 원주시 관설동 [섭재길 감정평가서요약 - 섭재마을내위치 - 주위농가주택,농경지및자연림등형성 - 차량접근가능 - 교통사정보통 - 사다리형토지 - 서측및남측본건일부포함한노폭3m내외도로각각접함 - 계획관리지역 - 가축사육제한구역(2013.11.18)(절대제한지역) 2018.11.13 대일감정 표준지가 : 210,000 개별지가 : 204,000 감정지가 : 343,000	물건번호: 단독물건 대지 972.0 (294.03평) ₩233,280,000 현:일부도로 입찰외제시외건물2동소재 법정지상권성립여지있음 *제시외감안가격임	감정가 233,280,000 • 토지 233,280,000 (100%) (평당 793,388) 최저가 114,307,000 (49%) 경매진행과정 ① 233,280,000 2019-04-29 유찰 ② 30% ↓ 163,296,000 2019-06-03 유찰 ③ 30% ↓ 114,307,000 2019-07-15 매각 매수인 김OO 응찰수 4명 매각가 150,234,999 (64.40%) 허가 2019-07-22 납기 2019-08-29 납부 2019-08-27	법원임차조사 이OO 토지점유/토지일부 점유기간 미상 김OO 토지점유/토지일부 점유기간 미상 *기타점유. 건부지 부분에 제시 외 건물 2동(ㄱ,ㄴ) 소재함. ㄱ(세주소: 섭재길 98-26). 신청 외 이근실의 소유로 조사 되었음(이근실 진술 등). ㄴ(세주소: 섭재길 98-2 2). 신청 외 김명열의 소유로 조사 되었음(본인 진술). ㄴ은 인접 필지와 양 지상에 걸쳐 소재하는 것으로 보이며, 정확한 확인은 측량이 필요할 정도임. ㄱ,ㄴ의 소유자로 조사된 이근실, 김명열을 토지 점유자로 입력하였음. ㄱ,ㄴ은 독립생활이 가능한 별동의 건물 형태이며, 건축물대장은 없음	압 류 원주시 2016.06.13 황인혁지분압류 강 제 정교일 2018.03.15 2018타경1164 임 의 김기훈 2018.08.30 *청구액:0원 열람일자 : 2019.04.14

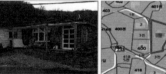

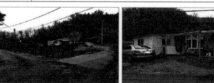

1. 입지, 건물, 이해관계인(지분권자 다수이나 지상의 건물이 타인 소유)
2. 2012타경11626 지분 경매 - 정○교씨의 공유자우선매수
3. 2016타경5933(2) 지분 경매 - 김○훈씨 낙찰(96/1248) 7,368,000원
   전체 토지로 환산 ⇒ 95,784,000원
4. 2018타경502698 김○훈씨의 공유물 분할 청구소송 후 전체 경매
   - 김○자씨 낙찰 150,234,999원
5. 나지상정가격 333,000,000원이며, 50% 이하에서 낙찰
6. 지분 낙찰 후 전체 매각을 고려해서 입찰가를 결정해야 한다.

2. 판단

가. 기초사실에 의하면, 원고는 민법 제269조 제1항에 따라 피고들에 대하여 이 사건 부동산의 분할을 청구할 수 있다.

나. 갑 제1, 2호증의 각 기재 및 변론 전체의 취지에 의하면 다음 사실 및 사정을 인정할 수 있고, 이를 종합하면 이 사건 부동산은 현물로 분할하는 것이 곤란하므로 이를 대금분할의 방법으로 분할하는 것이 타당하다.

1) 피고 O의 이 사건 부동산에 관한 지분에 대하여 압류가 설정되어 있다.

2) 이 사건 부동산은 면적이 972㎡에 불과하여 이를 원고와 피고들의 지분비율에 따라 현물로 분할할 경우 공유자들이 소유할 부분이 너무 작아서 지상에 건축 등을 하여 이를 활용하는 것이 어렵다. 이로 인하여 현물로 분할된 부분의 가액이 현저히 감손될 염려가 있다.

3) 원고는 대금분할을 원하고 있고, 피고들은 그에 관하여 별다른 이의를 제기하지 아니하고 있다.

3. 결론

그렇다면 이 사건 부동산을 경매에 부쳐 그 대금에서 경매비용을 공제한 나머지 금액을 원고와 피고들에게 그 소유지분 비율에 따라 분배하기로 하여 주문과 같이 판결한다.

원주3계 2012타경7863[1] 대지

사건내용

병합/중복	2012-11626(중복-BK에셋대부)				
소재지	강원 원주시 관설동				
경매구분	강제경매	채권자	케OOOO		
용도	대지	채무/소유자	정OO / 정OOOOO	매각기일	13.05.27 (1,720,000원)
감정가	**5,507,320** (12.09.27)	청구액	10,613,168	종국결과	13.08.05 배당종결
최저가	**1,322,000** (24%)	토지면적	전체 972 m² 중 지분 24.9 m² (7.5평)	경매개시일	12.08.22
입찰보증금	132,200 (10%)	건물면적	0m² (0.0평)	배당종기일	12.11.26
주의사항	• 지분매각 • 법정지상권 • 입찰외 • 토지만입찰				
조회수	• 금일조회 **1** (0) • 금회차공고후조회 **56** (1) • 누적조회 **166** (4) • 7일내 3일이상 열람자 **3** • 14일내 6일이상 열람자 **0**		()는 5분이상 열람 (기준일-2013.05.27/전국연회원전용)		

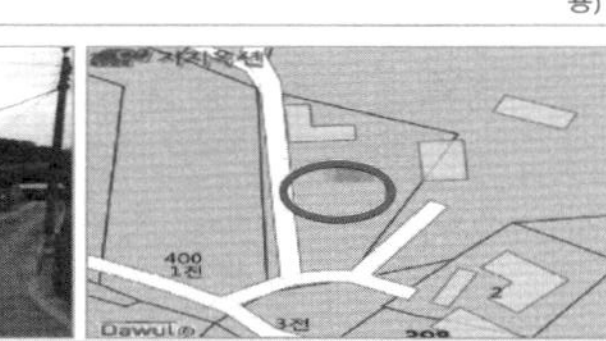

소재지/감정요약	물건번호/면적(m²)	감정가/최저가/과정	임차조사	등기권리
강원 원주시 관설동 감정평가서요약 - 하신성마을내및단구동우체국남동측인근 - 주위소규모농경지,농가주택형성한근교농촌지대 - 제반차량접근용이,제반교통사정보통 - 부정형평지 - 서측,남동측으로3m도로접함 - 계획관리지역 2012.09.27 하나감정 표준지가 : 140,000 감정지가 : 221,000	물건번호: 1번 (총물건수 2건) 대지 24.9/972 (7.54평) ₩5,507,320 현:일부도로 (토지 416/16224 정의동 지분) 입찰외제시외주택소재(강금자소유-정상교에게도지로연쌀1가마지급),김규홍소유주택소재(신필호에게도지로연20만원지급) 법정지상권성립여지있음	감정가 **5,507,320** • 토지 5,507,320 (100%) (평당 730,414) 최저가 **1,322,000** (24%) 경매진행과정 ① **5,507,320** 2013-01-21 유찰 ② 30% ↓ **3,855,000** 2013-02-25 유찰 ③ 30% ↓ **2,699,000** 2013-03-25 유찰 ④ 30% ↓ **1,889,000** 2013-04-29 유찰 ⑤ 30% ↓ **1,322,000** 2013-05-27 매각 매수인 정OO(공유자) 응찰수 3명 매각가 1,720,000	법원임차조사 강OO 점유기간 약17년전- 차임:연쌀1가마 김OO 점유기간 약10년전- 차임:연20만 *신청외 강금자의 소유이며, 동인이 거주함.현장에서 강금자에게 조사한바 약 17년전 건물을 구입하였으며(현재 건물은 노후로 재 건축한 것이라고 함), 도지로 연 쌀1가마를 정상교에게 지급한다고 하였음.김규홍의 소유이며, 동인들의 가족이 거주함.김규홍의 처에게 전화 조사한바 약 10년전 건물을 구입하였으며, 신청외 신필호에게 도지로 연 20만원을 지급한다고 하였음.신청외 인접 필지와 양지상에 걸쳐 소재하는 것으로 보이며, 김규홍의 처는 이건 토지에 안들어간 것으로 알고 있다고 한바 정확한 확인은 측량 등의 조치가 필요함.건물의 소유자로 조사된 강금자, 김규홍을 일단 임차인으로 입력하였음 *강금자:신청외 정상교	소유권 정OOOOO 2009.10.23 강 제 케이알앤씨 2012.08.22 ***청구액:10,613,168원** 열람일자 : 2012.09.24

원주2계 2016타경5933[2] 대지

사건내용

과거사건	원주3계 2012-7863 , 원주 2012-11626				
소재지	강원 원주시 관설동 (26468)강원 원주시 섭재길				
경매구분	강제경매	채권자	희OOOOOOOO		
용도	대지	채무/소유자	정OOOO / 정OOOOO	매각기일	17.10.16 (7,368,000원)
감정가	**13,458,462** (17.01.12)	청구액	113,657,969	종국결과	17.12.21 배당종결
최저가	**6,595,000** (49%)	토지면적	전체 972 m² 중 지분 74.8 m² (22.6평)	경매개시일	16.12.29
입찰보증금	659,500 (10%)	건물면적	0m² (0.0평)	배당종기일	17.03.30
주의사항	• 지분매각 • 법정지상권 • 입찰외 • 토지만입찰				
조회수	• 금일조회 **1** (0) • 금회차공고후조회 **72** (19) • 누적조회 **510** (45) • 7일내 3일이상 열람자 **10** • 14일내 6일이상 열람자 **4**		()는 5분이상 열람 (기준일-2017.10.16/전국연회원전용)		

소재지/감정요약	물건번호/면적(m²)	감정가/최저가/과정	임차조사	등기권리
(26468) 강원 원주시 관설동 [섭재길] 감정평가서요약 - 하신성마을내위치 - 주위일부전원주택이들어서고있는원주시변두리의농촌농경지대 - 도보약20분거리에대중교통수단있음 - 소형차량접근가능 - 사다리형등고평탄지 - 약3m의아스콘포장도로와콘크리트포장도로가 양접하고있음 - 계획관리지역 - 가축사육제한구역(절대제한지역) 2017.01.12 치악감정 표준지가 : 165,000 개별지가 : 137,900 감정지가 : 258,000	물건번호: 2번 (총물건수 2건) 대지 74.8/972 (22.62평) ₩13,458,462 (토지 32/1248 정수강 32/1248 정수방 32/1248 정수회 지분) 입찰외제시외주택,부속건물소재 법정지상권성립여지있음 *제시외감안가격임	감정가 **13,458,462** • 토지 13,458,462 (100%) (평당 594,981) 최저가 **6,595,000** (49%) 경매진행과정 ① **13,458,462** 2017-07-24 유찰 ② 30% ↓ **9,421,000** 2017-08-28 유찰 ③ 30% ↓ **6,595,000** 2017-10-16 매각 매수인 김OO 응찰수 4명 매각가 7,368,000 (54.75%) 차순위신고 손OO 7,339,999 허가 2017-10-23	법원임차조사 강OO 전입 1999.05.13 전입세대열람내역등재자/미상 점유기간 미상 김OO 전입 2014.10.08 주거/일부 점유기간 미상 차임:연20만 김OO 전입 2015.07.22 주거/일부 점유기간 미상 *제 3 자점유. 김명열,김규홍이 점유하고 있음. 김규홍소유의 제시외주택이 소재함. 임차인 김명열은 제시외주택 매수계약자로 현거주자임. 임차인 김규홍은 제시외주택 소유자겸 현거주자임. 임차인 강금자는 제시외주택 전소유자로 현거주자가 아님	압 류 국민건강보험공단 원주횡성지사 2011.03.31 가압류 신용회복기금 2012.11.14 **7,454,144** 2012 카단 2075 춘천 원주 압 류 국민건강보험공단 원주횡성지사 2014.08.25 강 제 희망모아유동화전문 희망모아관리팀 2016.12.29 ***청구액:113,657,969원** **채권총액 7,454,144원** 열람일자 : 2017.07.07

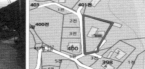

현황사진

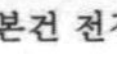

본건 전경

본건 지상 위 소재 제시 외 건물

부산6계 2016타경104837 대지

사건내용

공매진행	2013-18476-001
과거사건	부산 2007-46458

소재지	부산 서구 충무동 (49253)부산 서구 천마로				
경매구분	강제경매	채권자	한OOOOOOO		
용도	대지	채무/소유자	김OO / 김OOOO	매각기일	17.09.28 (66,150,000원)
감정가	**65,957,920** (16.10.10)	청구액	82,359,275	종국결과	17.11.29 배당종결
최저가	**65,957,920** (100%)	토지면적	전체 104.1 m² 중 지분 50.1 m² (15.2평)	경매개시일	16.09.30
입찰보증금	6,595,792 (10%)	건물면적	0m² (0.0평)	배당종기일	16.12.14
주의사항	· 지분매각 · 법정지상권 · 입찰외 · 토지만입찰				

조회수	• 금일조회 **1** (0) • 금회차공고후조회 **63** (6) • 누적조회 **122** (7) • 7일내 3일이상 열람자 **0** • 14일내 6일이상 열람자 **1** ()는 5분이상 열람 (기준일-2017.09.28/전국연회원전용)

소재지/감정요약	물건번호/면적(m²)	감정가/최저가/과정	임차조사	등기권리
(49253) 부산 서구 충무동 [천마로] 감정평가서요약 - 부산충무교회남동측인근 - 주위도로변따라근린시설및단독주택등형성된노선상가지대 - 차량접근가능 - 버스(정)인근소재 - 대중교통사정보통 - 세장형토지,서측인접도로와등고평탄 - 서측약12m도로접함 - 중로3류(12-15m)접함 - 일반상업지역 (2012.06.06) - 방화지구 (2012.06.06)(중앙방화지구) - 가로구역별최고높이제한구역	물건번호: 단독물건 대지 50.1/104.1 (15.16평) ₩65,957,920 (토지 13/27 김도연 지분) 입찰외 • 주택 42.3 (12.78평) 멸실추정 입찰외제시외 • 1층주택,점포 49.7 (15.03평) ₩13,685,760 • 2층주택,점포 45.4 (13.72평) • 화장실 0.7 (0.20평) ₩40,200 • 다용도실 3.0 (0.90평) ₩149,500 • 2층다용도실 4.3 (1.31평) ₩86,600 • 옥탑주택 10.8	감정가 **65,957,920** • 토지 65,957,920 (100%) (평당 4,350,786) 최저가 **65,957,920** (100%) 경매진행과정 ① **65,957,920** 2017-09-28 매각 매수인 김OO 응찰수 1명 매각가 66,150,000 (100.29%) 허가 2017-10-11 납기 2017-11-08 납부 2017-11-07 2017-11-29 종결	법원임차조사 김OO 전입 1991.06.07 배당 2016.12.13 (보) 20,000,000 (월) 100,000 주거/2층일부(2층길가쪽방) 점유기간 2011.03.01 김OO 전입 2011.03.10 배당 2016.12.13 (보) 5,000,000 (월) 100,000 주거/1층방1(오른쪽세번째) 점유기간 2011.03.10- 현황서상점유부분:1층뒷편우측편방 정OO 전입 2013.09.07 주거/2층뒷편우측방	근저당 김수연 2002.02.20 **50,000,000** 가압류 기술신용보증기금 사상 2004.09.17 **24,000,000** 2004 카단 38611 부산 압 류 서부산세무서 2004.09.20 강 제 한국자산관리공사 2016.09.30 ***청구액:82,359,275원** **채권총액 74,000,000원** 열람일자 : 2017.09.13

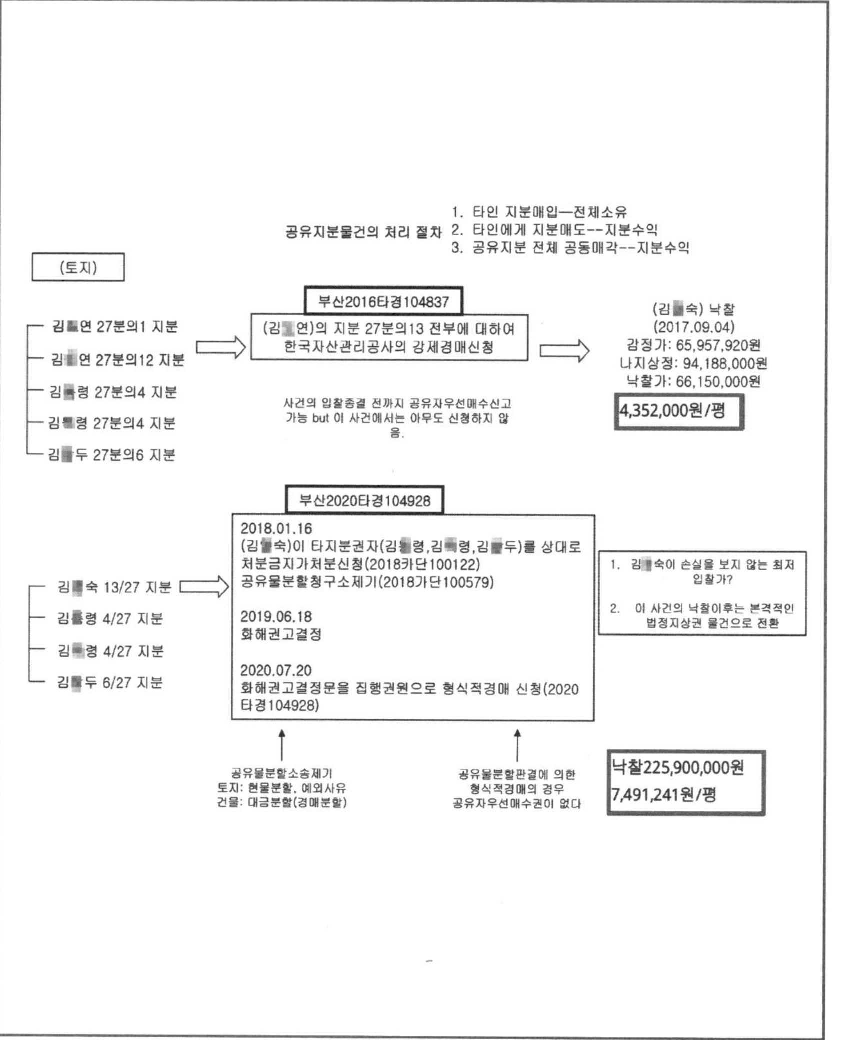

서부산3계 2020타경104928 대지

사건내용

공매진행	2013-18476-001
과거사건	서부산 2007-46458 , 서부산 2016-104837

소재지	부산 서구 충무동 (49253)부산 서구 천마로				
경매구분	형식적경매(공유물분할)	채권자	김■숙		
용도	대지	채무/소유자	김■두외2 / 김■두외3	매각기일	21.07.27(화)10:00 [12일전]
감정가	241,199,700 (20.08.05)	청구액	0	다음예정	21.08.31 (154,368,000)
최저가	192,960,000 (80%)	토지면적	104.1㎡ (31.5평)	경매개시일	20.07.20
입찰보증금	19,296,000 (10%)	건물면적	0㎡ (0.0평)	배당종기일	20.10.15
주의사항	· 법정지상권 · 선순위가처분 · 입찰외 · 토지만입찰				

조회수	• 금일조회 5 (0) • 금회차공고후조회 150 (20) • 누적조회 167 (20) • 7일내 3일이상 열람자 2 • 14일내 6일이상 열람자 2	()는 5분이상 열람 (기준일-2021.07.15/전국연회원전용)

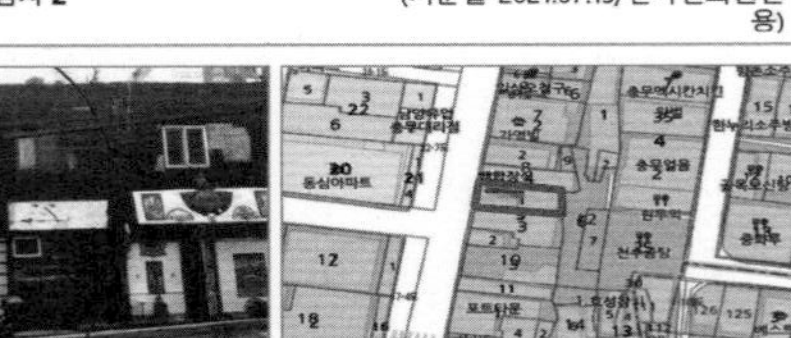

소재지/감정요약	물건번호/면적(m²)	감정가/최저가/과정	임차조사	등기권리
(49253) 부산 서구 충무동 [천마로] 감정평가서요약 - 충무교차로남서측인근, 충무시장서측인근,흥등가동측인근 - 주위간선도로변노선상가지대로서주로상업용,주상용건물로이루어져있음 - 차량접근가능 - 버스(정)가까이있고지하철역인근소재 - 대중교통사정보통 - 세장형평탄지 - 북서측12m도로(간선도로)접함 - 중로3류(12-15m)(2012.06.06)접함 - 일반상업지역(2012.06.06) - 방화지구(2012.06.06) - 가로구역별최고높이제한지역	물건번호: 단독물건 대지 104.1 (31.49평) ₩241,199,700 입찰외제시외건축물대장과상이한(조적조)2-3층높이건물소재(건축물대장상건물로화재로소실되현재20년정도의건물이지어진것으로탐문조사되고제시외건물의소유자가본건토지와상이한것으로탐문조사됨,건축물대장및등기사항증명서상건물은화재로소실된건물의공부로보임.재확인요망) 법정지상권성립여부불분명 *제시외감안가격임	감정가 241,199,700 • 토지 241,199,700 (100%) (평당 7,659,565) 최저가 192,960,000 (80%) 경매진행과정 ① 241,199,700 2021-06-22 유찰 ② 20% ↓ 192,960,000 2021-07-27 진행 ③ 20% ↓ 154,368,000 2021-08-31 예정 ④ 20% ↓ 123,494,000 2021-10-05 예정	법원임차조사 김■연 전입 1968.10.20 주거/별지도면 (ㄱ)부분 김■주 전입 2007.04.25 배당 2020.10.12 (보) 20,000,000 (월) 100,000 주거/2층왼쪽방2칸 점유기간 2011.03.01-현재 현황조사전입:1991.06.07 김■연 전입 2011.03.10 주거/별지도면 (ㄴ)부분 정■화 전입 2013.09.17 배당 2020.10.14 (보) 2,500,000 (월) 50,000 주거/2층오른쪽방 점유기간	가처분 김■숙 2018.03.06 2018 카단 100122 부산 서부 GO 강제 김■숙 2020.07.20 *청구액:0원 열람일자 : 2021.06.05

낙찰: 225,900,000원
나지상정: 65%
(7,491,241원/평)

https://www.ggi.co.kr/kyungmae/mulgun_deta 1/2

1. 입지, 건물, 이해관계인(?)

- 1966년 형제들이 상속받은 후 김○연씨(1939년생)가 거주하며, 형제들은 고령의 노인이 되었거나 사망했을 것이다. 즉 이 사건의 지분에 대한 공유자우선매수나 지분을 재매수하는 것은 다소 현실적이지 않다. 오로지 김○연씨 측만 분석해야 한다.

2. 너무 적은 채무액

- 낙찰 후 매도는 시간이 걸릴 듯하다.
  즉, 단기 매도를 목표하기보다는 공유물 분할도 감안

주요 등기사항 요약 (참고용)

[주 의 사 항]
본 주요 등기사항 요약은 증명서상에 말소되지 않은 사항을 간략히 요약한 것으로 증명서로서의 기능을 제공하지 않습니다. 실제 권리사항 파악을 위해서는 발급된 증명서를 필히 확인하시기 바랍니다.

[토지] 부산광역시 서구 충무동 대 104.1㎡ 고유번호 1801-1996-133275

1. 소유지분현황 (갑구)

등기명의인	(주민)등록번호	최종지분	주소	순위번호
김■연 (공유자)		27분의 1	부산 서구 충무동	1
김■연 (공유자)	390810-*******	27분의 12	부산 서구 충무동	2, 3
김■령 (공유자)		27분의 4	부산 동래구 구서동	1
김■령 (공유자)		27분의 4	부산 서구 서대신동	1
김■두 (공유자)		27분의 6	부산광역시 사상구	1

2. 소유지분을 제외한 소유권에 관한 사항 (갑구)

순위번호	등기목적	접수정보	주요등기사항	대상소유자
4	가압류	2004년9월17일 제35620호	청구금액 금24,000,000원 채권자 기술신용보증기금	김■연 등
5	압류	2004년9월20일 제35904호	권리자 국	김■연 등
12	강제경매개시결정	2016년9월30일 제29612호	채권자 한국자산관리공사	김■연 등

3. (근)저당권 및 전세권 등 (을구)

순위번호	등기목적	접수정보	주요등기사항	대상소유자
1	근저당권설정	2002년2월20일 제7747호	채권최고액 금50,000,000원 근저당권자 김수■	김■연 등

1/2 출력일시 : 2017년09월13일 11시14분52초

부동산 처분금지 가처분신청서

채권자 이름(주민번호)

주소

채무자 이름(주민번호)

주소

목적물의 표시 : 별지목록기재 부동산

목적물의 가액 : 금 ○ ○ 원

피보전권리의 요지 : 공유물분할을 원인으로 한 소유권이전등기청구권

신청 취지

별지목록기재 부동산 목록1 중

채무자 김■령 지분 27분의 4전부, 채무자 김득령 지분 27분의 4 전부, 채무자 김■두 지분27분의 6전부에 관하여 매매, 증여, 양도, 저당권, 임차권, 전세권의 설정 등 기타 일체의 처분행위를 하여서는 아니된다 라는 결정을 구합니다.

신청 이유

1. 이건의 경위

가. 신청인은 부산시 서구 충무동■■ ■■ 대 104.1㎡ 중 27분의 13지분 전부(이하 '본건토지')를 귀원2016타경 5104837호 부동산 강제경매 사건에서 2017. 10. 11. 매각허가결정을 받고 2017. 11. 7. 매각대금을 완납하여 소유권을 취득하였습니다(소갑제1호증-토지등기부등본).

나. 채권자는 위와 같이 이건 토지의 일부지분을 취득한 후 채무자에게 본인 소유지분의 토지상의 건물에 채무자들이 임의대로 주택을 사용하며 불법점유하고 있어 그 손해에 상응하는 부당이득금을 지급하여 줄 것을 요청하였으나 무응답으로 일관하며 전혀 타협의 여지가 없습니다. 사정이 위와 같은 바, 채무자들과의 협의는 불가능한 것으로 판단되며 채권자는 채무자들에 대한 공유물 분할청구소송을 통하여 이 문제를 해결하고자 합니다.

2. 보전의 필요성

이상과 같이 부당이득금 및 공유물분할에 대한 논의조차 거부하고 있는 채무자들의 태도로 미루어 보아 이건 주택에 관한 자신들의 지분을 타인에게 처분할 우려가 있고 또한 사해행위를 통하여 가등기, 저당권 등을 경료할 우려가 있는 바 이럴 경우 채권자로서는 후일 본안소송에서 공유물 분할 판결을 받게 되더라도그 목적을 달성할 수 없게 되므로 그 집행을 보전하기 위해 본 신청에 이른 것입니다.

3. 이 사건에 대한 담보제공은 보증보험회사와 지급보증위탁계약을 체결한 문서로 제출하고자 하오니 허가하여 주시기 바랍니다

소명방법

1. 소갑 제1호증-토지등기부등본
2. 소갑 제1호증-건물등기부등본
2. 소갑 제4호증-감정평가서 사본

첨부서류

1. 토지대장등본
2. 건축물관리대장
3. 소가산정내역표

2018. 3. 6

채권자 김 **

부산지방법원 서부지원 귀중

별지목록

1. 부산광역시 서구 충무동2가 [illegible] 대 104.1m²

채무자 김[illegible]령 지분 27분의 4 전부, 채무자 김득령 지분 27분의 4 전부

채무자 김[illegible]두 지분 27분의 6 전부

공유지분

토지

채권자 김 [illegible] 숙 27분의 13

채무자 김 [illegible] 령 27분의 4

채무자 김 [illegible] 령 27분의 4

채무자 김 [illegible] 두 27분의 6

09

구분소유적 공유관계

감정평가사가 알려주는 공유지분 투자 비밀 노트

09. 구분소유적 공유관계

09-1. 개념 내부적 : 구분소유 외부적 : 공유

등기부상으로는 부동산 전체에 대해 공유지분의 등기가 되어 있으나, 내부적으로는 각 공유자들이 위치와 면적을 특정해서 그 특정 부분을 각각의 공유자들에게 배타적으로 귀속시키려는(사용·수익할 수 있는) 의사의 합치와 약정으로 독립된 소유권이 인정되는 관계

⇒ 구분소유적 공유관계는 어떤 토지에 관하여 그 위치와 면적을 특정하여 여러 사람이 구분소유하기로 하는 약정이 있어야만 적법하게 성립할 수 있고, 공유자들 사이에 그 공유물을 분할하기로 약정하고, 그때부터 각자의 소유로 분할된 부분을 특정하여 각자 점유·사용하여 온 경우에도 구분소유적 공유관계가 성립할 수 있지만, 공유자들 사이에서 특정 부분을 각각의 공유자들에게 배타적으로 귀속시키려는 의사의 합치가 이루어지지 아니한 경우에는 이러한 관계가 성립할 여지가 없다(대법원 2009. 3. 26. 선고 2008다44313 판결).

⇒ 분할 약정하고 특정 부분 점유사용 또는 특정 부분 배타적 귀속에 관한 의사의 합치가 있어야 한다.

09-2. 구분소유적 공유관계의 약정 효력

※ 구분소유적 공유자가 전체 토지에 대한 제3자의 방해행위의 배제를 구할 수 있는지 여부?

⇒ 1필지의 토지 중 일부를 특정하여 매수하고 다만 그 소유권이전등기는 그 필지 전체에 관하여 공유지분권이전등기를 한 경우에는 그 특정 부분 이외의 부분에 관한 등기는 상호 명의신탁을 하고 있는 것으로서, 그 지분권자는 내부관계에 있어서는 특정 부분에 한하여 소유권을 취득하고 이를 배타적으로 사용, 수익할 수 있고, 다른 구분소유자의 방해행위에 대하여는 소유권에 터잡아 그 배제를 구할 수 있으나, 외부관계에 있어서는 1필지 전체에 관하여 공유관계가 성립되고 공유자로서의 권리만을 주장할 수 있는 것이므로, 제3자의 방해행위가 있는 경우에는 자기의 구분소유 부분뿐 아니라 전체 토지에 대해 공유물의 보존행위로서 그 배제를 구할 수 있다(대법원 1994. 2. 8. 선고 93다42986 판결).

09-3. 구분소유적 공유관계와 법정지상권

1. 법정지상권의 성립 여부

⇒ 구분소유적 공유관계에 있는 토지의 공유자들이 그 토지 위에 각자 독자적으로 별개의 건물을 소유하면서 그 토지 전체에 대해 저당권을 설정하였다가 그 저당권의 실행으로 토지와 건물의 소유자가 달라지게 된 경우, 법정지상권의 성립 여부(적극)(대법원 2004. 6. 11. 선고 2004다13533 판결)

⇒ 공유로 등기된 토지의 소유관계가 구분소유적 공유관계에 있는 경우에는 공유자 중 1인이 소유하고 있는 건물과 그 대지는 다른 공유자와의 내부관계에 있어서는 그 공유자의 단독 소유로 되었다 할 것이므로 건물을 소유하고 있는 공유자가 그 건물 또는 토지 지분에 대해 저당권을 설정하였다가 그 후 저당권의 실행으로 소유자가 달라지게 되면 건물 소유자는 그 건물의 소유를 위한 법정지상권을 취득하게 된다(대법원 1990. 6. 26. 선고 89다카24094 판결).

2. 구분소유적 공유관계에 있는 자가 자신의 특정 소유가 아닌 부분에 건물을 신축한 경우 관습상 법정지상권의 성립 여부(소극)

⇒ 갑과 을이 대지를 각자 특정하여 매수하여 배타적으로 점유하여 왔으나 분필이 되어 있지 아니한 탓으로 그 특정 부분에 상응하는 지분소유권이전등기만을 경료하였다면 그 대지의 소유관계는 처음부터 구분소유적 공유관계에 있다 할 것이고, 또한 구분소유적 공유관계에 있어서는 통상적인 공유관계와는 달리 당사자 내부에 있어서는 각자가 특정 매수한 부분은 각자의 단독 소유로 되었다 할 것이므로, 을은 위 대지 중 그가 매수하지 아니한 부분에 관하여는 갑에게 그 소유권을 주장할 수 없어 위 대지 중 을이 매수하지 아니한 부분 지상에 있는 을 소유의 건물 부분은 당초부터 건물과 토지의 소유자가 서로 다른 경우에 해당되어 그에 관하여는 관습상의 법정지상권이 성립될 여지가 없다(대법원 1994. 1. 28. 선고 93다49871 판결).

09. 구분소유적 공유관계

09-4. 구분소유적 공유관계가 경매에 의해 제3자에게 승계되기 위한 요건

집행법원의 의사	구분소유적 공유관계의 승계
매각 부동산을 특정 부분에 대한 구분소유적 공유관계를 표상하는 지분으로 취급해서, 감정평가와 최저 매각가격을 결정하고 경매를 진행한 경우	○
매각 부동산을 등기부의 기재대로 목적 부동산 전체에 대한 진정한 공유지분으로 취급해서, 감정평가와 최저 경매가격 결정을 하고 경매를 진행한 경우	X

예 : 춘천 2021타경50696 감정평가서와 현황조사서에 표상이 됨.

8. 그 밖의 사항

■ 본건 토지 및 건물은 공유자 "임 나"지분에 대한 평가로서, 현장조사시 공유자(황 자, 임 슬, 임 나)와 함께 통칭 2층 202호의 개별호수를 점유하여 사용하고 있으며, 해당 개별호수 내 위치특정 없이 공유하여 소유하고 있는 것으로 탐문조사된 바, 본건 평가에서는 개별호수의 전체면적을 기준으로 한 평균가격을 적용하였으며, 소유자 지분비율에 의거 면적사정하였으니 경매 진행시 참고하시기 바람.

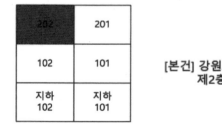

202	201
102	101
지하 102	지하 101

[본건] 강원도 춘천시 후평동 제2층 제202호

소 재 지	강원 춘천시 후평동 (24255)강원 춘천시 춘천로		
경매구분	강제경매	채 권 자	씨OOOO
용 도	주택	채무/소유자	임OO / 임OOOO
감 정 가	27,150,000 (21.04.06)	청 구 액	10,072,486
최 저 가	19,005,000 (70%)	토 지 면 적	전체 288 ㎡ 중 지분 13.7 ㎡ (4.1평)
입찰보증금	1,900,500 (10%)	건 물 면 적	전체 493.84 ㎡ 중 지분 24.1 ㎡ (7.3평)

2. 부동산의 현황

{1번 부동산}

- 대지로 사용중이며, 위지상에 2번 부동산이 소재하고 있음.[사진 1, 2]

{2번 부동산}

- 신청부동산은 2층 다가구 주택으로 사용중이며, 위 건물중 매각지분 채무자겸 소유자 임 나 지분은 건물중 202호로 분리하여 특정하여 사용하고 있음.[사진 3]

* 신청부동산에 대하여 현재 점유사용자중 황 자에게 확인한바, 현재 신청부동산은 3명의 지분 소유로 되어 있으며, 채무자겸 소유자 임 나외 황 자, 임 슬이 현재는 점유사용중이라고 황 자가 전화통화상으로 진술함.

09. 구분소유적 공유관계

※ 구분소유적 공유관계가 낙찰자에게 승계되기 위한 요건

1필지의 토지의 위치와 면적을 특정해 2인 이상이 구분소유하기로 하는 약정을 하고, 그 구분소유자의 공유로 등기하는 구분소유적 공유관계에 있어서 각 구분소유적 공유자가 자신의 권리를 타인에게 처분하는 경우 구분소유의 목적인 특정 부분을 처분하면서 등기부상의 공유지분을 그 특정 부분에 대한 표상으로 이전해야 구분소유적 공유관계가 승계된다.

이는 경매에서도 마찬가지이므로 이러한 **구분소유적 공유관계에 해당하기 위해서는(승계되기 위한 조건)** 집행법원이 공유지분이 아닌 특정 구분소유 목적물에 대한 평가를 하게 하고 그에 따라 최저 매각가격을 정한 후 경매를 실시해야 하며, 그러한 사정이 없는 경우에는 1필지에 관한 공유자의 지분에 대한 경매 목적물은 원칙적으로 1필지 전체에 대한 공유지분이라고 봄이 상당하다.

설사 구분소유적 공유관계에 있던 토지라 하더라도 토지의 특정 부분에 대한 **구분소유적 공유관계를 표상하는 것으로 취급되어 감정평가와 최저 매각가격 결정이 이루어지고 경매가 실시되었다는 점이 증명**되지 않은 이상, 그 토지의 경매절차에서의 매수인은 1필지 전체에 대한 공유지분을 적법하게 취득하고 기존의 상호명의신탁관계는 소멸한다고 보아야 하며, 이는 매수인의 구분소유적 공유관계에 대한 인식유무에 따라 달라지지 않는다(대법원 2008. 2. 15. 선고 2006다68810, 68827 판결).

따라서, 토지 지분을 경매 취득할 경우에는 공유자들 간의 관계가 구분소유적 공유관계에 있는지 여부를 경매 기록이나 현황조사 등을 통해 면밀하게 확인할 필요가 있다.

※ 내부적으로 토지의 위치를 특정하는 구분소유적 공유관계가 성립되어 각 공유자들이 각각의 특정 위치에 건물을 신축해 소유하던 중 특정 지분이 구분소유적 공유로 표상이 되지 않은 상태에서 경매로 진행되었다면, 법정지상권은 불성립하고 구분소유적 공유관계는 소멸하는 것으로 보아야 한다. 다만, 순천 2022타경1654(1)은 애초에 토지와 건물의 소유자가 동일(노○엽씨)하므로 보수적으로 보아 법정지상권이 성립하는 것을 검토해야 할 듯하다(뒷장 참조).

이 경우 토지 낙찰자(210/454)는 노○엽씨를 상대로 주택을 점유하고 있는 면적(244㎡)에 대해 낙찰자의 지분비율에 따른 지료의 청구가 가능할 것이나, 대금 분할을 위한 공유물 분할 청구의 소는 민사소송의 기본 원칙인 처분권주의가 배제되는 것을 고려하면 별도의 검토가 필요할 것이다.

순천7계 2022타경1654[1] 대지

사건내용

소 재 지	전남 광양시 다압면 고사리 (57709)전남 광양시 다압면 항동길				
경매구분	임의경매	채 권 자	정 선		
용 도	대지	채무/소유자	박 리 / 노 엽외1	매각기일	23.01.30(월)10:00 [13일전]
감 정 가	**19,925,022** (22.04.26)	청 구 액	45,000,000	다음예정	23.03.13 (13,948,000)
최 저 가	**19,925,022** (100%)	토지면적	전체 454 ㎡ 중 지분 210 ㎡ (63.5평)	경매개시일	22.04.14
입찰보증금	1,992,502 (10%)	건물면적	0㎡ (0.0평)	배당종기일	22.07.12
주의사항	· 지분매각 · 입찰외				
조 회 수	• 금일조회 **1** (0) • 금회차공고후조회 **12** (2) • 누적조회 **26** (2) • 7일내 3일이상 열람자 **1** • 14일내 6일이상 열람자 **1**				()는 5분이상 열람 (기준일-2023.01.17/전국연회원전용)

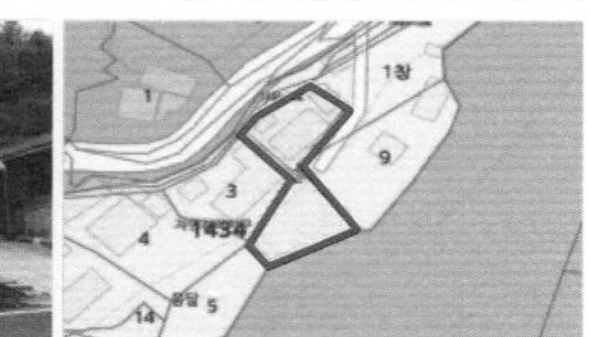

소재지/감정요약	물건번호/면적(m²)	감정가/최저가/과정	임차조사	등기권리
(57709) 전남 광양시 다압면 고사리 [항동길 감정평가서요약 - 다압면사무소북서측인근 - 주위단독주택,농경지,임야등소재하는산간농촌지대 - 본건및인근까지차량접근가능 - 시내버스(정)인근소재 - 교통사정보통 - 부정형완경사지 - 북서측노폭약5m도로접함 - 보전관리지역 - 자연취락지구 - 가축사육제한구역 (모든가축사육제한)	물건번호: 1번 (총물건수 2건) 대지 210.0/454 (63.53평) ₩19,740,000 (토지 105/227 박규리 지분) 수목 ₩185,022 수목식재 입찰외제시외 • 주택 38.2 (11.56평) ₩36,223,080 태양광시설포함 • 보일러실 1.9 (0.59평) ₩582,000 • 화장실 2.3 (0.70평) ₩383,460 • 차양 6.0 (1.82평) ₩360,600	감정가 **19,925,022** • 토지 19,740,000 (99.07%) (평당 310,768) • 수목 185,022 (0.93%) 최저가 **19,925,022** (100%) 경매진행과정 ① **19,925,022** 2023-01-30 진행 **예상매각가** 원	법원임차조사 노 엽 전입 1986.10.27 주거 *기타점유. 방문시 폐문부재하였고 안내장 보고 추후 거주자(노 엽)의 아들 정 식에게 연락이 왔었음. 본인세대는 전에 매수하여 거주하고 있으며 채무자와는 관련도 없다고 함. 위 정 식에 의하면 주택(ㄱ)이 있는 부분만 모친(노 엽)에게 지분이 있고 윗쪽 묵전만 채무자의 지분이라고 하였음. 전입세대 열람결과 노 엽 세대 등재되어 있었음. 건축물 대장 및 지적도, 전입열람내역서 첨부함.	근저당 정 선 2018.09.18 **25,000,000** 근저당 정 선 2019.01.31 **20,000,000** 임 의 정 선 2022.04.14 ***청구액:45,000,000원** **채권총액 45,000,000원** 열람일자 : 2023.01.12 갱신

감정평가액의 산출근거 및 결정 의견

Page : 2

5. 그 밖의 사항

1) 본건 토지 일련번호 1)은 공유토지 중 "박 리" 지분만의 평가로서, 지분의 위치가 특정되어 있지 않으므로 전체면적을 기준으로 가격결정하고 지분비율에 의거 면적사정하였음.

2) 본건 토지 일련번호 1) 지상에 일반건축물대장상 타인 소유의 미등기건물(소유자 : 노 엽, 경량철골구조 칼라강판지붕 단층, 저온저장고 19.5㎡)이 소재하여 평가 제외하였으니 경매진행시 참조하시기 바람.

3) 본건 토지 일련번호 1), 2) 지상에 별지 "지적 및 건물개황도" 에 도시한 바와 같이 제시외건물 일련번호 ㄱ) ~ ㅁ)이 소재하여 "박 리" 지분 비율로 평가하였으니, 경매진행시 소유권 및 일괄경매 여부를 재확인하시기 바라며, 제시외건물 일부가 타지상에 소재하는 것으로 사료되나 인접토지와의 경계가 다소 불분명한 바, 정확한 경계 및 기타 관련사항 등의 확인시 지적측량을 요함.

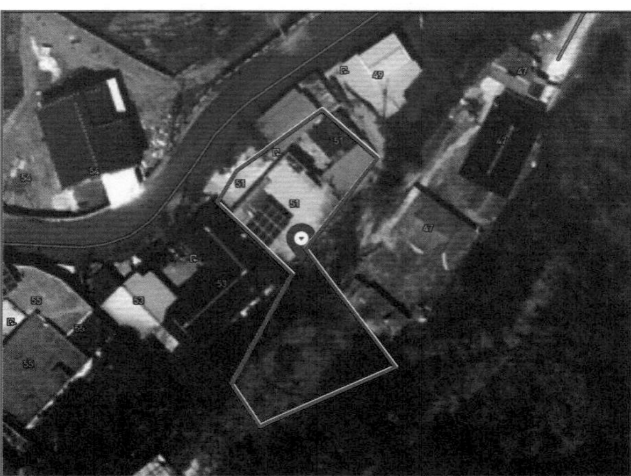

09. 구분소유적 공유관계

2010-00094-001 (압류재산) 임야 (조회수 : 39회)

소 재 지	부산 기장군 일광면 동백리				
처분방식	매각	입찰방식		물건상태	낙찰
감 정 가	3,554,820 원	소 유 자	김 태외6	입찰시작일	2010.09.13 (10:00)
최 저 가	1,067,000 원	토지면적		입찰종료일	2010.09.15 (17:00)
보 증 금		건물면적		개 찰 일	2010.09.16 (11:00)
조 회 수	• 금일 1 / 0 • 누적 39 / 9 (단순조회 / 5분이상 열람)			배당요구종기	
조회분석	• 7일내 3일이상 열람자 0 • 14일내 6일이상 열람자 0 (기준일-2010.09.16 / 전국연회원전용)				

주의사항	• 분묘 • 지상에 "분묘" 수기가 소재하므로 분묘기지권 성립여부 등에 관하여 사전조사 후 입찰바람

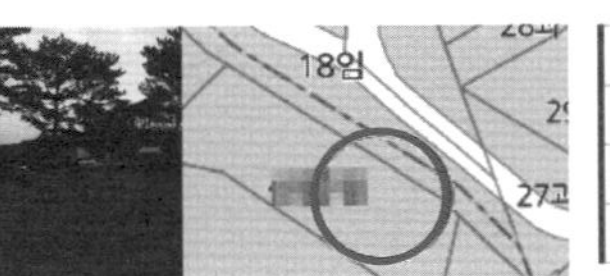

위 탁 기 관	기장군청
담 당 부 서	부산지역본부
담 당 자	조세정리팀
연 락 처	051-860-8073

진행내역

회차/차수	입찰시작일자 ~ 입찰마감일자	개찰일자	최저가 매각가	결과	응찰자수
037/001	2010.09.13 (10:00) ~ 2010.09.15 (17:00)	2010.09.16 (11:00)	1,067,000 (30%) 1,110,000 (31%)	낙찰	

온비드 요약

소재지	온비드요약
[619911] 부산 기장군 일광면 동백리산	▶ 면적: 임야 78.996㎡ 지분(총면적 451㎡) ▶ 위치및 부근현황: 부산광역시 기장군 일광면 동백리 소재 금선사 남서측 인근에 위치.본건 인근까지 차량접근 가능하며, 대중교통사정은 다소 불편시됨. ▶ 이용현황: 현황 묘지로 이용중임. ▶ 명도책임: 매수자 ▶ 기타사항: 해당사항 없음.

감정평가정보

감정평가기관	평가일	평가금액(원)	감정평가서
조회된 데이터가 없습니다			

등기사항증명서 (열람일자:2010.03.31)

구분	권리종류	권리자명	등기일자	설정액	비고
토지	압류	부산기장군	2001.03.12	0원	

1. 구분소유적 공유의 개념
2. 대외적으로 구분소유적 공유관계가 승계되기 위한 요건
3. 이 사건에서 대금 분할

1) 기장군의 회신에 의하면 공유자들의 지분비율대로 현물 분할을 할 경우 그 면적이 관련 법령에 따른 최소분할 제한면적에 미치지 못하는 점

2) 달리 공평하고 합리적인 현물 분할을 명할 수 있는 자료가 없는 점

다. 한편 이 사건 부동산에 대하여는 별도의 분할 금지 약정이 존재하지 아니하고, 이 사건 소 제기 전에 원고와 피고들 사이에 그 분할의 방법에 관하여 협의가 이루어진 바는 없다.

[인정근거] 다툼 없는 사실, 갑 제1호증의 기재, 변론 전체의 취지

2. 판단

가. 공유물분할 청구권의 발생

1) 위 인정사실에 의하면, 특별한 사정이 없는 한 이 사건 부동산의 공유자인 원고는 민법 제269조 제1항에 근거하여 법원에 이 사건 부동산에 대한 공유물분할을 청구할 수 있다.

2) 이에 대하여 피고들은, 이 사건 부동산에 관한 J와 피고들 사이의 소유관계는 구분소유적 공유관계이므로, J의 지위를 승계한 원고는 피고들을 상대로 공유물분할을 청구할 수 없다고 주장하고, 피고 B은 반소로서 원고에 대하여 자신이 구분소유하고 있는 이 사건 부동산 중 별지 도면 표시 1, 2, 7, 8, 1의 각 점을 차례로 연결한 선내 (가) 부분 158㎡의 1650/9420 지분에 관하여 상호명의신탁해지를 원인으로 한 소유권이전등기절차의 이행을 구한다.

살피건대 공유자 간 공유물을 분할하기로 약정하고 그 때부터 자신의 소유로 분할된 각 부분을 특정하여 점유·사용하여 온 경우, 공유자들의 소유형태는 구분소유적 공유관계라 할 것이므로, 그 중 1인이 특정하여 소유하고 있는 부분에 관한 타 공유자 명의의 지분소유권이전등기는 명의신탁등기이고(대법원 1997. 3. 28. 선고 96다56139 판결 참조), 이러한 관계가 성립한 경우 공유지분등기 명의자는 공유자임을 전제로 공유물 분할을 청구할 수 없다고 할 것이다(대법원 1992. 12. 8. 선고 91다44216

즉 이전 공매사건에서 내부,외부적으로 구분소유적 공유관계 표상이 없었다.

판결 참조). 그러나 이른바 구분소유적 공유관계에 있어서, 각 구분소유적 공유자가 자신의 권리를 등기부의 기재대로 1필지 전체에 대한 진정한 공유지분으로서 처분하는 경우에는 제3자가 그 부동산 전체에 대한 공유지분을 취득하고 구분소유적 공유관계는 소멸하고, 이는 경매에서도 마찬가지이므로, 집행법원이 공유지분이 아닌 특정 구분소유 목적물에 대한 평가를 하게 하고 그에 따라 최저경매가격을 정한 후 경매를 실시한 사정이 없는 경우에는 1필지에 관한 공유자의 지분에 대한 경매목적물은 원칙적으로 1필지 전체에 대한 공유지분이라고 봄이 상당하다(대법원 2008. 2. 15. 선고 2000다68810, 68827 판결 참조).

이 사건에서, 을라 제3 내지 5호증의 각 기재 및 영상만으로는 원고 소유 지분의 전 소유자인 J와 피고들 사이에 이 사건 부동산에 대하여 각 소유 부분을 특정하여 점유·사용하는 구분소유적 공유관계가 성립하였다고 인정하기 부족하고 달리 이를 인정할 증거가 없다. 나아가 설령 피고들의 주장과 같이 J와 피고들이 구분소유적 공유관계에 있었다고 하더라도, 공매에서 J 지분을 취득한 원고에게 구분소유적 공유관계가 승계되기 위해서는 집행법원이 공유지분이 아닌 특정 구분소유 목적물에 대한 평가를 하게 하고 그에 따라 최저경매가격을 정하는 등 등기부상의 공유지분을 그 특정 부분에 대한 표상으로서 취급하였어야 하는데, 공매절차에서 J의 지분이 특정 구분소유 목적물로 평가되었다고 인정할 아무런 증거가 없는 이상(오히려 갑 제5호증의 기재에 의하면 이 사건 부동산은 공유지분으로서 위치확인이 불가능하여 전체를 기준으로 하여 그 가격이 평가된 사실이 인정될 뿐이다) 원고에 대하여는 구분소유적 공유관계가 소멸하였다고 판단된다.

따라서 피고들의 위 주장 및 피고 B의 반소 청구는 이유 없다.

09-5. 구분소유적 공유관계의 해소

상호명의신탁의 해지

구분소유적 공유자는 자신이 특정하여 소유하는 부분에 대해 신탁적으로 지분등기를 가지고 있는 자를 상대로 하여 그 특정 부분에 대한 명의신탁 해지를 원인으로 한 지분이전등기절차의 이행만을 구하면 될 것이고 공유물 분할 청구를 할 수 없다(88다카10517 판결).

건물의 경우 (예 : 3 층)

건물에 대한 구분소유적 공유관계의 해소 방법 ⇒ 특정 부분에 대한 상호명의신탁 해지를 원인으로 하는 지분이전등기절차의 이행청구 + 구분건물로 건축물대장의 전환등록절차 완료 + 등기부의 구분등기절차 완료 + 상호 간에 신탁받은 공유지분 전부를 이전하는 방식(2006다84171 판결)

구분소유적 공유관계에서 공유물 전체의 공유물 분할 청구의 가부?

※ 실제로는 목적물의 특정 부분을 소유하면서 등기부상 공유지분등기를 한 자의 공유물 분할 청구의 가부(소극)

⇒ 공유물 분할 청구는 공유자의 일방이 그 공유지분권에 터 잡아서 하는 것이므로, 공유지분권을 주장하지 아니하고 목적물의 특정 부분을 소유한다고 주장하는 자는 그 부분에 대해 신탁적으로 지분등기를 가지고 있는 자를 상대로 하여 그 특정 부분에 대한 명의신탁 해지를 원인으로 한 지분이전등기절차의 이행을 구하면 되고, 이에 갈음하여 공유물 분할 청구를 할 수는 없다(대법원 1996. 2. 23. 선고 95다8430 판결).

⇒ 2인 이상이 내부적으로는 각 하나의 부동산을 위치, 면적 등을 특정해 구분해서 소유하기로 약정하면서 그 부동산에 관한 등기는 그들의 공유로 마친 경우를 이른바 '구분소유적 공유'라고 하고, 구분소유적 공유관계에 있는 당사자들은 서로 자신이 위치, 면적 등을 특정해 소유하고 있는 부동산 중 상대방의 공유지분에 관해 상대방에게 명의신탁하고 있는 것으로 본다. 이러한 **상호명의신탁**도 부동산 실명법에서 유효하게 취급한다.

09-6. 구분소유적 공유관계의 해소 사례

청구취지 예시

원고에게 별지 목록 기재 토지 중 별지도면 표시 1, 2, 3, 4, 5, 1의 각 점을 순차로 연결한 선내(가)부분 150㎡ 중, 피고1은 450분의 150 지분에 관하여, 피고2는 450분의 150지분에 관하여 각 2022. 7. 6 명의신탁해지를 원인으로 한 소유권이전등기절차를 이행하라.

구분소유적 공유 관계의 해소 예시

어느 특정 토지 100평 중 갑의 소유인 A 부분 30평, 을의 소유인 B 부분 30평 및 병의 소유인 C 부분 40평에 대해, 구분소유적 공유관계인 상태에서는 A 토지, B 토지, C 토지 각각에 대해 갑 = 3/10지분, 을 = 3/10지분, 병 = 4/10지분의 형태로 공유되어 있다.
그런데 위 구분소유적 공유관계를 해소해 A 부분은 갑의 단독 소유로 하고, B 부분은 을의 단독 소유로 하고, C 부분은 병의 단독 소유로 하기 위해서는 예컨대 A 토지상의 을과 병의 소유 지분을 모두 갑에게 지분이전등기를 해줘야 한다.

등기부상으로는 일반적인 공유지분의 등기형태(갑의 지분 3/10, 을의 지분 3/10, 병의 지분 4/10)이나 내부적으로는 갑, 을, 병 각자가 소유한 특정 토지에도 공유자들의 지분이 포함되어 있다.

갑 소유 A 부분 30평	을 소유 B 부분 30평	병 소유 C 부분 40평
을 지분 3/10 병 지분 4/10	갑 지분 3/10 병 지분 4/10	갑 지분 3/10 을 지분 3/10

⇒ 소송을 끝내고 확정판결문이나 확정조정조서를 확보하면 먼저 토지의 분할 절차를 밟은 후 그 토지대장에 의해 분필등기절차를 진행해 특정 대지 부분을 단독명의로 등기할 수 있다.

⇒ 다만, 확정판결에 의한 분할 신청 시 대지 최소 분할면적(건축법 등 타 법령에 위배되거나 타 법령상 개발행위허가 등을 받지 않은 경우 등) 등의 제한을 받는다.

10 적용 사례

진주2계 2016타경7622 주택

사건내용

소 재 지	경남 남해군 고현면 포상리 (52405)경남 남해군 고현면 삼봉로209번길				
경매구분	강제경매	채 권 자	서OOOOO		
용 도	주택	채무/소유자	이OO / 이OOOO	매 각 기 일	17.07.03 (12,380,000원)
감 정 가	**16,898,680** (16.10.27)	청 구 액	88,457,348	종 국 결 과	17.09.18 배당종결
최 저 가	**10,815,000** (64%)	토 지 면 적	전체 464 m² 중 지분 154.7 m² (46.8평)	경매개시일	16.10.19
입찰보증금	1,081,500 (10%)	건 물 면 적	전체 114.2 m² 중 지분 76.7 m² (23.2평)	배당종기일	17.01.03
주 의 사 항	· 재매각물건 · 지분매각 · 맹지				

조 회 수	· 금일조회 **1** (0) · 금회차공고후조회 **85** (7) · 누적조회 **367** (28) · 7일내 3일이상 열람자 **1** · 14일내 6일이상 열람자 **0**	()는 5분이상 열람 (기준일-2017.07.03/전국연회원전용)

소재지/감정요약	물건번호/면적(m²)	감정가/최저가/과정	임차조사	등기권리
(52405) 경남 남해군 고현면 포상리 [삼봉로209번길] 감정평가서요약 - 일반목구조기타지붕(현:일반목구조슬레이트및강판지붕) - 고현중학교서측인근 - 주위농가주택등소재한농경지대 - 차량접근가능 - 제반교통상황보통 - 사다리형평지 - 지적도상맹지이나남측약3m내외도로접함 - 계획관리지역 - 자연취락지구 - 가축사육제한구역(모든축종제한지역) - 하수처리구역(2014.08.28) 2016.10.27 가람감정 표준지가 : 35,500 감정지가 : 76,000	물건번호: 단독물건 대지 154.7/464 (46.79평) ₩11,754,920 (토지 1/3 이■미 지분) 건물 • 주택 11.0/33.06 (3.33평) ₩840,000 실:45(15) (건물 1/3 이■미 지분) • 전체 33.06m² (10평) • 지분 11.02m² (3평) • 부속주택 7.7/23.14 (2.33평) ₩431,760 (건물 1/3 이■미 지분) • 전체 23.14m² (7평) • 지분 7.71m² (2평) - 총1층 - 승인 : 1980.03.01 - 보존 : 2016.10.11 제시외 • 주택일부 9.0 (2.72평)	감정가 **16,898,680** • 대지 11,754,920 (69.56%) (평당 251,227) • 건물 1,271,760 (7.53%) (평당 54,794) • 제시 3,872,000 (22.91%) 최저가 **10,815,000** (64%) 경매진행과정 ① **16,898,680** 2017-02-13 유찰 ② 20% ↓ **13,519,000** 2017-03-20 매각 매수인 하OO외2 응찰수 1명 매각가 14,385,000 (85.12%) 허가 2017-03-27 납기 2017-04-28 (대금미납)	법원임차조사 김OO 주거 채무자배우자 *소유자점유. 전입 신고 되어 있는 김■준은 채무자의 배우자임. 김■준 면담 지지옥션 전입세대조사 세 07.08.01 김OO 주민센터확인:2017.01.26	건물 소유권 이OOOO 2016.10.11 강 제 서울보증보험 [공동] 부산신용지원 2016.10.19 *청구액:88,457,348원 토지 *建공동제외임 소유권 이OOOO 2016.10.11 전소유자:이■식 열람일자 : 2017.05.12
	₩225,000 • 가추 11.2 (3.39평) ₩190,400 • 가추 3.9 (1.18평) ₩66,300 • 창고,화장실 8.5 (2.57평) ₩297,500 • 가추 5.4 (1.63평) ₩91,800 • 가추 13.8 (4.17평) ₩1,407,600 • 창고 6.2 (1.88평) ₩1,593,400	② **13,519,000** 2017-05-29 유찰 ③ 20% ↓ **10,815,000** 2017-07-03 매각 매수인 문OO외1 응찰수 3명 매각가 12,380,000 (73.26%) 허가 2017-07-10 납기 2017-08-18 납부 2017-08-16 2017-09-18 종결		

1. 이해관계인, 건물, 입지가 전체적으로 평범하다.
2. 채무액 대비 감정평가액은 소액으로 채무자 측에서 충분히 매수 여력을 갖고 있다. 다만, 시간 간격을 두고 상속대위등기가 되었다는 것은 거주하지 않는 다른 형제들은 이 사건의 경매에 관심이 없는 것으로 추측할 수 있다.
3. 이해관계인 : 이○미씨 가족(남편 김○준씨)이 거주
4. 법원 조정으로 잔금 납부 5개월 뒤 이○미씨의 아들에게 매도(김○원씨)

⇒ 법원 조정(또는 판결)의 경우 별도의 매매계약서 작성 불필요

⇒ 바로 소유권이전등기 신청 가능

5. 미납의 경우 입문자들의 공동 투자로 추정, 초심자들은 단독낙찰이 되는 순간부터 흔들리기 시작한다.

[토지] 경상남도 남해군 고현면 포상리

【 표 제 부 】 (토지의 표시)

표시번호	접 수	소 재 지 번	지 목	면 적	등기원인 및 기타사항
1 (전 3)	1996년9월24일	경상남도 남해군 고현면 포상리	대	464㎡	
					부동산등기법 제177조의 6 제1항의 규정에 의하여 2002년 08월 30일 전산이기

【 갑 구 】 (소유권에 관한 사항)

순위번호	등 기 목 적	접 수	등 기 원 인	권리자 및 기타사항
1 (전 2)	소유권이전	1995년5월26일 제15652호	1983년5월3일 매매	소유자 이 식 280802-******* 남해군 고현면 포상리 법률제4502호에의하여등기
				부동산등기법 제177조의 6 제1항의 규정에 의하여 2002년 08월 30일 전산이기
2	소유권이전	2016년10월11일 제14227호	2005년9월23일 상속	공유자 지분 3분의 1 이 미 620115-******* 경상남도 남해군 고현면 삼봉로 지분 3분의 1 이 미 660415-******* 부산광역시 북구 금곡대로 지분 3분의 1 이 화 710215-******* 부산광역시 금정구 안뜰로 대위자 서울보증보험주식회사
				서울특별시 종로구 김상옥로 29(연지동) 대위원인 부산지방법원 2009가소 256243 구상금 사건의 이행권고결정에 의하여 변제받아야 할 채권의 보전
3	~~2번이 미지분강제경매개시결정~~	~~2016년10월19일 제14671호~~	~~2016년10월19일 창원지방법원 진주지원의 강제경매개시결정(2016타경7622)~~	~~채권자 서울보증보험주식회사 110111-0099774 서울특별시 종로구 김상옥로 29 (연지동) (부산신용지원단)~~
4	2번이 미지분전부이전	2017년8월24일 제12085호	2017년8월16일 강제경매로 인한 매각	공유자 지분 6분의 1 문 련 720306-******* 경상남도 창원시 성산구 지분 6분의 1 김 한 730518-******* 경상남도 거제시 장평1로
5	3번강제경매개시결정등기말소	2017년8월24일 제12085호	2017년8월16일 강제경매로 인한 매각	
6	2번이 미지분전부이전	2017년10월31일 제15228호	2017년10월31일 증여	공유자 지분 3분의 1 김 원 880521-******* 경상남도 남해군 고현면 삼봉로
7	4번문 련지분전부, 4번김 한지분전부 이전	2018년3월28일 제4280호	2018년1월23일 조정	공유자 지분 6분의 2 김 원 880521-******* 경상남도 남해군 고현면 삼봉로

전주7계 2016타경5875 주택

사건내용

소 재 지	전북 전주시 덕진구 진북동 (54928)전북 전주시 덕진구				
경 매 구 분	강제경매	채 권 자	엠OOOOO		
용 도	주택	채무/소유자	이OOOO	매 각 기 일	16.12.05 (17,110,000원)
감 정 가	**22,681,960** (16.05.25)	청 구 액	17,418,121	종 국 결 과	17.02.15 배당종결
최 저 가	**15,877,000** (70%)	토 지 면 적	전체 125.6 ㎡ 중 지분 19.3 ㎡ (5.8평)	경매개시일	16.05.16
입찰보증금	1,587,700 (10%)	건 물 면 적	전체 160.64 ㎡ 중 지분 42.5 ㎡ (12.9평)	배당종기일	16.08.16
주 의 사 항	· 지분매각				

조 회 수	• 금일조회 **1** (1) • 금회차공고후조회 **38** (7) • 누적조회 **175** (17) • 7일내 3일이상 열람자 **0** • 14일내 6일이상 열람자 **0**	()는 5분이상 열람 (기준일-2016.12.05/전국연회원전용)

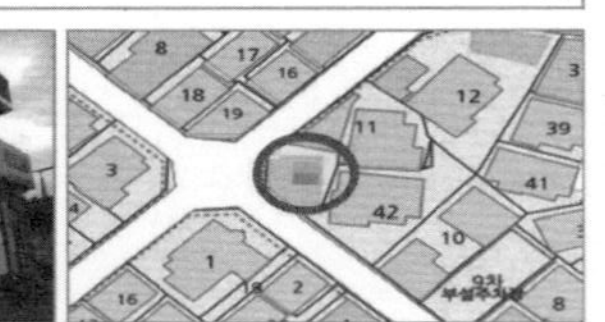
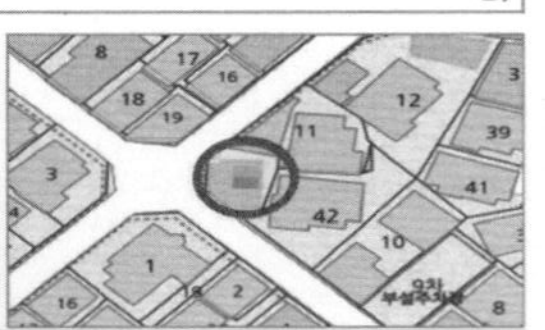

소재지/감정요약	물건번호/면적(m²)	감정가/최저가/과정	임차조사	등기권리
(54928) 전북 전주시 덕진구 진북동 감정평가서요약 - 철콘및조적조평슬래브지붕 - 모래내시장남서측인근위치 - 주위단독주택,소규모근린생활시설등혼재 - 차량접근가능 - 인근버스(승)위치 - 제반교통사정보통 - 부정형토지 - 서측6m포장도로통해접근 - 소로3류(폭8m미만)(2003.9.9)접함 - 위생설비구비 - 1종일반주거지역 2016.05.25 광장감정 표준지가 : 337,000 개별지가 : 362,700 감정지가 : 492,000	물건번호: 단독물건 대지 19.3/125.6 (5.85평) ~~₩9,506,950~~ (토지 2/13 이정용 지분) 건물 • 1층근린생활시설 10.9/70.96 (3.30평) ₩12,675,010 (건물 2/13 이정용 지분) • 전체 70.96m² (21평) • 지분 10.9169m² (3평) • 2층단독주택 10.6/68.68 (3.20평) (건물 2/13 이정용 지분) • 전체 68.68m² (21평) • 지분 10.5662m² (3평) - 총2층 - 승인 : 2001.09.13 - 보존 : 2001.09.24 제시외 • 출입구 3.6 (1.09평)	감정가 **22,681,960** • 대지 9,506,950 (41.91%) (평당 1,627,902) • 건물 12,675,010 (55.88%) (평당 986,382) • 제시 500,000 (2.2%) 최저가 **15,877,000** (70%) 경매진행과정 ① **22,681,960** 2016-10-31 유찰 ② 30% ↓ **15,877,000** 2016-12-05 매각 매수인 한OO 응찰수 1명 매각가 17,110,000 (75.43%) 허가 2016-12-12 납기 2017-01-11 납부 2017-01-09	법원임차조사 노OO 전입 1994.09.22 점유기간 1994.- 이OO 전입 2008.12.24 확정 2008.12.24 (보) 5,000,000 (월) 50,000 점유기간 2008.- 지지옥션 전입세대조사 세 94.09.22 노OO 세 12.04.09 이OO 주민센터확인:2016.10.13	건물 가압류 엠메이드대부 [공동] 2016.03.18 **18,580,534** 2016 카단 209 전주 (이용지분) GO 강 제 엠메이드대부 [공동] 2016.05.16 ***청구액:17,418,121원** **채권총액 18,580,534원** 토지 *建공동제외임 **채권총액 18,580,534원** 열람일자 : 2016.10.12

1. 건물, 이해관계인, 입지
   - 노모와 이○희씨 거주(현황조사서), 형제들은 타 지역 거주
   - 채무자는 타지에 거주하는 형님인 이○용씨

2. 잔금 납부 1개월 뒤 지분권자 이○희(이 사건 1층 점포)씨가 재매수

3. 결과론적으로 낙찰자가 채무를 대신 변제해주고 비싼 이자를 받아 갔다.

소재지: 전북 전주시 덕진구 진북동

【 갑 구 】 (소유권에 관한 사항)

순위번호	등 기 목 적	접 수	등 기 원 인	권리자 및 기타사항
1 (전 4)	소유권이전	1994년2월1일 제8351호	1993년12월14일 매매	소유자 이 성 360707-******* 전주시 덕진구 진북동 부동산등기법 제177조의 6 제1항의 규정에 의하여 1999년 09월 20일 전산이기
2	소유권이전	2016년3월15일 제26295호	2015년11월29일 상속	공유자 지분 13분의 3 노 순 370604-******* 전라북도 전주시 덕진구 건산2길 지분 13분의 2 이 회 610320-******* 전라북도 전주시 덕진구 태진로 지분 13분의 2 이 용 630420-******* 전라북도 전주시 덕진구 건산2길 지분 13분의 2 이 순 650902-******* 전라북도 전주시 완산구 성지산로 지분 13분의 2 이 회 670620-******* 전라북도 전주시 덕진구 건산2길 지분 13분의 2 이 회 690112-******* 전라북도 전주시 덕진구 팽나무6길 대위자 엠메이드대부유한회사 서울특별시 서초구 방배로 56(방배동) 대위원인 전주지방법원 2016카단209호 부동산가압류 결정

[현황조사서]

대한민국 NO.1 법원경매정보 스피드옥션

[소재지] 2. 전라북도 전주시 덕진구 건산2길

1	점유인	이 회	당사자구분	임차인
	점유부분	1층 전부	용도	점포
	점유기간	2008년경부터		
	보증(전세)금	5,000,000	차임	월 5만원
	전입일자	2008.12.24	확정일자	2008.12.24
2	점유인	노 순	당사자구분	점유자
	점유부분	2층 전부	용도	주거
	점유기간	1994년경부터		
	보증(전세)금		차임	
	전입일자	1994.09.22	확정일자	

2. 기타

임차인1.이삼회는 본 건 부동산의 전 소유자로부터 목록2.번 건물 중 1층 점포 전부를 임차하여 영업을 하고 있다고 함.(현장에서 면담한 동인의 진술에 의하면 세무서에 신고한 보증금은 200만 원이지만 실제 보증금은 500만 원이라고 함)

점유인2. 노동순은 위 이삼회의 모친인바 목록2.번 건물 중 2층 단독주택에서 보증금 및 월세없이 거주하고 있다고 함.(위 이삼회의 진술에 의함)

의정부4계 2016타경27910 주택

사건내용

소재지	경기 동두천시 상패동 (11336)경기 동두천시 상패로177번길				
경매구분	강제경매	채권자	상OOOOOOOOOO		
용도	주택	채무/소유자	김OO / 김OOOO	매각기일	17.06.13 (14,111,100원)
감정가	28,218,048 (16.11.01)	청구액	36,222,057	종국결과	17.08.28 배당종결
최저가	9,679,000 (34%)	토지면적	전체 188 m² 중 지분 53.7 m² (16.2평)	경매개시일	16.10.26
입찰보증금	967,900 (10%)	건물면적	전체 96.71 m² 중 지분 29.2 m² (8.8평)	배당종기일	17.01.10
주의사항	· 지분매각				

조회수	• 금일조회 1 (0) • 금회차공고후조회 36 (2) • 누적조회 326 (26) • 7일내 3일이상 열람자 3 • 14일내 6일이상 열람자 0 ()는 5분이상 열람 (기준일-2017.06.13/전국연회원전용)

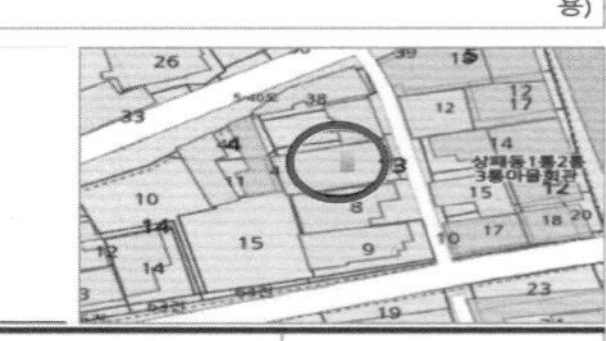

소재지/감정요약	물건번호/면적(m²)	감정가/최저가/과정	임차조사	등기권리
(11336) 경기 동두천시 상패동 [상패로177번길 감정평가서요약 - 시멘트블록조슬레이트지붕 - 동두천동남아파트남서측인근 - 부근단독주택,자연림,도로변상업시설등혼재 - 차량출입가능 - 버스(정),전철역인근 - 대중교통사정무난 - 세로장방형토지 - 동측폭약3-4m내외도로접함 - 난방설비 - 2종일반주거지역 - 주거환경개선지구 - 성장관리권역 - 배출시설설치제한지역 2016.11.01 고봉감정 표준지가 : 316,000 감정지가 : 481,000	물건번호: 단독물건 대지 53.7/188 (16.25평) ₩25,836,571 (토지 2/7 김현정 지분) 건물 • 주택 21.5/75.37 (6.51평) ₩1,744,277 (건물 2/7 김현정 지분) • 전체 75.37m² (23평) • 지분 21.5343m² (7평) • 주택 5.5/19.2 (1.66평) ₩444,343 방4,화장실2,주방2 (건물 2/7 김현정 지분) • 전체 19.2m² (6평) • 지분 5.4857m² (2평) - 총1층 - 승인 : 1970..70 - 보존 : 1984.10.18 - 증축 : 2015.12.21 제시외 • 화장실,주방 2.1 (0.65평) ₩192,857	감정가 28,218,048 • 대지 25,836,571 (91.56%) (평당 1,589,943) • 건물 2,188,620 (7.76%) (평당 248,143) • 제시 192,857 (0.68%) 최저가 9,679,000 (34%) 경매진행과정 ① 28,218,048 2017-02-28 유찰 ② 30% ↓ 19,753,000 2017-04-04 유찰 ③ 30% ↓ 13,827,000 2017-05-08 유찰 ④ 30% ↓ 9,679,000 2017-06-13 매각 매수인 손OO 응찰수 7명 매각가 14,111,100 (50.01%)	법원임차조사 정OO 전입 1981.11.06 주거 조OO 전입 2015.06.11 주거 김OO 전입 2016.07.08 주거 *현지 방문하여 아무도 만나지 못하였으나(폐문부재), 주민등록 등재자가 있어 임차인으로 조사를 하였지만 정확한 것을 알 수 없으므로 별도의 확인이 필요함. 김옥희, 정정화, 조종규 : 주민등록등재자임 지지옥션 전입세대조사 세 81.11.06 정OO 세 15.06.11 조OO 세 16.07.08 김OO 세 16.12.05 김OO 주민센터확인:2017.02.13	건물 근저당 [공동] 보산동(새) 1993.09.14 4,200,000 근저당 [공동] 보산동(새) 1996.01.08 14,000,000 가압류 [공동] 농업협동조합중앙회 보산 2006.02.24 2,656,864 2006 카단 153 의정부 동두천시법원 GO 소유권 김OOOO 2016.10.24 전소유자:김현수 강제 [공동] 상록수제일차유동화전문 2016.10.26 *청구액:36,222,057원 채권총액 20,856,864원 토지 *建공동제외임 소유권 김OOOO 2016.10.24 전소유자:김현수 압류 동두천시 2016.11.10

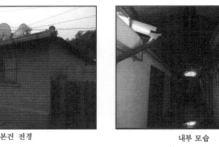

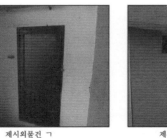

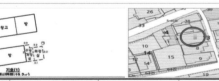

1. 건물, 입지, 이해관계인
   - 노모, 누나 및 남동생이 법정(공동)상속이 되어야 하지만 누나(김○정씨)의 채무로 인해 협의로 남동생이 단독 상속받았다. 하지만, 가처분을 한 유동화회사의 사해행위취소소송에 의한 화해권고결정으로 누나의 지분비율만큼 원상복구되었다. - 이전(2/7)
2. 손 모씨가 낙찰 후 5/7 지분권자인 남동생에게 6개월 뒤 매도했다.
3. 누나의 지분(2/7)을 약 2,000만 원에 매수한 꼴이다.
4. 현황조사서가 있지만 '감정평가서의 건물개황도'로 점유 상태 추정도 가능하고, 도시가스 계량기를 체크하는 방법도 있다.

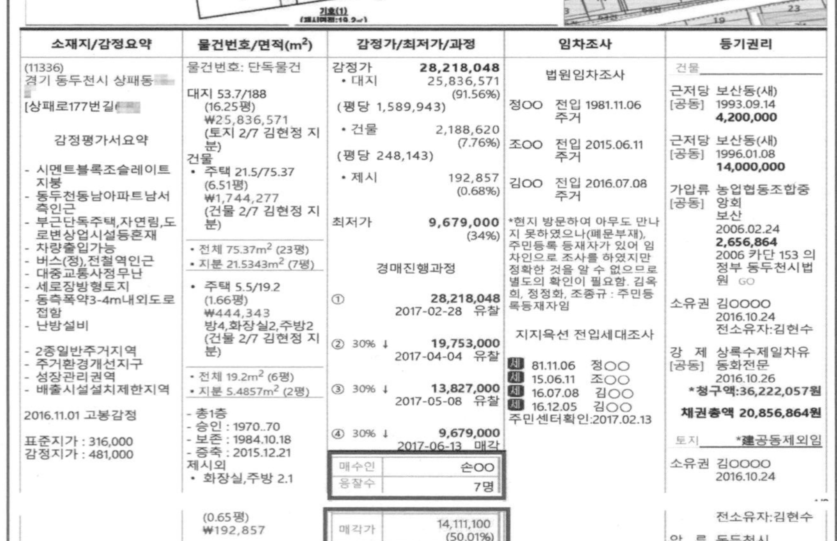

본건 전경

내부 모습

제시외물건 ㄱ

제시외물건 ㄱ(도로변 촬영)

[건물] 경기도 동두천시 상패동 　　　　고유번호 1158-19

순위번호	등 기 목 적	접 수	등 기 원 인	권리자 및 기타사항
				부동산등기법 제177조의 6 제1항의 규정에 의하여 12월 03일 전산이기
2	~~가압류~~	~~2002년8월27일 제11115호~~	~~2002년8월27일 서울지방법원 의정부지원 동두천시법원의 가압류 결정(2002카단359)~~	~~청구금액 금8,142,112원 채권자 현대캐피탈주식회사 110111-0995378 서울 영등포구 여의도동 15-21 (의정부지점)~~
3	~~강제경매개시결정~~	~~2005년3월19일 제3487호~~	~~2005년3월17일 의정부지방법원의 강제경매개시결정(2005타경11124)~~	~~채권자 현대캐피탈주식회사 110111-0995378 서울 영등포구 여의도동 15-21 (의정부채권센터)~~
4	3번강제경매개시결정등기말소	2005년7월1일 제8726호	2005년6월29일 취하	
5	가압류	2006년2월24일 제2155호	2006년2월24일 의정부지방법원동두천시법원의 가압류 결정(2006카단153)	청구금액 금2,656,864원 채권자 농업협동조합중앙회 110136-0027690 서울 중구 충정로1가 75 (보산지점)
6	2번가압류등기말소	2009년12월30일 제29930호	2009년12월30일 해제	
7	소유권이전	2015년12월21일 제23878호	2015년7월21일 협의분할에 의한 상속	소유자 김■수 760126-******* 경기도 양주시 평화로 ■■■

열람일시 : 2016년11월03일 10시59분30초 　　2/5

[건물] 경기도 동두천시 상패동 　　　　고유번호 1158-1996-037517

순위번호	등 기 목 적	접 수	등 기 원 인	권리자 및 기타사항
7-1	7번소유권경정	2016년10월24일 제17780호	2016년6월25일 화해권고결정	공유자 지분 7분의 5 김■수 760126-******* 경기도 양주시 평화로 ■■■ 지분 7분의 2 김■정 740701-******* 경기도 동두천시 상패로 ■■■
				대위자 상록수제일차유동화전문유한회사 서울특별시 구로구 경인로 218, 14층 (오류동, 디와이빌딩) 대위원인 의정부지방법원 2016가단11066 사해행위취소 화해권고결정
8	~~가처분~~	~~2016년4월12일 제5260호~~	~~2016년4월12일 의정부지방법원의 가처분결정(2016카단1182)~~	~~피보전권리 사해행위취소를 원인으로 한 소유권이전등기 말소등기청구권 채권자 상록수제일차유동화전문 유한회사 110114-0045367 서울 구로구 경인로 218, 14층(오류동, 디와이빌딩) 금지사항 매매, 증여, 전세권, 저당권, 임차권의 설정 기타일체의 처분행위 금지~~
9	8번가처분등기말소			가처분의 목적달성으로 인하여 2016년10월24일 등기
10	7번김현정지분강제경매개시결정	2016년10월26일 제18009호	2016년10월26일 의정부지방법원의 강제경매개시결정(2016	채권자 상록수제일차유동화전문유한회사 110114-0045367 서울특별시 구로구 경인로 218, 14층 (오류동, 디와이빌딩)

열람일시 : 2016년11월03일 10시59분30초 　　3/5

1	점유인	김■희	당사자구분	임차인
	점유부분		용도	주거
	점유기간			
	보증(전세)금		차임	
	전입일자	2016.07.08	확정일자	
2	점유인	정■화	당사자구분	임차인
	점유부분		용도	주거
	점유기간			
	보증(전세)금		차임	
	전입일자	1981.11.06	확정일자	
3	점유인	조■규	당사자구분	임차인
	점유부분		용도	주거
	점유기간			
	보증(전세)금		차임	
	전입일자	2015.06.11	확정일자	

광주3계 2016타경6680 대지

사건내용

소재지	광주 광산구 안청동 (62208)광주 광산구 계안길				
경매구분	강제경매	채권자	국OOOOO		
용도	대지	채무/소유자	박OO / 박OOOO	매각기일	17.03.10 (36,379,000원)
감정가	**51,282,000** (16.05.09)	청구액	63,600,925	종국결과	17.05.24 배당종결
최저가	**28,718,000** (56%)	토지면적	전체 307 m² 중 지분 154 m² (46.6평)	경매개시일	16.04.25
입찰보증금	2,871,800 (10%)	건물면적	0m² (0.0평)	배당종기일	16.07.15
주의사항	• 지분매각 • 법정지상권 • 입찰외 • 토지만입찰				

조회수	• 금일조회 **1** (0) • 금회차공고후조회 **71** (11) • 누적조회 **376** (36) • 7일내 3일이상 열람자 **6** • 14일내 6일이상 열람자 **0**	()는 5분이상 열람 (기준일-2017.03.10/전국연회원전용)

소재지/감정요약	물건번호/면적(m²)	감정가/최저가/과정	임차조사	등기권리
(62208) 광주 광산구 안청동 [계안길] 감정평가서요약 - 장안마을내소재 - 주위단독주택중심기존주거지대 - 인근시내버스(정)소재 - 교통상황보통 - 부정형평지 - 동측소폭도로접함 - 1종일반주거지역 2016.05.09 나라감정 표준지가 : 210,000 개별지가 : 185,200 감정지가 : 333,000	물건번호: 단독물건 대지 154.0/307 (46.59평) ₩51,282,000 단독주택건부지 (토지 1/2 박■소 지분) 입찰외제시외 • 주택 26.4/52.83 (7.99평) ₩10,560,000 대장상등재 • 전체 52.83m² (16평) • 지분 26.42m² (8평) • 창고 8.5/17 (2.57평) ₩340,000 • 전체 17m² (5평) • 지분 8.5m² (3평) • 보일러실 0.7/1.4 (0.21평) ₩35,000 • 전체 1.4m² (0평) • 지분 0.7m² (0평) • 화장실 0.5/1	감정가 **51,282,000** • 토지 51,282,000 (100%) (평당 1,100,945) 최저가 **28,718,000** (56%) 경매진행과정 ① **51,282,000** 2016-12-23 유찰 ② 30% ↓ **35,897,000** 2017-02-03 유찰 ③ 20% ↓ **28,718,000** 2017-03-10 매각 매수인 정OO 응찰수 7명 매각가 36,379,000 (70.94%) 허가 2017-03-17 납기 2017-04-26 납부 2017-04-12	법원임차조사 김O 전입 2011.12.28 (보) 13,000,000 주거 점유기간 2011.11.- *소유자점유, 임차인점유. 채무자 박■소의 배우자 김■미에게 문의함. 제시외건물은 소유자의 소유라고 함	소유권 박OOOO 1993.08.16 가압류 하남농업협동조합 2000.01.15 **34,659,015** 2000 카단 685 광주 가압류 하남농업협동조합 2000.01.15 **9,515,937** 2000 카단 684 광주 압류 광주시광산구 2008.09.23 강제 국민행복기금 2016.04.25 ***청구액:63,600,925원** **채권총액 44,174,952원** 열람일자 : 2016.12.08

1. 건물, 입지, 이해관계인 - 높은 경쟁률이 예상된다.

2. 채무자와 그 배우자가 거주하고 있다.

3. 잔금 1개월 뒤 채무자 박○소씨의 형(박○술씨)이 재매수했다.

4. 낙찰가를 보면 전 회차의 단독 최저가의 입찰이 좋았을 듯하다.
   - 최저가에 단독 응찰이라도 실망 금지

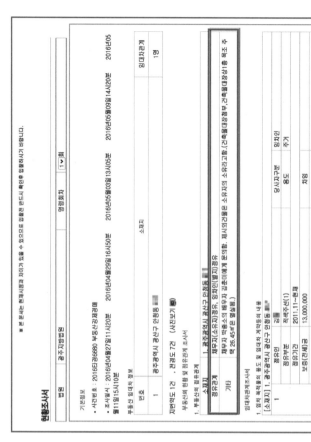

※ 본 문서는 현재시점과 차이가 있을 수 있으므로 입찰전 반드시 확인후 입찰하시기 바랍니다.

현황조사서

법원	광주지방법원	명령회차	1회

기본정보

• 사건번호 : 2016타경6680 부동산강제경매

• 조사일시 : 2016년04월27일11시20분 2016년04월29일16시50분 2016년05월03일13시05분 2016년05월09일14시20분 2016년05월11일15시10분

부동산 임대차 정보

번호	소재지	임대차관계
1	광주광역시 광산구 안청동	1명

지번약도 1건 , 전경도 7건 (사진보기)

부동산의 현황 및 점유관계 조사서

1. 부동산의 점유관계

소재지	1. 광주광역시 광산구 안청동
점유관계	채무자(소유자)점유, 임차인(별지)점유
기타	채무자 박종소의 배우자 김춘미에게 문의함. 제시외건물은 소유자의 소유라고함.(건축물대장청부,건축물대장상1층 목조 주택 26.45㎡은 멸실됨.)

임대차관계조사서

1. 임차 목적물의 용도 및 임대차 계약등의 내용

[소재지] 1. 광주광역시 광산구 안청동

1	점유인	김	당사자구분	임차인
	점유부분	적색주선(1)	용도	주거
	점유기간	2011.11~현재		
	보증(전세)금	13,000,000	차임	

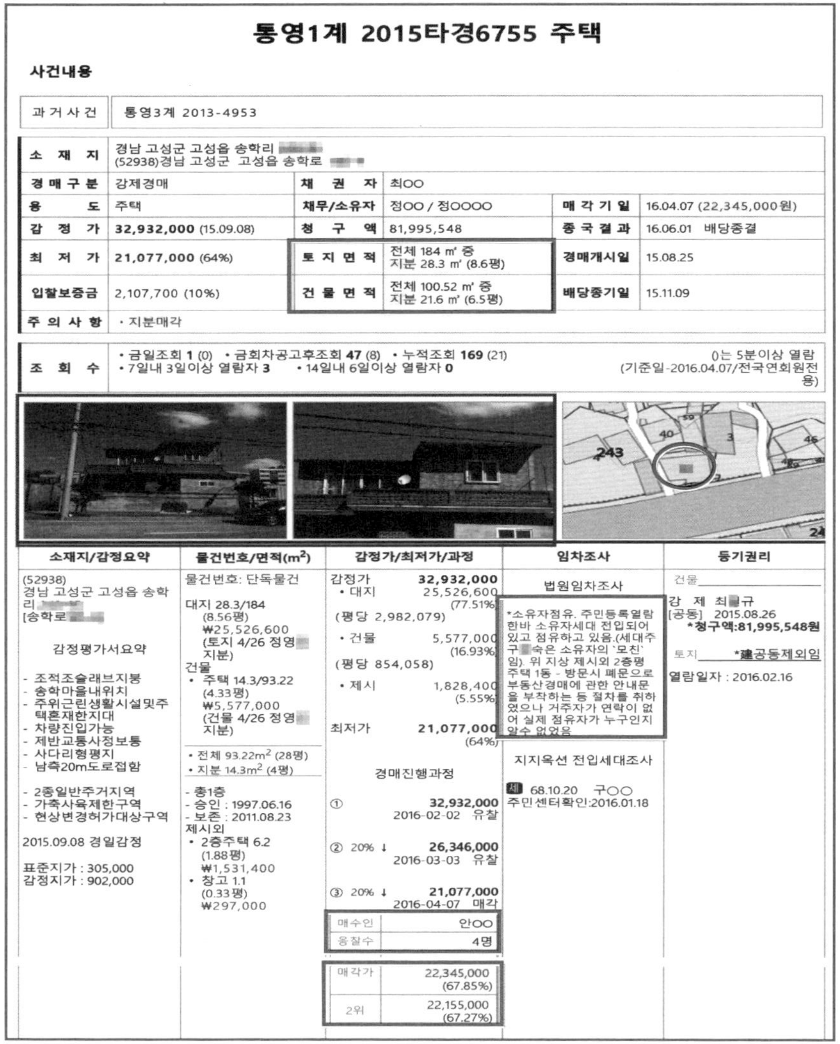

통영1계 2015타경6755 주택

사건내용

과거사건	통영3계 2013-4953				
소재지	경남 고성군 고성읍 송학리 (52938)경남 고성군 고성읍 송학로				
경매구분	강제경매	채권자	최OO		
용도	주택	채무/소유자	정OO / 정OOOO	매각기일	16.04.07 (22,345,000원)
감정가	32,932,000 (15.09.08)	청구액	81,995,548	종국결과	16.06.01 배당종결
최저가	21,077,000 (64%)	토지면적	전체 184 m² 중 지분 28.3 m² (8.6평)	경매개시일	15.08.25
입찰보증금	2,107,700 (10%)	건물면적	전체 100.52 m² 중 지분 21.6 m² (6.5평)	배당종기일	15.11.09
주의사항	· 지분매각				
조회수	· 금일조회 1 (0) · 금회차공고후조회 47 (8) · 누적조회 169 (21) · 7일내 3일이상 열람자 3 · 14일내 6일이상 열람자 0				()는 5분이상 열람 (기준일-2016.04.07/전국연회원전용)

소재지/감정요약	물건번호/면적(m²)	감정가/최저가/과정	임차조사	등기권리
(52938) 경남 고성군 고성읍 송학리 [송학로] 감정평가서요약 - 조적조슬래브지붕 - 송학마을내위치 - 주위근린생활시설및주택혼재한지대 - 차량진입가능 - 제반교통사정보통 - 사다리형평지 - 남측20m도로접함 - 2종일반주거지역 - 가축사육제한구역 - 현상변경허가대상구역 2015.09.08 경일감정 표준지가 : 305,000 감정지가 : 902,000	물건번호: 단독물건 대지 28.3/184 (8.56평) ₩25,526,600 (토지 4/26 정영 지분) 건물 • 주택 14.3/93.22 (4.33평) ₩5,577,000 (건물 4/26 정영 지분) • 전체 93.22m² (28평) • 지분 14.3m² (4평) - 총1층 - 승인 : 1997.06.16 - 보존 : 2011.08.23 제시외 • 2층주택 6.2 (1.88평) ₩1,531,400 • 창고 1.1 (0.33평) ₩297,000	감정가 32,932,000 • 대지 25,526,600 (77.51%) (평당 2,982,079) • 건물 5,577,000 (16.93%) (평당 854,058) • 제시 1,828,400 (5.55%) 최저가 21,077,000 (64%) 경매진행과정 ① 32,932,000 2016-02-02 유찰 ② 20% ↓ 26,346,000 2016-03-03 유찰 ③ 20% ↓ 21,077,000 2016-04-07 매각 매수인 안OO 응찰수 4명 매각가 22,345,000 (67.85%) 2위 22,155,000 (67.27%)	법원임차조사 *소유자점유. 주민등록열람한바 소유자세대 전입되어 있고 점유하고 있음.(세대주 구 숙은 소유자의 '모친'임). 위 지상 제시외 2층평주택 1동 - 방문시 폐문으로 부동산경매에 관한 안내문을 부착하는 등 절차를 취하였으나 거주자가 연락이 없어 실제 점유자가 누구인지 알수 없었음 지지옥션 전입세대조사 세 68.10.20 구OO 주민센터확인:2016.01.18	건물 강 제 최 규 [공동] 2015.08.26 *청구액:81,995,548원 토지 *建공동제외임 열람일자 : 2016.02.16

1. 건물 상태 양호, 입지 양호(지적도상 중로 이상에 접함), 이해관계인

2. 등기부 분석
   - 노모와 채무자의 형(정진○씨) 가족이 거주
   - 채무액 대비 감정가 소액
   - 5형제와 노모

3. 잔금 납부 1개월 뒤 채무자의 형수가 재매수 이후 전체 분을 아들 정○식씨에게 증여

사해행위취소로 인한 정영○씨의 상속지분 4/26 역산 → 노모의 법정상속분은 4 × 1.5 = 6

따라서 4 × 5 = 20 + 6(노모지분 1.5) → 26

장번호 : 2 - 1

고유번호	4882025025-1-02430095	민원24접수번호	20160117 - 88447617

구분	성명 또는 명칭	면허(등록)번호
건축주	정 중	350224-1******
설계자	정 중	35022419******
공사감리자	정 중	350224-1******
공사시공자 (현장관리인)	정 중	350224-1******

※ 주차장 구분	옥내	옥외	인근	면제
자주식	대 m²	대 m²	대 m²	
기계식	대 m²	대 m²	대 m²	대

승강기		허가일 1997.05.06
승용 대	비상용 대	착공일 1997.05.28
※ 오수정화시설		사용승인일 1997.06.16
형식		관련주소
용량 인용		지번

건축물 에너지소비정보 및 그 밖의 인증정보

건축물 에너지효율등급 인증	에너지성능지표(EPI) 점수	녹색건축 인증	지능형건축물 인증
등급 에너지절감율 % 유효기간 : . . ~ . .	점	등급 인증점수 점 유효기간 : . . ~ . .	등급 인증점수 점

도로명

변동사항

변동일	변동내용 및 원인	변동일	변동내용 및 원인	그 밖의 기재사항
1997.06.23 2002.05.20 2011.10.07	신규작성(신축) 지번변경—현지확인결과에 의거(243 →243-95) 건축물대장 기초자료 정비에 의거 (표제부(건폐율:57.57 -> 57.58,용적율:57.57 -> 57.58,용적율 산정용 연면적:0 -> 93.22)) 직권변경 - 이하여백 -			2005년도 건축물대장 정비사업에 의거 미등기로 소유자 현황 정비

※ 표시 항목은 총괄표제부가 있는 경우에는 기재하지 아니합니다.
※ 이 장은 전체 3페이지 중에 3페이지 입니다.

등기사항전부증명서(말소사항 포함) - 건물

[건물] 경상남도 고성군 고성읍 송학리

【 표 제 부 】 (건물의 표시)

표시번호	접 수	소재지번 및 건물번호	건 물 내 역	
~~1~~	~~2011년8월23일~~	~~경상남도 고성군 고성읍 송학리~~	~~조적조 스라브지붕 단층주택 93.22㎡~~	
2		경상남도 고성군 고성읍 송학리 [도로명주소] 경상남도 고성군 고성읍 송학로	조적조 스라브지붕 단층주택 93.22㎡	도로명… 2012년…

【 갑 구 】 (소유권에 관한 사항)

순위번호	등 기 목 적	접 수	등 기 원 인	권리자 및 기타사항
1	소유권보존	2011년8월23일 제14259호		~~공유자~~ ~~지분 2분의 1~~ ~~구■숙 390320-*******~~ ~~경상남도 고성군 고성읍 송학리~~ ~~지분 2분의 1~~ ~~정진■ 610507-*******~~ ~~경상남도 고성군 고성읍 송학리~~
1-1	1번소유권경정	2013년5월6일 제7742호	2012년9월21일 확정판결	공유자 지분 26분의 11 구■숙 390320-*******

열람일시 : 2016년02월16일 16시05분34초

1/4

[건물] 경상남도 고성군 고성읍 송학리

고유번호 1950-2011-001638

순위번호	등 기 목 적	접 수	등 기 원 인	권리자 및 기타사항
				경상남도 고성군 고성읍 송학리 지분 26분의 11 정진■ 610507-******* 경상남도 고성군 고성읍 송학리 지분 26분의 4 정영■ 720901-******* 경상남도 고성군 고성읍 송학로 대위자 서울보증보험주식회사 서울특별시 종로구 연지동 136-74 대위원인 창원지방법원 통영지원 2010가단7020 사해행위취소
~~2~~	~~1번구■숙지분2분의1중일부(26분의2), 정진■지분2분의1중일부(26분의2)가처분~~	~~2012년8월10일~~ ~~제13049호~~	~~2012년8월10일~~ ~~창원지방법원~~ ~~통영지원의~~ ~~가처분결정(2012카단894)~~	~~피보전권리 채권자 취소권에 기한 소유권이전등기말소청구권~~ ~~채권자 서울보증보험주식회사 110111-0099774~~ ~~서울특별시 종로구 연지동 136-74~~ ~~(부산신용지원단)~~ ~~금지사항 매매, 증여, 전세권, 저당권, 임차권의 설정 기타일체의 처분행위 금지~~
3	2번가처분등기말소			확정판결로 인하여 2013년5월6일 등기
~~4~~	~~1번정영■지분강제경매개시결정~~	~~2013년5월24일~~ ~~제9115호~~	~~2013년5월24일~~ ~~창원지방법원~~ ~~통영지원의~~ ~~강제경매개시결정(2013타경4953)~~	~~채권자 서울보증보험주식회사 110111-0099774~~ ~~서울특별시 종로구 연지동 136-74~~

열람일시 : 2016년02월16일 16시05분34초

2/4

강릉1계 2015타경4398 주택

사건내용

소 재 지	강원 삼척시 도계읍 전두리 [illegible] (25947)강원 삼척시 도계읍 도계로 [illegible]				
경 매 구 분	강제경매	채 권 자	농OOO		
용 도	주택	채무/소유자	최OO / 최OOOO	매 각 기 일	16.04.11 (11,090,000원)
감 정 가	**19,732,860** (15.08.03)	청 구 액	98,888,609	종 국 결 과	16.06.09 배당종결
최 저 가	**9,669,000** (49%)	토 지 면 적	전체 187 m² 중 지분 23.4 m² (7.1평)	경매개시일	15.07.23
입찰보증금	966,900 (10%)	건 물 면 적	전체 150.44 m² 중 지분 20.9 m² (6.3평)	배당종기일	15.10.22
주 의 사 항	· 지분매각				

조 회 수	• 금일조회 **1** (0) • 금회차공고후조회 **66** (9) • 누적조회 **238** (24) • 7일내 3일이상 열람자 **2** • 14일내 6일이상 열람자 **1** ()는 5분이상 열람 (기준일-2016.04.11/전국연회원전용)

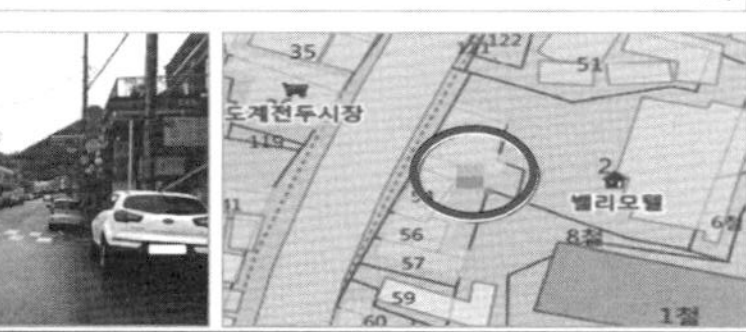

소재지/감정요약	물건번호/면적(m²)	감정가/최저가/과정	임차조사	등기권리
(25947) 강원 삼척시 도계읍 전두리 [illegible] [도계로, [illegible]] 감정평가서요약 - 철콘조콘크리트슬라브지붕(현:철콘콘크리트지붕) - 도계역남서측인근 - 주위상업용건물,주상용건물등밀집된시장주변노선상가지대 - 차량접근가능 - 대중교통사정보통 - 부정형평지 - 서측6m도로접함 - 일반건축물대장상최무성외7명소유의주택및근린생활시설1층81.45m²(1층이(미)용원37.8m²,1층소매점27.54m²,1층주택16.11m²),2층주택66.6m²이나,1층가추4.2m²가건조되어있어제시외건물로평가하였으며,2층약14.85m²이증축되어있어공부상면적과차이가있으므로실측면적으로사정평가하였으니참고바람	물건번호: 단독물건 대지 23.4/187 (7.07평) ₩13,139,560 81-54,-56번지건물중일부분점유(정확한점유면적및지적경계측량요함) (토지 1/8 최무성 지분) 건물 • 1층미용실,사무실 6.1/48.96 (1.85평) ₩6,108,300 (건물 1/8 최무성 지분) • 전체 48.96m² (15평) • 지분 6.12m² (2평) • 1층주택 4.1/32.49 (1.23평) (건물 1/8 최무성 지분) • 전체 32.49m² (10평) • 지분 4.06m² (1평) • 2층주택 8.3/66.6 (2.52평) 14.85증축	감정가 **19,732,860** • 대지 13,139,560 (66.59%) (평당 1,858,495) • 건물 6,108,300 (30.95%) (평당 966,503) • 제시 485,000 (2.46%) 최저가 **9,669,000** (49%) 경매진행과정 ① **19,732,860** 2016-01-25 유찰 ② 30% ↓ **13,813,000** 2016-03-07 유찰 ③ 30% ↓ **9,669,000** 2016-04-11 매각 매수인 최OO 응찰수 1명 매각가 11,090,000 (56.20%)	법원임차조사 김OO (보) 3,000,000 (월) 200,000 점포/1층일부 점유기간 2015.06.20- 유OO 사업 2007.11.16 (보) 3,000,000 (월) 280,000 점포/1층일부 점유기간 2007.11.16- *소유자점유, 임차인점유.1층일부는 임차인 유은영, 나머지 일부는 임차인 김■창이 점유 사용하고 있고 2층은 본건의 소유자(채무자)가 점유 사용하고 있음.임차인 김■창은 임대차계약서를 본건의 소유자(채무자)와 작성한 것이 아니며 본건의 공유자 최일표와 임대차계약서를 체결하였고 운영하는 대리운전 사업자등록지 신고는 본건의 주소지로 등록이 되어 있지않음 지지옥션 전입세대조사	건물 강 제 농협중앙 [공동] 강릉권역보증 2015.07.24 ***청구액:98,888,609원** 토지 *建공동제외임 열람일자 : 2016.02.18

주요 등기사항 요약 (참고용)

[주 의 사 항]

본 주요 등기사항 요약은 증명서상에 말소되지 않은 사항을 간략히 요약한 것으로 증명서로서의 기능을 제공하지 않습니다.
실제 권리사항 파악을 위해서는 발급된 증명서를 필히 확인하시기 바랍니다.

[건물] 강원도 삼척시 도계읍 전두리 [illegible]　　고유번호 1446-1996-769139

1. 소유지분현황 (갑구)

등기명의인	(주민)등록번호	최종지분	주 소	순위번호
최■성 (공유자)	551208-*******	8분의 1	강원도 삼척시 도계읍 도계로 [illegible]	2
최■헌 (공유자)	731227-*******	8분의 1	전라북도 남원시 인월면 인월신촌길 [illegible]	2
최■자 (공유자)	540601-*******	8분의 1	경기도 용인시 처인구 포곡읍 백옥대로1910번길 [illegible]	2
최■자 (공유자)	540601-*******	8분의 1	경기도 용인시 처인구 포곡읍 백옥대로1898번길 [illegible]	8
최■자 (공유자)	600625-*******	8분의 1	대전광역시 중구 대종로 [illegible]	2
최■희 (공유자)	720630-*******	8분의 1	경기도 용인시 처인구 백옥대로1380번길 [illegible]	2
최■표 (공유자)	590728-*******	8분의 1	강원도 강릉시 보래미하길 [illegible]	2
최■헌 (공유자)	690903-*******	8분의 1	서울특별시 송파구 풍성로25가길 [illegible]	2

2. 소유지분을 제외한 소유권에 관한 사항 (갑구)

순위번호	등기목적	접수정보	주요등기사항	대상소유자
3	가압류	2015년4월24일 제4357호	청구금액 금31,904,354 원 채권자 엠메이드대부유한회사	최■헌
6	강제경매개시결정	2015년7월24일 제8166호	채권자 농업협동조합중앙회	최■성
10	가압류	2015년11월25일 제13843호	청구금액 금5,956,550 원 채권자 서울보증보험주식회사	최■헌
순위번호	등기목적	접수정보	주요등기사항	대상소유자
11	강제경매개시결정	2015년12월28일 제16717호	채권자 서울보증보험주식회사	최■헌

강릉1계 2015타경6882 주택

사건내용

과거사건	강릉1계 2015-4398				
소재지	강원 삼척시 도계읍 전두리 (25947)강원 삼척시 도계읍 도계로				
경매구분	강제경매	채권자	서OOOOO		
용도	주택	채무/소유자	최OO / 최OOOO	매각기일	16.10.24 (11,800,000원)
감정가	**19,898,350** (16.01.07)	청구액	6,776,234	종국결과	16.12.15 배당종결
최저가	**9,750,000** (49%)	토지면적	전체 187 m² 중 지분 23.4 m² (7.1평)	경매개시일	15.12.24
입찰보증금	1,950,000 (20%)	건물면적	전체 150.05 m² 중 지분 20.5 m² (6.2평)	배당종기일	16.03.28
주의사항	· 재매각물건 · 지분매각				
조회수	• 금일조회 1 (2) • 금회차공고후조회 56 (12) • 누적조회 236 (31) • 7일내 3일이상 열람자 3 • 14일내 6일이상 열람자 0 ()는 5분이상 열람 (기준일-2016.10.24/전국연회원전용)				

소재지/감정요약	물건번호/면적(m²)	감정가/최저가/과정	임차조사	등기권리
(25947) 강원 삼척시 도계읍 전두리 [도계로] 감정평가서요약 - 철콘조콘크리트슬래브지붕 - 전두시장주변소재 - 주변상가및숙박시설등 상업및주상용건물등소재한시장주변노선상가지대 - 제반차량접근가능 - 대중교통사정무난 - 부정형평지 - 서측도로접함 - 토지는일부면적이제시외건물(인접지81-54,-56번지소재건축물에의점유)의소재로인해사용수익에영향받으나,평가시에는평가목적감안정상평가 - 일반상업지역 - 폐광지역진흥지구	물건번호: 단독물건 대지 23.4/187 (7.07평) ₩13,069,420 (토지 1/8 최■헌 지분) 건물 • 1층소매점 6.1/48.96 (1.85평) ₩6,348,930 (건물 1/8 최■헌 지분) • 전체 48.96m² (15평) • 지분 6.12m² (2평) • 1층주택 4.1/32.49 (1.23평) (건물 1/8 최■헌 지분) • 전체 32.49m² (10평) • 지분 4.06m² (1평) • 2층주택 8.3/66.6 (2.52평) (건물 1/8 최■헌 지분) • 전체 66.6m² (20평)	감정가 **19,898,350** • 대지 13,069,420 (65.68%) (평당 1,848,574) • 건물 6,348,930 (31.91%) (평당 1,024,021) • 제시 480,000 (2.41%) 최저가 **9,750,000** (49%) 경매진행과정 ① **19,898,350** 2016-05-16 유찰 ② 30% ↓ **13,929,000** 2016-06-27 매각 매수인 채OO 응찰수 2명 매각가 20,869,000 (104.88%)	법원임차조사 도OOOOO 점포/1층일부 유OO 전입 2007.11.16 (보) 3,000,000 (월) 280,000 주거/1층일부 점유기간 2007.11.16- ■■헤어 *소유자점유, 임차인점유. 2층은 공유자 최■성이 점유사용하고 있으며, 1층은 임차인(■■헤어 유■영), (도계대리운전)이 각 점유사용하고 있으며, 유■영은 계약서를 제출하지도 않고 있어 세무서에서 상가건물 임대차 현황서에 의하여 등록 하였으며 대리운전은 계약서 미제출은 물론 이름도 알려주지 않고 있어 이름을 모른채 대리운전 전화번호만 등록하였음. 임차인 유■영이 계약서 미제출로 강릉세무서 발급 상가건물임대차 현황서에 의하여 임차인	건물 가압류 엠메이드대부 2015.04.24 **31,904,354** 2015 카단 410 춘천 강릉 GO 가압류[공동] 서울보증보험 강북소액신용 2015.11.25 **5,956,550** 2015 카단 1136 춘천 강릉 GO 강제[공동] 서울보증보험 강북신용지원 2015.12.28 ***청구액:6,776,234원** **채권총액 37,860,904원** 토지 *建공동제외임 가압류 엠메이드대부유한회사 2015.04.24 **31,904,354** 2015 카단 410 춘천 강릉 GO

1. 8형제 공유이며, 1층은 점포, 2층은 채무자 최○성씨가 점유

2. 2015타경4398 지분권자 최○자씨 단독낙찰 - 최○성씨 지분

3. 2015타경6882 지분권자 최○자씨 공유자우선매수 - 최○헌씨 지분

4. 2016타경3774 지분권자 최○자씨 공유자우선매수 - 최○헌씨 지분
⇒ 2번의 미납사유 : 장녀인 최○자씨의 설득, 보증금 + @ 제공
⇒ 장녀인 최○자씨가 동생들 뒷일 처리
⇒ 또 다른 동생의 지분 압류건 존재 - 공매나 경매로 진행될 가능성

5. 이전 사건에서 공유자우선매수 신청이 있었다고 해서 다른 사건에서 당연히 공유자우선매수가 있을 거라고 지레짐작하고 포기하지 말자.

2021. 7. 15.

2016.01.07 해인감정 표준지가 : 415,000 개별지가 : 390,100 감정지가 : 559,000	• 지분 8.33m² (3평) - 총2층 - 승인 : 1998.03.19 - 보존 : 1998.03.25 제시외 • 2층다용도실 2.0 (0.61평) ₩480,000	허가 2016-07-04 납기 2016-08-12 (대금미납) ② **13,929,000** 2016-09-19 유찰 ③ 30% ↓ **9,750,000** 2016-10-24 매각 매수인 최OO(공유자) 응찰수 3명 매각가 11,800,000 (59.30%) 허가 2016-10-31 납기 2016-12-07 납부 2016-11-18 2016-12-15 종결	등록 하였음. 임차인 ■■대리운전이 계약서 미제출로 성명도 알려주지 않고 있으며, 임시로 대리운전 사무실로 사용하고 있음. ■■대리운전 연락처 HP : 010-■■-■■ 지지옥션 전입세대조사 세 15.02.09 최○○ 주민센터확인:2016.05.02	**채권총액 37,860,904원** 열람일자 : 2016.09.02

강릉3계 2016타경3774 주택

사건내용

과거사건	강릉1계 2015-4398				
소 재 지	강원 삼척시 도계읍 전두리 (25947)강원 삼척시 도계읍 도계로				
경매구분	강제경매	채 권 자	최OOOOOOOO		
용 도	주택	채무/소유자	최OO / 최OOOO	매 각 기 일	17.07.17 (14,200,000원)
감 정 가	**19,881,780** (16.10.11)	청 구 액	79,090,361	종 국 결 과	17.09.21 배당종결
최 저 가	**13,917,000** (70%)	토 지 면 적	전체 187 m² 중 지분 23.4 m² (7.1평)	경매개시일	16.09.12
입찰보증금	2,783,400 (20%)	건 물 면 적	전체 164.05 m² 중 지분 20.5 m² (6.2평)	배당종기일	16.12.12
주 의 사 항	· 재매각물건 · 지분매각 · 법정지상권 · 입찰외				

조 회 수	· 금일조회 1 (0) · 금회차공고후조회 **104** (6) · 누적조회 **189** (10) · 7일내 3일이상 열람자 **0** · 14일내 6일이상 열람자 **0** ()는 5분이상 열람 (기준일-2017.07.17/전국연회원전용)

소재지/감정요약	물건번호/면적(m²)	감정가/최저가/과정	임차조사	등기권리
(25947) 강원 삼척시 도계읍 전두리 [도계로] 감정평가서요약 - 철콘조콘크리트스라브지붕 - 전두시장주변위치 - 주변상가및숙박시설등 상업및주상용건물들소재한시장주변노선상가지대 - 제반차량접근가능 - 대중교통사정무난 - 부정형평지 - 서측도로접함 - 일반상업지역 - 폐광지역진흥지구 2016.10.11 해인감정 표준지가 : 425,500 개별지가 : 399,900 감정지가 : 567,000	물건번호: 단독물건 대지 23.4/187 (7.07평) ₩13,256,460 (토지 1/8 최선현 지분) 건물 · 1층소매점 6.1/48.96 (1.85평) ₩6,145,320 (건물 1/8 최 현 지분) · 전체 48.96m² (15평) · 지분 6.12m² (2평) · 1층주택 4.1/32.49 (1.23평) (건물 1/8 최 현 지분) · 전체 32.49m² (10평) · 지분 4.06m² (1평) · 2층주택 8.3/66.6 (2.52평) (건물 1/8 최 현 지분) · 전체 66.6m² (20평) · 지분 8.33m² (3평) - 총2층 - 승인 : 1998.03.19 - 보존 : 1998.03.25 제시외 · 2층다용도실 2.0/16 (0.61평) ₩480,000 · 전체 16m² (5평) · 지분 2m² (1평) 입찰외인접지(81-54,-56지상)건물일부소재 법정지상권성립여부불분명	감정가 **19,881,780** · 대지 13,256,460 (66.68%) (평당 1,875,030) · 건물 6,145,320 (30.91%) (평당 991,181) · 제시 480,000 (2.41%) 최저가 **13,917,000** (70%) 경매진행과정 ① **19,881,780** 2017-02-27 유찰 ② 30% ↓ **13,917,000** 2017-05-08 매각 매수인 윤OO 응찰수 1명 매각가 19,000,000 (95.56%) 허가 2017-05-15 납기 2017-06-23 (대금미납) ② **13,917,000** 2017-07-17 매각 매수인 최OO(공유자) 응찰수 1명 매각가 14,200,000 (71.42%) 허가 2017-07-24 납기 2017-08-31 납부 2017-08-30 2017-09-21 종결	법원임차조사 유OO 사업 2007.11.16 (보) 3,000,000 (월) 280,000 점포/1층점포일부 점유기간 2007.11.16- 최OO 전입 2015.02.09 주거/2층전부 점유기간 2015.02.09- *소유자점유, 임차인점유. 1층 일부분은 임차인 유 영이 점유 사용하고 있고 일부는 점유자가 없는 빈 점포임. 2층은 전 공유지분 소유자 최 성이 점유 사용하고 있고 소유자(채무자) 및 공유지분의 소유자들과 임대차계약서가 체결된 임차인인지 여부는 불분명하며 다만 소유권이 이전되기 이전부터 점유 및 거주하였던 사람임. 대지는 경계지점이 불분명하여 접경필지와 정확한 경계 측량이 요구됨. 임차인 유 영에게 몇차례 권리신고 및 배당요구신청서를 제출할 것을 종용하였으나 현재까지 제출하지 않고 있음. 임차인 최 성은 전 공유자로 소유권이 이전되기 이전부터 점유 및 거주하고 있던 사람으로 임대차계약서를 체결한 임차인인지 여부는 불분명함 지지옥션 전입세대조사 전 15.02.09 최OO 주민센터확인:2017.02.09	건물 강 제 희망모아유동화전문 [공동] 희망모아관리팀 2016.09.12 *청구액:79,090,361원 토지 *建공동제외임 열람일자 : 2017.04.20

2021. 7. 15.

주요 등기사항 요약 (참고용)

[주 의 사 항]

본 주요 등기사항 요약은 증명서상에 말소되지 않은 사항을 간략히 요약한 것으로 증명서로서의 기능을 제공하지 않습니다. 실제 권리사항 파악을 위해서는 발급된 증명서를 필히 확인하시기 바랍니다.

고유번호 1446-1996-059856

[토지] 강원도 삼척시 도계읍 전두리 대 187㎡

1. 소유지분현황 (갑구)

등기명의인	(주민)등록번호	최종지분	주 소	순위번호
최 자 (공유자)	540601-*******	8분의 1	경기도 용인시 처인구 포곡읍 백옥대로1910번길	3
최 자 (공유자)	540601-*******	8분의 1	경기도 용인시 처인구 포곡읍 백옥대로1898번길	9
최 자 (공유자)	540601-*******	8분의 1	경기도 용인시 처인구 포곡읍 백옥대로1898번길	13
최 자 (공유자)	540601-*******	8분의 2	경기도 용인시 처인구 포곡읍 백옥대로1898번길	18, 21
최 자 (공유자)	600625-*******	8분의 1	대전광역시 중구 대종로	3
최 희 (공유자)	720630-*******	8분의 1	경기도 용인시 처인구 백옥대로1380번길	3
최 표 (공유자)	590728-*******	8분의 1	강원도 강릉시 보래미하길	3

2. 소유지분을 제외한 소유권에 관한 사항 (갑구)

순위번호	등기목적	접수정보	주요등기사항	대상소유자
15	압류	2016년7월28일 제10093호	권리자 삼척시	최 희
20	압류	2017년8월23일 제11306호	권리자 용인시	최 희

서산4계 2016타경276 전

사건내용

소 재 지	충남 태안군 소원면 모항리 [illegible] (32123)충남 태안군 소원면 모항항길 [illegible]				
경 매 구 분	강제경매	채 권 자	희OOOOOOOO		
용 도	전	채무/소유자	최OO / 최OOOO	매 각 기 일	16.12.20 (7,580,000원)
감 정 가	12,228,870 (16.02.01)	청 구 액	54,351,213	종 국 결 과	17.03.08 배당종결
최 저 가	5,992,000 (49%)	토 지 면 적	전체 661 ㎡ 중 지분 110.2 ㎡ (33.3평)	경매개시일	16.01.11
입찰보증금	599,200 (10%)	건 물 면 적	0㎡ (0.0평)	배당종기일	16.04.11
주 의 사 항	• 지분매각 • 법정지상권 • 입찰외 • 토지만입찰 • 농지취득자격증명				

조 회 수	• 금일조회 1 (0) • 금회차공고후조회 91 (26) • 누적조회 348 (57) • 7일내 3일이상 열람자 8 • 14일내 6일이상 열람자 4 ()는 5분이상 열람 (기준일-2016.12.20/전국연회원전용)

소재지/감정요약	물건번호/면적(m²)	감정가/최저가/과정	임차조사	등기권리
(32123) 충남 태안군 소원면 모항리 [illegible] [모항항길 [illegible] 감정평가서요약 - 모항항동측인근 - 주위근린시설,단독주택,농경지,임야등형성 - 차량출입가능 - 인근버스(정)소재 - 제반교통사정보통 - 부정형평지 - 본건일부포함하여서측및남측으로각각약4m내외도로이용중 - 공공시설용지 - 주거용지 - 소로1류(폭10-12m)저촉 - 소로2류(폭8-10m)저촉 - 계획관리지역 - 주거개발진흥지구 (모항지구) - 2종지구단위계획구역 (모항지구) 2016.02.01 써브감정	물건번호: 단독물건 전 110.2/661 (33.33평) ₩12,228,870 현:주거용건부지,일부도로 (토지 2/12 최[illegible]석 지분) • 전체 661m² (200평) • 지분 110.17m² (33평) 입찰외 • 주택 12.6 (3.81평) ₩4,536,000 입찰외제시외 • 주택 6.1 (1.83평) ₩1,815,000 • 다용도실 1.2 (0.36평) ₩108,000 • 창고등 1.1 (0.33평) ₩99,000 • 창고등 3.3 (1.01평) ₩299,700 • 창고등 2.5	감정가 12,228,870 • 토지 12,228,870 (100%) (평당 366,903) 최저가 5,992,000 (49%) 경매진행과정 ① 12,228,870 2016-10-11 유찰 ② 30% ↓ 8,560,000 2016-11-15 유찰 ③ 30% ↓ 5,992,000 2016-12-20 매각 매수인 이OO 응찰수 2명 매각가 7,580,000 (61.98%) 허가 2016-12-27 납기 2017-02-02 납부 2017-01-12	법원임차조사 *지상에 주택 및 제시외 주택의 점유관계는 현지에서 만난 본건 채무자(소유자) 최[illegible]석의 어머니인 임[illegible]희 답변은 동 주택에 자산과 아들 최인건이 거주하고 있다는 답변이고 전입세대열람 결과도 이에 부합함(거주자들은 본건 공유자라는 답변임). 제시외 주택의 소유자는 방[illegible]정이고 별도의 임차인은 없음(위 임[illegible]희의 답변)	근저당 태안(새) 2000.01.19 **21,000,000** 압 류 서산세무서 2004.01.19 강 제 희망모아유동화전문 2016.01.11 ***청구액:54,351,213원** **채권총액 21,000,000원** 열람일자 : 2016.09.23

1. 입지, 건물, 이해관계인

   - 노모와 아들 최○건씨가 거주하고 있다.

   - 건물등기는 1층이나 현황은 2층이다.

2. 감정평가금액은 채무액 대비 소액이다.

3. 최○석씨 지분(2/12) 경매 진행 - 잔금 3개월 후 지분권자이자 노모인 임○희씨가 재매수했다.

4. 다른 자식들 모두 체납(채무)이 걸려 있다.

등기사항전부증명서(말소사항 포함) - 토지

[토지] 충청남도 태안군 소원면 모항리 　　　　고유번호 1651-1996-683972

【 표 제 부 】 (토지의 표시)

표시번호	접 수	소 재 지 번	지 목	면 적	등기원인 및 기타사항
1 (전 3)	1994년7월30일	충청남도 태안군 소원면 모항리	전	661㎡	
					부동산등기법 제177조의 6 제1항의 규정에 의하여 2002년 08월 17일 전산이기

【 갑 구 】 (소유권에 관한 사항)

순위번호	등 기 목 적	접 수	등 기 원 인	권 리 자 및 기 타 사 항
1 (전 3)	소유권이전	1984년11월23일 제9937호	1984년9월21일 재산상속	공유자 지분 12분의 3 임 희 470427-******* 서산군 소원면 모항리 지분 12분의 3 최 원 670403-******* 태안군 소원면 의항리 지분 12분의 2 최 석 690510-******* 태안군 소원면 모항리 지분 12분의 2 최 건 711215-******* 인천 서구 석남동
2 (전 8)	최 원지분전부이전	2002년6월24일 제10176호	2002년5월30일 증여	공유자 지분 12분의 3 임 희 470427-******* 태안군 소원면 모항리
				부동산등기법 제177조의 6 제1항의 규정에 의하여 1번 내지 2번 등기를 2002년 08월 17일 전산이기
3	1번최 석지분압류	2004년1월19일 제1577호	2004년1월17일 압류(징세46120)	권리자 국 처분청 서산세무서
4	~~1번최 석지분, 임 희지분, 최 건지분, 2번임 희지분임의경매개시결정~~	~~2004년3월16일 제6243호~~	~~2004년3월13일 대전지방법원서산지원의 경매개시 결정(2004타경3173)~~	~~채권자 태안새마을금고 165144-0001163 태안군 태안읍 동문리~~
5	1번최 영지분압류	2004년4월19일 제9275호	2004년4월14일 압류(징세3151)	권리자 국 처분청 반포세무서
6	4번임의경매개시결정등기말소	2004년6월11일 제14732호	2004년6월9일 취하	
7	1번최 건지분압류	2008년1월16일 제815호	2008년1월14일 압류(세무1과세외수입-749)	권리자 인천광역시남구

열람일시 : 2016년09월23일 14시02분00초　　2/4

주요 등기사항 요약 (참고용)

[주 의 사 항]

본 주요 등기사항 요약은 증명서상에 말소되지 않은 사항을 간략히 요약한 것으로 증명서로서의 기능을 제공하지 않습니다. 실제 권리사항 파악을 위해서는 발급된 증명서를 필히 확인하시기 바랍니다.

[토지] 충청남도 태안군 소원면 모항리 전 661㎡　　　　고유번호 1651-1996-683972

1. 소유지분현황 (갑구)

등기명의인	(주민)등록번호	최종지분	주 소	순위번호
임 희 (공유자)	470427-*******	12분의 3	서산군 소원면 모항리	1
임 희 (공유자)	470427-*******	12분의 3	태안군 소원면 모항리	2
최 건 (공유자)	711215-*******	12분의 2	인천 서구 석남동	1
최 석 (공유자)	690510-*******	12분의 2	태안군 소원면 모항리	1
최 영 (공유자)	750526-*******	12분의 2	인천시 남구 용현동	1

2. 소유지분을 제외한 소유권에 관한 사항 (갑구)

순위번호	등기목적	접수정보	주요등기사항	대상소유자
3	압류	2004년1월19일 제1577호	권리자 국	최 석
5	압류	2004년4월19일 제9275호	권리자 국	최 영
7	압류	2008년1월16일 제815호	권리자 인천광역시남구	최 건
8	압류	2008년8월19일 제15475호	권리자 국민건강보험공단성남북부지사	최 영
9	압류	2013년6월27일 제12434호	권리자 인천광역시	최 건
10	압류	2014년7월7일	권리자 국	최 건

1/2　　출력일시 : 2016년09월23일 14시02분00초

여주4계 2019타경7421 대지

사건내용

과거사건	여주 2018-32499
관심물건	[지분] 메모:

소 재 지	경기 이천시 창전동 [illegible] (17371)경기 이천시 애련정로[illegible]				
경매구분	강제경매	채 권 자	한OOOOOOO		
용 도	대지	채무/소유자	이OO / 이OOOO	매 각 기 일	20.07.15 (10,001,000원)
감 정 가	19,190,600 (19.09.19)	청 구 액	17,510,647	종 국 결 과	20.09.23 배당종결
최 저 가	9,403,000 (49%)	토 지 면 적	전체 133.7 m² 중 지분 15.7 m² (4.8평)	경매개시일	19.08.26
입찰보증금	940,300 (10%)	건 물 면 적	0m² (0.0평)	배당종기일	19.12.02
주 의 사 항	• 지분매각 • 법정지상권 • 입찰외 • 토지만입찰				

조 회 수	• 금일조회 2 (0) • 금회차공고후조회 51 (11) • 누적조회 233 (31) • 7일내 3일이상 열람자 6 • 14일내 6일이상 열람자 3 ()는 5분이상 열람 (기준일-2020.07.15/전국연회원전용)

소재지/감정요약	물건번호/면적(m²)	감정가/최저가/과정	임차조사	등기권리
(17371) 경기 이천시 창전동 [illegible] [애련정로[illegible]] 감정평가서요약 - 온천사거리북동측인근위치 - 주위기존주택지대로서 단독주택,인근이천온천공원,청소년문화센터,안흥유원지등소재 - 차량접근가능 - 버스(정)인근소재 - 제반교통사정무난 - 서하향자루형완경사지 - 서측4m도로접함 - 소로3류접함 - 2종일반주거지역 - 가축사육제한구역(전부제한지역) - 자연보전권역 - 배출시설설치제한지역 - 수질보전특별대책지역	물건번호: 단독물건 대지 15.7/133.7 (4.76평) ₩19,190,600 (토지 14/119 이[illegible]석 지분) 입찰외제시외 • 1층주택 63.8 (19.30평) • 2층창고 32.5 (9.83평) • 2층주택 45.5 (13.78평)	감정가 19,190,600 • 토지 19,190,600 (100%) (평당 4,031,639) 최저가 9,403,000 (49%) 경매진행과정 ① 19,190,600 2020-05-06 유찰 ② 30%↓ 13,433,000 2020-06-10 유찰 ③ 30%↓ 9,403,000 2020-07-15 매각 매수인 김은정 응찰수 1명 매각가 10,001,000 (52.11%)	법원임차조사 권OO 전입 2003.12.31 (보) 25,000,000 주거 서OO 전입 2011.03.02 (보) 3,000,000 (월) 250,000 주거 *소유자점유. 채무자(소유자)가 일부 점유,사용하고 있고, 임대차관계조사서와 같이 임차인이 존재하며, 주민등록이 된 이[illegible]헌은 채무자(소유자)의 동생 및 지분소유권자로서 주민등록만 되어 있을 뿐 거주하지는 않는다는 채무자(소유자)의 진술이 있음	소유권 이OOOO 2014.11.04 전소유자:이[illegible]형 가압류 한국자산관리공사 경기지역 2016.10.11 12,182,596 2016 카단 50079 여주 이천시법원 GO 강 제 한국자산관리공사 경기지역 2019.08.26 *청구액:17,510,647원 채권총액 12,182,596원 열람일자 : 2019.09.10

1. 입지, 건물, 이해관계인(?)
2. 2019타경7421 이○석씨의 지분(14/119) 15.7㎡을 김○정씨 낙찰
3. 공유물 분할 판결 - 대금 분할(2020. 12. 1)
4. 2021타경30196 형식적 경매 진행

⇒ 입찰 시 건물까지 인수할 경우를 감안해서 인근의 임대 수요 및 임대 시세를 파악할 필요가 있다.

⇒ 전체 토지가 85,167,000원 이상에서 낙찰되어야 김○정씨는 수익이 발생한다.

5. 수강생이 입찰계획했으나 경매취하(2021. 8. 25)

   기존 지분권자인 신○례씨가 낙찰자의 지분을 1,300만 원에 매수 (2021. 8. 24)

1. 소유지분현황 (갑구)

등기명의인	(주민)등록번호	최종지분	주 소	순위번호
신[illegible]례 (공유자)	381028-*******	119분의 21	경기도 이천시 중신로291번길 [illegible]	2
이[illegible]헌 (공유자)	710701-*******	119분의 14	경기도 이천시 애련정로96번길 [illegible]	2
이[illegible]숙 (공유자)	761016-*******	119분의 14	경기도 이천시 중신로291번길 [illegible]	2
이[illegible]선 (공유자)	731023-*******	119분의 14	경기도 이천시 중신로291번길 128, [illegible]	2
이[illegible]석 (공유자)	600819-*******	119분의 14	경기도 이천시 애련정로96번길 [illegible]	2
이[illegible]선 (공유자)	691026-*******	119분의 14	경기도 이천시 중신로291번길 [illegible]	2
이[illegible]헌 (공유자)	631125-*******	119분의 14	경기도 이천시 이섭대천로 [illegible]	2
최[illegible]우 (공유자)	541210-*******	119분의 6	경기도 안산시 단원구 광덕서로 [illegible]	2
최[illegible]준 (공유자)	840519-*******	119분의 4	경기도 안산시 단원구 인현3길 [illegible]	2
최[illegible]은 (공유자)	820706-*******	119분의 4	경기도 안산시 단원구 광덕서로 [illegible]	2

2. 소유지분을 제외한 소유권에 관한 사항 (갑구)

순위번호	등기목적	접수정보	주요등기사항	대상소유자
3	가압류	2016년10월11일 제46640호	청구금액 금12,182,596 원 채권자 한국자산관리공사	이[illegible]석
6	강제경매개시결정	2019년8월26일 제37416호	채권자 한국자산관리공사	이[illegible]석

청 구 취 지

주문과 같다.

이 유

1. 인정 사실

원고와 피고들은 이천시 K 대 133.7㎡(이하 '이 사건 토지'라 한다)를 별지 표 기재와 같은 지분 비율로 공유하고 있는 사실, 원고와 피고들 간에 이 사건 변론 종결일까지 이 사건 토지의 분할 방법에 관하여 협의가 성립되지 않은 사실, 이 사건 토지에 관하여 분할금지약정이 존재하지 않는 사실은 당사자 사이에 다툼이 없거나, 갑 제2호증의 기재 및 변론 전체의 취지를 종합하여 인정된다.

2. 판단

가. 공유물분할청구권의 발생

위 인정 사실에 의하면, 이 사건 토지의 공유자인 원고는 다른 공유자들인 피고들을 상대로 민법 제269조 제1항에 따라 위 토지의 분할을 청구할 수 있다.

나. 공유물분할의 방법

재판에 의하여 공유물을 분할하는 경우, 각 공유자의 지분에 따른 합리적인 분할을 할 수 있는 한 현물분할을 하는 것이 원칙이나, 현물로 분할할 수 없거나 현물로 분할하게 되면 그 가액이 현저히 감소될 염려가 있는 때에는 물건의 경매를 명하여 대금분할을 할 수 있다(대법원 2002. 4. 12. 선고 2002다4580 판결 등 참조).

앞서 인정한 사실, 앞서 든 증거 및 변론 전체의 취지를 종합하여 알 수 있는 다음과 같은 사정, 즉 ① 이 사건 토지의 위치, 면적, 현황 등에 비추어 볼 때 다수의 공유자들 전원을 만족시킬 수 있는 합리적인 현물분할 방안을 찾기 어려운 점, ② 피고들은 이 사건 변론 종결일까지 분할 방법에 관하여 아무런 의견을 제시하지 않고 있는 점 등을 고려하면, 이 사건 토지를 현물분할하는 것은 매우 곤란하거나 적당하지 않고, 경매를 통해 그 대금을 분배하는 것이 가장 공평하고 합리적인 방법이라고 판단된다.

3. 결론

여주6계 2021타경30196 대지

사건내용

과거사건	여주 2018-32499 , 여주4계 2019-7421				
소재지	경기 이천시 창전동 (17371)경기 이천시 애련정로96번길				
경매구분	형식적경매(공유물분할)	채권자	김정		
용도	대지	채무/소유자	無 / 김정외9	매각기일	21.07.21 변경
감정가	187,180,000 (21.01.29)	청구액	0	다음예정	
최저가	91,718,000 (49%)	토지면적	133.7㎡ (40.4평)	경매개시일	21.01.14
입찰보증금	9,171,800 (10%)	건물면적	0㎡ (0.0평)	배당종기일	21.04.22
주의사항	· 법정지상권 · 입찰외 · 토지만입찰				
조회수	• 금일조회 1 (2) • 금회차공고후조회 175 (25) • 누적조회 275 (30) • 7일내 3일이상 열람자 4 • 14일내 6일이상 열람자 3			()는 5분이상 열람 (기준일-2021.07.21/전국연회원전용)	

소재지/감정요약	물건번호/면적(m²)	감정가/최저가/과정	임차조사	등기권리
(17371) 경기 이천시 창전동 [애련정로96번길] 감정평가서요약 - 이천서희청소년문화센터남서측인근 - 부근단독주택,다세대주택등혼재,인근이천온천공원,안흥유원지등소재 - 소형차량접근가능 - 인근버스(정)및시외버스(터)등소재 - 제반교통사정보통 - 자루형서측하향완경사지 - 동측으로약4m도로접함 - 소로3류접함 - 도시지역 - 2종일반주거지역 - 가축사육제한구역(전부제한지역) - 자연보전권역 - 배출시설설치제한지역 - 수질보전특별대책지역 2021.01.29 대원감정	물건번호: 단독물건 대지 133.7 (40.44평) ₩187,180,000 입찰외소유자미상2층주택소재 법정지상권성립여지있음	감정가 187,180,000 • 토지 187,180,000 (100%) (평당 4,628,586) 최저가 91,718,000 (49%) 경매진행과정 ① 187,180,000 2021-05-12 유찰 ② 30%↓ 131,026,000 2021-06-16 유찰 ③ 30%↓ 91,718,000 2021-07-21 변경 21.08.25 취하	법원임차조사 이석 전입 2003.02.21 주거 이현 전입 2013.04.26 주거 이숙 전입 2020.06.05 주거 *소유자 및 점유자를 만나지 못하여 점유관계를 확인할 수 없음.임대차 관계를 조사하기 위하여 현장에 임하여 방문한 취지 및 연락처를 남겼으나, 아무런 연락이 없고 전입세대열람 결과 본건에는 제3자 세대가 주민등록전입이 되어있으므로, 주민등록 전입이 된 제3자 세대를 임차인으로 보고함	임의 김정 2021.01.14 *청구액:0원 열람일자 : 2021.01.29

감정평가액 산출근거 및 그 결정에 관한 의견

2. 그 밖의 사항

- 본건 지상에는 별첨 지적개황도 및 사진용지와 같이 타인(소유자 이민*) 소유의 제시외건물이 소재하여 토지에 영향을 미치고 있으나, 평가목적을 고려하여 이에 구애없이 토지를 평가하였으며, 상기 제시외 건물로 인하여 그 토지의 소유권 행사를 제한받는 경우의 가액을 아래와 같이 기재하였으니, 경매진행시 참고하시기 바람.

기호1) : 133.7㎡ × @ 980,000/㎡ = 131,026,000원

※ 제시외건물 현황

소재지 : 이천시 창전동 460-52 (경기도 이천시 애련정로96번길 11-3)
등기여부 : 미등기, 일반건축물대장 있음.
소유자 : 이 민 *
구조 및 면적 : 시멘벽돌조 슬라브지붕 2층 주택 및 창고
1층 주택 63.81㎡, 창고 32.49㎡
2층 주택 45.54㎡

- 본건 토지의 지적경계 및 현황 도로의 확인은 지적도 및 항공사진, 현장에서의 목측 등에 의거하였는 바, 정확한 지적경계의 확인을 위해서는 별도의 측량을 요함.

토지건물감정평가명세표

일련번호	소재지	지번	지목 및 용도	용도지역 및 구조	면적(㎡) 공부	면적(㎡) 사정	감정평가액 단가	감정평가액 금액	비고
1	경기도 이천시 창전동		대	제2종일반주거지역	133.7	133.7	1,400,000	187,180,000	제시외건물로 소유권 행사 제한시 감정평가액 131,026,000
	합 계							₩187,180,000.-	
				이	하	여	백		

이 책과 관련한 의문사항은 언제든지 네이버 카페 **'차건환의 돈쭐경매'**에 질문주시기 바랍니다.

최선을 다해서 궁금증을 풀어드리도록 하겠습니다.

여러분의 성공 투자를 기원합니다.

https://cafe.naver.com/donzzul22

공유지분 투자 비밀 노트

제1판 1쇄 2023년 9월 28일

지은이 차건환
펴낸이 한성주
펴낸곳 ㈜두드림미디어
책임편집 우민정
디자인 김진나(nah1052@naver.com)

㈜두드림미디어
등 록 2015년 3월 25일(제2022-000009호)
주 소 서울시 강서구 공항대로 219, 620호, 621호
전 화 02)333-3577
팩 스 02)6455-3477
이메일 dodreamedia@naver.com(원고 투고 및 출판 관련 문의)
카 페 https://cafe.naver.com/dodreamedia

ISBN 979-11-93210-18-5 (03320)

책 내용에 관한 궁금증은 표지 앞날개에 있는 저자의 이메일이나 저자의 각종 SNS 연락처로 문의해주시길 바랍니다.

책값은 뒤표지에 있습니다.
파본은 구입하신 서점에서 교환해드립니다.